ECONOMIA
AMBIENTAL
Gestão de Custos e Investimentos

LUIZ ANTÔNIO ABDALLA DE MOURA

Engenheiro Naval pela Escola Politécnica da USP
Ingénieur pela École Nationale Supérieure de Techniques Avancées, Paris
Mestre em Tecnologia Nuclear pela Universidade de São Paulo (Instituto de Pesquisas
Energéticas e Nucleares)
Oficial Superior da Marinha do Brasil
Professor do Programa de Educação Continuada da Escola Politécnica da USP
em cursos MBA

ECONOMIA
AMBIENTAL

Gestão de Custos e Investimentos

5ª Edição

Freitas Bastos Editora

Direitos exclusivos da edição e distribuição em língua portuguesa:

Maria Augusta Delgado Livraria, Distribuidora e Editora

Direção Editorial: *Isaac D. Abulafia*
Gerência Editorial: *Marisol Soto*
Diagramação e Capa: *Julianne P. Costa*

Dados Internacionais de Catalogação na Publicação (CIP) de acordo com ISBD

M929e	Moura, Luiz Antônio Abdalla de
	Economia Ambiental: Gestão de Custos e Investimentos / Luiz Antônio Abdalla de Moura. - 5. ed. - Rio de Janeiro : Freitas Bastos, 2023.
	376 p. ; 15,5cm x 23cm.
	Inclui bibliografia.
	ISBN: 978-65-5675-291-4
	1. Economia Ambiental. 2. Sistema de gestão ambiental. 3. ISO 14000. 4. Contabilidade ambiental. 5. ESG. 6. Investimento ambiental. 7. Custos ambientais. 8. Meio ambiente. 9. Externalidades. 10. Política ambiental. 11. Ecologia. I. Título.
2023-1268	CDD 333.7
	CDU 338.1:504

Elaborado por Vagner Rodolfo da Silva - CRB-8/9410

Índices para catálogo sistemático:
1. Economia Ambiental 333.7
2. Economia Ambiental 338.1:504

Freitas Bastos Editora
atendimento@freitasbastos.com
www.freitasbastos.com

DEDICATÓRIA

Com carinho e muito amor, à minha esposa Andréa Márcia, aos meus filhos Luiz Fernando, Stella e Francisco e aos meus netos Mateus, Fernanda, Alice, Miguel e Rafaela.
In memoriam, a meus pais, José Raphael e Latifa.

PREFÁCIO DA QUINTA EDIÇÃO

Este livro teve a sua primeira edição no ano 2000, tendo sido inicialmente preparado como uma apostila de um curso com o mesmo título, uma das matérias de um curso MBA em Gestão e Tecnologias Ambientais do Programa de Educação Continuada da Escola Politécnica da Universidade de São Paulo.

E, por sua vez, esse curso existiu como um prolongamento do curso "Qualidade e Gestão Ambiental", que também havia originado um livro de minha autoria, com esse título.

O curso "Economia Ambiental", por sua vez, foi criado atendendo a uma demanda de alunos em final do MBAs, que comentaram que, ao fazerem propostas de implantação do Sistema de Gestão Ambiental com base na Norma NBR ISO 14.000, com o interesse de realização de melhorias ambientais nas suas organizações, muitas vezes recebiam as seguintes perguntas dos Diretores, Proprietários ou Gerentes de nível elevado: "Tudo bem, sei que as suas ideias parecem interessantes e com ações que serão importantes para a empresa, mas o que nos interessa é: a) quanto isso vai nos custar? e b) o que iremos ganhar com isso"?

Tentando responder essas perguntas, foi preparado o curso e este livro, em sua primeira edição.

Como o título é "Economia Ambiental", procuramos apresentar conceitos da economia neoclássica com aplicações ao meio ambiente, bem como problemas práticos relacionados a este assunto. Valoração dos bens ambientais, externalidades, oferta e demanda, custos e benefícios, a definição do nível ótimo de produção ou de ajustagem do nível de emissões, estes são alguns dos temas tratados.

Em seguida, para auxiliar na resposta à questão "quanto isso vai nos custar", foram apresentados conceitos de contabilidade de custos e a sua particularização para os custos ambientais, de forma a permitir a identificação e classificação desses custos e sua análise. Particularmente, nesta 5ª edição do livro expandimos este capítulo, mostrando diversas classificações de custos ambientais definidas por entidades internacionais de renome.

A implantação de um Sistema de Gestão Ambiental irá requerer a identificação dos impactos ambientais e sua priorização, definindo-se um Plano de Ação que, sendo cumprido, irá eliminar ou mitigar os impactos relevantes, em atendimento à Política Ambiental da organização e aos requisitos da legislação. Associando-se essas necessidades com a identificação dos custos ambientais, percebemos que as mudanças requeridas nos processos industriais demandarão recursos, que serão atribuídos pela Alta Direção, conforme uma prioridade estabelecida na preparação dos orçamentos, derivados de projetos de investimentos, temas também tratados no livro.

E, ao serem definidos esses projetos, será sempre necessária a análise dos custos e benefícios, em resposta à segunda importante questão formulada ("o que ganharemos com esses investimentos"?). Preparando especificações técnicas com boa qualidade e pesquisando fornecedores dos equipamentos e sistemas de que temos necessidade para a realização das melhorias ambientais requeridas, iremos receber propostas que atendem nossos requisitos integralmente, em parte, ou mesmo superam aquilo que foi requerido. E as propostas terão preços diferentes, prazos e condições de pagamento diferentes, o que nos leva à necessidade de realização de análises financeiras para determinar a melhor escolha, entre as várias opções que se apresentem. Dedicamos dois capítulos a este tema específico, de engenharia financeira.

Em suma, o livro destina-se a profissionais e estudantes com interesse em agregar questões econômicas e financeiras como apoio às suas decisões na realização de melhorias de desempenho ambiental nas organizações.

O assunto é muito atual, com uma quantidade crescente de dirigentes de empresas interessados em demonstrar à Sociedade e aos Governos seu interesse em evidenciar uma postura ética e correta, no sentido da sustentabilidade. Com este livro, esperamos dar uma pequena contribuição a este importante tema.

Agradeço muito à Andréa Márcia pelo apoio, à minha irmã Mali pela revisão do texto da primeira edição, e aos meus alunos pelo entusiasmo, sugestões e estímulo. Agradeço também à editora Freitas Bastos, pelo seu interesse na publicação deste livro, que estava com a 4ª edição esgotada há alguns anos.

São Paulo, 24 de março de 2023.

O autor

SUMÁRIO

CAPÍTULO 1
RELACIONAMENTOS DA ECONOMIA COM O MEIO AMBIENTE

1.0 - INTRODUÇÃO

Economia é a ciência que trata dos fenômenos relativos à produção, distribuição, acumulação e consumo dos bens materiais, conforme define o dicionário "Aurélio".

Em todas essas etapas do processo econômico existem interações e impactos sobre o meio ambiente, em maior ou menor grau. Como exemplos, a produção utiliza recursos naturais e energia, gera efluentes e resíduos; a distribuição utiliza combustíveis poluentes, ou é feita em dutos que, rompendo-se, causam problemas ambientais; o consumo produz resíduos de produtos e embalagens que são descartados, gerando frequentemente impactos ambientais. Ou seja, em todas as etapas do processo econômico pode-se observar fortes ligações com o meio ambiente.

O mesmo dicionário mostra que a palavra economia também significa "o controle para evitar desperdícios em qualquer serviço ou atividade". As ligações com o meio ambiente também são fortes, com a visão atual de que se deve utilizar as matérias-primas de forma parcimoniosa, eficiente, visando evitar a sua escassez e seu desperdício. Além disso, cabe lembrar que todo resíduo é também um desperdício, pois ele foi um dia, no início do processo, uma matéria-prima comprada, que sofreu transformações, utilizou e desgastou máquinas, consumiu energia, mão de obra; e depois, como resíduo, ainda exigirá gastos para se dar um destino adequado. Em inglês, a palavra *"waste"* tem dois significados: lixo, resíduo, aquilo que não tem valor e precisa ser descartado, mas também o significado de desperdício.

Apresentaremos, a seguir, as definições de Economia Ambiental e Economia Ecológica, conceitos muito próximos.

Economia Ambiental é definida como um ramo especial da economia, dedicado a estudar os problemas ambientais, sob o ponto de vista econômico. Ela estuda a conservação e as condições de uso dos recursos naturais sob o ponto de vista econômico e baseia-se na economia neoclássica. Esta é a razão pela qual, neste livro, discutiremos os conceitos principais da economia neoclássica.

Economia Ecológica é um campo transdisciplinar, que faz a ligação principalmente entre a ecologia e a economia, mas que envolve várias outras ciências, como a biologia, a história, a psicologia, a arqueologia, a geografia, entre outras. Analisa os vínculos entre os ecossistemas e os sistemas econômicos. Ela avalia como os homens interagiram com o ambiente no passado e como devem interagir no futuro (visão de sustentabilidade) e avalia, do ponto de vista econômico, vários problemas ambientais atuais, como o aquecimento global, a poluição das águas, a perda de biodiversidade, a chuva ácida, a desertificação, a poluição do ar principalmente nas grandes cidades e suas consequências para a saúde[1].

A figura 1.1 mostra, nos extremos de uma reta, a Ecologia e a Economia. Podemos dizer que a Economia Ecológica está posicionada entre essas duas ciências, mais próxima da Ecologia, enquanto a Economia Ambiental fica mais próxima da Economia.

---

[1] Definição baseada em CONSTANZA, R. What is Ecological Economy. Ecological Economics, 1 (1989). Elsevier Science Publishers, B.V., Amsterdam. https://www.pdx.edu/sites/www.pdx.edu.sustainability/files/Costanza_EE_1989.pdf. Acessado em 5.05.2017. Baseado também em artigo de Robert Constanza, What is Ecological Economy, de 11.05.2010, da Universidade de Yale. https://insights.som.yale.edu/insights/what-is-ecological-economics. Consultado em 19.03.2023.

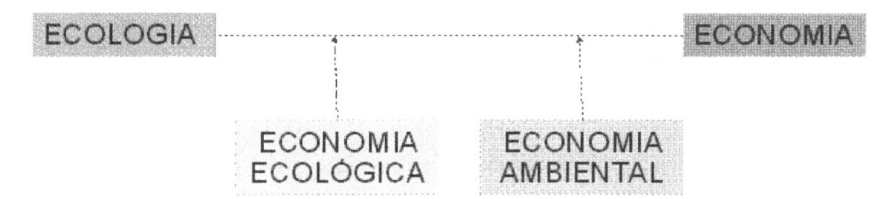

Figura 1.1 – Posicionamento da Economia Ecológica e da Economia Ambiental
(baseada em Cavalcanti, C. Concepções da economia ecológica: suas relações com a economia dominante e a economia ambiental. Estudos Avançados 24, 2010. http://www.revistas.usp.br/eav/article/view/10466/12198. Acesso em 19.03.2023.

Segundo a Agência das Nações Unidas para o Meio Ambiente (UNEP, 2010), Economia Verde (*green economy*) é uma economia que resulta em "aumento do bem-estar humano e equidade social, ao mesmo tempo em que sejam reduzidos significativamente os riscos e a escassez ecológica". Verificamos que esse conceito se localiza entre a Economia Ambiental e a Economia Ecológica, mais próxima desta.

A abordagem atual do tema "Meio Ambiente" leva em conta que os recursos naturais são limitados (finitos e frequentemente escassos) e, portanto, o seu uso deve ser feito de maneira sustentável, ou seja, com economia.

O meio ambiente, ao interagir com todas as atividades humanas, é modificado continuamente por essas atividades. A variável econômica está sempre presente nessa interação, pois a implantação de novas leis, as demandas e pressões de consumidores ou a própria consciência dos empresários, constituem-se em fatores que demandaram uma nova postura e novas regras de conduta no tocante às atividades industriais, com repercussões sobre os custos de produção.

Com o crescimento da importância da questão ambiental, as empresas têm realizado melhorias ambientais, estimuladas por órgãos de controle ambiental e pela mídia que, por sua vez, reflete a vontade e interesse do público em geral, em busca de uma melhor qualidade de vida. Por vezes, essas melhorias são conseguidas à força de leis, regulamentos e fiscalização pelos órgãos ambientais (papel de comando e controle), porém em muitos outros casos elas decorrem de ações voluntárias, com os empresários antecipando-se à emissão das leis e procurando criar uma imagem favorável e melhor aceitação da sua atividade industrial e do próprio produto pelas comunidades e consumidores.

Constatamos que, atualmente, existe uma velocidade muito grande de lançamento de novos produtos, com o público consumidor muito ávido por novidades. Nesta situação, o consumidor está passando a valorizar mais a empresa fabricante e não apenas a marca do produto. É importante também ressaltar a necessidade de um comportamento ético da empresa e de seus dirigentes, onde atuam diversos fatores, entre os quais está o desempenho ambiental.

Na busca da melhoria contínua de desempenho ambiental, vale lembrar que na realização de todas as atividades gerenciais, desde o projeto até a seleção de sistemas e equipamentos, bem como a sua instalação e operação, os investimentos requerem uma análise econômica de viabilidade, para manter a saúde financeira e a competitividade da organização. É do mundo natural que a economia e as empresas irão buscar a maior parte de suas necessidades em termos de matérias-primas e energia, sendo também para o mundo natural que ela descartará seus resíduos.

Estaremos, ao longo deste trabalho, tratando frequentemente da Economia Ecológica, ou seja, da integração entre a Economia e a Ecologia.

Na história da humanidade, dois grandes eventos econômicos relevantes possuem uma associação marcante entre Economia e Ecologia:

a) o primeiro deles, que ocorreu há cerca de 10.000 anos, foi o advento da agricultura, na Ásia, em regiões que hoje fazem parte do Iraque, Síria, Turquia, Irã e Egito. Os agrupamentos humanos primitivos, nômades que vagavam à procura de grãos, raízes e caça, passaram a se fixar em uma determinada área e, com o desenvolvimento da agricultura, passaram a obter alimentos de forma mais segura e constante. Uma das áreas mais importantes dessa atividade era localizada entre os rios Tigre e Eufrates. O excedente alimentar obtido graças à agricultura proporcionou o início de um importante comércio, que enriqueceu esses povos, e as aldeias primitivas (tell ou höyük) se transformaram em cidades, cidades-estados e posteriormente impérios, como o Império de Babilônia. Uma das razões do sucesso econômico dessa agricultura incipiente, que gerou grandes progressos econômicos, foi a possibilidade de irrigação, com o controle dos rios. Entretanto, a água de irrigação era absorvida pelas raízes ou evaporada, mas os sais contidos na água permaneciam no solo. Um ano, 10 anos, 100 anos, 1.000 anos dessa irrigação, trouxeram como consequência uma intensa salinização dos solos, inicialmente muito férteis, conforme relatos da própria Bíblia (Mesopotâmia, Suméria). Dessa forma, ocorreu uma intensa desertificação da área, sendo este considerado o primeiro desastre ambiental da história. Ou seja, uma das primeiras atividades econômicas humanas de sucesso resultou no primeiro evento ambiental negativo de grande porte;

b) o segundo evento econômico ocorreu no período entre 1760 e 1840 na Europa, que foi a revolução industrial. Foi nessa época que foram implantadas indústrias, com uso intensivo de vapor como forma fornecimento de energia para as máquinas, locomotivas e navios. A revolução industrial trouxe para as cidades grandes contingentes de pessoas, outrora camponeses, que antes se alimentavam do que plantavam, apenas para sua subsistência, com poucos excedentes de produção, mas que, com a possibilidade de emprego e maior renda acabaram migrando para as cidades. As condições de trabalho nas indústrias eram altamente insalubres, bem como as próprias cidades, que tiveram grande crescimento bastante desordenado, com péssimas condições de saneamento. A população mundial passou a ter um crescimento acentuado, fato atribuído à vida nas cidades, que dava oportunidades de emprego, e também à descoberta e uso de vacinas, que permitiu melhores condições de sobrevivência. Como foi comentado, a revolução industrial caracterizou-se pelo uso intensivo de vapor d`água, obtido pela queima de combustíveis fósseis, principalmente do carvão. Foi a época em que começou a curva crescente de acúmulo de CO_2 na atmosfera, hoje preocupante pelos níveis atingidos, causadores do aumento da temperatura global, com graves consequências. Os impactos ambientais da agricultura e a indústria, setores que são extremamente importantes para a economia, preocupam até hoje. Na agricultura e pecuária, os desmatamentos, a erosão dos solos e a perda de solo agrícola, o aumento de emissões de CO_2 e metano, a contaminação das águas com defensivos agrícolas e fertilizantes, o desperdício de água como resultado de processos inadequados de irrigação e a escassez da água, a destruição de matas ciliares, a perda de biodiversidade, consequências preocupantes dessas atividades econômicas.

Quanto à área industrial, são preocupantes o nível de emissão de poluentes para o ar atmosférico e para as águas, bem como os resíduos descartados ao solo, o uso de processos inadequados, o desperdício de recursos naturais, a produção e o uso de componentes perigosos, tóxicos, além do uso de energia, que causa usualmente impactos ambientais elevados para a sua geração.

Outro aspecto em que existe uma forte relação da economia com o meio ambiente refere-se ao comércio internacional, onde existem exemplos de situações em que a variável ambiental foi utilizada como barreira técnica, em ações provavelmente de protecionismo a outros interesses. O camarão brasileiro pescado na foz do Rio Amazonas já foi bloqueado em suas exportações para os Estados Unidos, alegando-se que as redes de pesca capturavam e matavam tartarugas marinhas. Também a gasolina brasileira já foi bloqueada para exportação, alegando-se um teor de enxofre superior àquele existente na média das refinarias americanas.

É necessário que, na defesa de nossos interesses, os órgãos governamentais responsáveis pelo comércio internacional e empresas realizem um acompanhamento cuidadoso das medidas protecionistas praticadas por alguns países que, eventualmente, usam como pano de fundo a questão ambiental. Nesse caso, é importante o conhecimento profundo do problema, sob seus aspectos técnicos (é real a degradação ambiental alegada?), políticos (quais são as consequências sociais resultantes do protecionismo sobre o emprego, por exemplo?) e econômicos. Lembramos o Princípio 12 da Declaração do Rio sobre Meio Ambiente e Desenvolvimento:

"As políticas econômicas com fins de proteção ambiental não devem servir para discriminar ou restringir o comércio internacional. Medidas para controle de problemas ambientais transfronteiriços ou globais devem, sempre que possível, serem baseadas em consenso entre os países".

1.1 - VALOR DOS BENS AMBIENTAIS

Um dos maiores problemas constatados ao se estudar economia ambiental é a dificuldade em se estabelecer valor para um bem ambiental (qualidade do ar, da água e dos recursos naturais, por exemplo). A maioria desses bens não é comprada ou vendida no mercado e, com frequência, as próprias pessoas não querem que seja atribuído valor, ou seja, poucos aceitam pagar por esses bens e mesmo pela qualidade de vida, embora todos queiram uma elevada qualidade. Hoje, entretanto, há uma tendência a uma maior realização de discussões e ao desenvolvimento de técnicas que possam avaliar, de forma confiável, o preço desses bens naturais, como é o caso da água, com valores que serão estabelecidos pelos Comitês de Bacias Hidrográficas, em função de sua escassez na bacia.

O valor de um bem, para uma determinada pessoa, é o valor que aquela pessoa está disposta a se sacrificar por aquele bem. Nesse caso, "sacrificar" significa o quanto de dinheiro a pessoa está disposta a gastar com o bem, ou a entrega de outro bem (escambo, troca), dinheiro que a pessoa precisou ganhar com o esforço de seu trabalho, ou precisou economizar com sacrifício, deixando de consumir outros bens ou serviços. O valor do bem representa, então, um sacrifício de seu poder aquisitivo. A ideia de valor está, então, completamente vinculada à "disposição a pagar" por aquele bem, por parte das pessoas. Os bens ambientais também possuem valor, como veremos a seguir. Essa disposição a pagar depende também de quanto a pessoa dispõe como riqueza. Se ela é rica e tem todas as suas necessidades básicas atendidas, ela eventualmente possui maior disposição a pagar pelos bens e serviços de seu interesse.

Algumas pessoas poderão estar dispostas a pagar muito dinheiro para visitar as cataratas do Iguaçu, ou o parque Kruger (na África do Sul), por exemplo. Outras não, preferem usar seu dinheiro para outros consumos. Muitas pessoas atribuem um valor elevado para preservar uma mata nativa (Serra do Mar, por exemplo), um determinado parque natural, a preservação do habitat de uma determinada espécie selvagem. Mas os bens ambientais não se resumem somente a aspectos turísticos ou conservacionistas.

O valor dos bens ambientais pode ser classificado em três categorias, segundo Pearce, citado por Marques e Comune[2]:

a) **Valor de uso**: refere-se ao preço dos recursos naturais como os minérios, madeira de uma floresta, água (sua retirada, em alguns locais já é cobrada), alimentos (peixes, frutos, fibras vegetais), animais para caça, ativos da biodiversidade (usados na produção de cosméticos e medicamentos, por exemplo), produtos agrícolas, em geral, entre outros. Esses valores também são referidos como sendo de "uso direto". O valor como "uso indireto" seria, por exemplo, o valor como uso para recreação (um lago para esportes aquáticos, natação, pesca de lazer, passeios pelas margens visando o bem-estar etc.), o valor como receptáculo de efluentes e outros resíduos, o valor de uma floresta no tocante à reciclagem do CO_2 (sequestro de carbono) e como fonte de nutrientes para o solo, controle de erosão, área para reprodução de espécies (manguezal), ações de regulação sobre o clima e outros efeitos ecológicos.

---

[2] PEARCE, D. W.; TURNER, R. K. *Economics of natural resources and the environment*. The Johns Hopkins University, Baltimore. 110.378 p. Citado por João Fernando Marques e Antônio Evaldo Comune, em seu capítulo "*A teoria neoclássica e a valoração ambiental*", apresentado no livro "Economia do Meio Ambiente", editado em 1997 pela UNICAMP (ver bibliografia).

b) **Valor de opção**: refere-se à preservação do bem ambiental para uso no futuro, de forma direta ou indireta, ou seja, um uso potencial. Trata-se de um valor de "não-uso" do recurso no presente, essa escolha permitindo prever um ganho futuro ao usá-lo. Valem os mesmos exemplos do "valor de uso", lembrando-se que compreende preservar esses bens para um uso futuro.

c) **Valor de existência**: refere-se a um valor normalmente intangível, ou seja, percebe-se que ele existe, porém é de difícil mensuração. Trata-se, por exemplo, da satisfação em se saber da existência de uma floresta preservada (por exemplo, a Amazônia ou a Mata Atlântica), de uma determinada espécie protegida (por exemplo, as baleias, o mico leão dourado, o tigre), embora as pessoas nunca pretendam usufruir daquele bem ambiental, nem hoje, nem no futuro.

O valor dos bens ambientais precisa ser definido em termos monetários. O "valor de uso", para minérios, madeiras etc., é usualmente avaliado com base em transações de mercado. Para a água, dependendo da escassez, já existe a sua cobrança em algumas bacias hidrográficas, implementada com base na Política Nacional de Recursos Hídricos, de 1997. Essa cobrança tem como objetivos estimular o uso racional da água e gerar recursos financeiros para investimentos na recuperação e preservação dos mananciais da bacia hidrográfica em questão. Os valores são fixados pelo comitê da bacia hidrográfica objeto da análise. Como exemplo, na Deliberação CEIVAP nº 258/2018, através da AGEVAP (Agência da Bacia do Rio Paraíba do Sul), para o ano de 2021 foram fixados os seguintes valores: cada metro cúbico de água bruta captada na natureza custa R$0,0218, cada metro de água bruta consumida R$0,0436 e o lançamento de carga orgânica R$0,1526/kg de DBO[3].

Podemos lembrar, como outro exemplo de "valor de uso", o valor para os serviços ambientais prestados pelos oceanos, atuando na re-

---

[3]   https://www.ceivap.org.br/deliberacao/2018/deliberacao-ceivap-259.pdf, consultado em 19.03.2023.

gulação climática. Se não existisse a Corrente do Golfo (*Gulf Stream*), o clima da Europa Ocidental seria muito mais frio, dificultando as condições de vida em grande parte daquele continente. Além disso, lembramos a participação dos oceanos no ciclo das águas, formando a chuva (a maior parte da água das chuvas é composta de água evaporada dos oceanos); armazenagem de calor próximo à superfície; absorção de CO_2 por algas, fornecimento de peixes e outros seres vivos como fonte de alimentos e recreação.

A Floresta Amazônica pode ser avaliada como participante nas três formas de classificação do valor dos bens ambientais. Seroa da Motta, conceituado especialista no assunto, atribuiu os seguintes valores:

Valor	US$ por hectare por ano
Valor de uso direto	37,7 (35%)
- produtos madeireiros	28,5
- produtos não madeireiros	0,2
- ecoturismo	9,0
Valor de uso indireto	18,0 (17%)
- estocagem de carbono	18,0
Valor de opção	21,0 (19%)
- bioprospecção	21,0
Valor de existência	31,2 (29%)
Total	107,9

Fonte: Seroa da Motta, 2007.

Outros autores também realizaram avaliações do valor de existência da floresta amazônica. Os resultados são:
- Pearce: US$8,90/ha ano;
- Fearnside: US$20,00/ha ano;
- Kramer e Mercer: de US$24,00 a US$31,00/ha ano;
- Horton: US$50,00 para 5% da Amazônia e US$67,00 para 20%.

Outra forma de avaliar o valor econômico de um bem ambiental é o chamado "método de custo de viagem" (*travel cost method*). Ele se aplica à determinação de valor para locais de lazer, onde a finalidade principal do turismo está ligada aos ecossistemas da região. Avalia-se a disposição a pagar das pessoas, os custos totais para se realizar o turismo e o número total estimado de pessoas, como forma de avaliar o valor daquele determinado bem ambiental. É importante considerar que, para ser válido este método, não podem existir espécies ameaçadas de extinção na área considerada, pois se existirem, a região precisaria ser mais protegida, tornando-a inacessível para o uso turístico.

Apresentaremos um exemplo de cálculo, com dados fictícios, para se avaliar o valor do bem ambiental valiosíssimo, que é a região de Ushuaia, na Patagônia Argentina.

Suponhamos que as pessoas que têm interesse em visitar a região, considerem as seguintes possibilidades de passeio, ao realizarem uma viagem:

a) Visita ao Parque Nacional da Terra do Fogo (PNTF);
b) Passeio de barco no Canal de Beagle, para a observação de pinguins, focas e leões marinhos (trataremos esta opção como "Pinguineira" nos cálculos);
c) Visita à Cordilheira dos Andes, lagos Fagnano e Escondido (chamaremos de "Cordilheira");
d) Outras visitas (antigo presídio, lojas, restaurantes etc.), não consideradas nos cálculos, por não se tratar de bens ambientais;
e) Participação em congressos e conferências, realizadas na região em vista de sua capacidade hoteleira e atrativos turísticos, também não consideradas nos cálculos.

PTNF Pinguineira Cordilheira

Figura 1.2 - Fotos da região de Ushuaia, Patagônia Argentina
(Fonte: fotos do autor)

Assim, este método levará em conta valores de uso indireto e valor de existência, avaliados em conjunto.

Para avaliarmos a quantidade de pessoas que estarão utilizando os bens ambientais, imaginemos a seguinte quantidade média de visitantes por dia:

a) PNTF: 500 visitantes por dia, ou seja, no ano teríamos cerca de 180.000 pessoas;

b) Pinguineira: 300 visitantes por dia, ou seja, cerca de 108.000 pessoas por ano;

c) Cordilheira dos Andes, 200 visitantes por dia, ou seja, 72.000 pessoas por ano.

A seguir, será necessário estimar os gastos das pessoas por dia, para que possam realizar a atividade turística. Estes gastos médios, referentes a pessoas vindas de todas as partes do mundo, e da própria Argentina, incluirão os custos de passagens aéreas, despesas de hospedagem, alimentação, preços das excursões de ônibus, de barco, gastos com ingressos aos locais (se existentes) etc. Imaginemos os seguintes valores, como médias de gastos:

a) PNTF: R$1.200,00;

b) Pinguineira: R$1.500,00;

c) Cordilheira: R$1.700,00.

Ou seja, os gastos totais de viagem das pessoas, por ano, seriam:

a) PNTF (visitas ao Parque Nacional da Terra do Fogo): 1.200 x 180.000 = 216 milhões de reais por ano;

b) Pinguineira: 1.500 x 108.000 = 162 milhões de reais por ano;

c) Cordilheira dos Andes na região: 1.700 x 72.000 = 122,4 milhões de reais por ano.

Portanto, o valor total dos bens ambientais principais da região de Ushuaia seriam a soma dos custos de viagem de suas atrações principais. Neste exemplo fictício, esse valor seria de 500,4 milhões de reais por ano. (Nota: como comentado acima, os valores citados são fictícios, usados apenas para explicar como seriam calculados os valores de alguns bens ambientais pelo *travel cost method*").

Outro exemplo de cálculo do valor de existência e uso indireto, feito com base no método do custo de viagem, foi realizado por Ortiz *et al.* (2001) para o Parque Nacional de Iguaçu. Resumidamente, os cálculos são:

Média anual de visitantes	Brasileiros e Mercosul 485.678	Estrangeiros não-Mercosul 316.697	Total 802.375
	Valor de uso	Valor de uso	Valor
Destino único (só visitam o PNI)	6.857.773	5.684.711	12.542.484
Modelo Básico	20.738.450	14.032.844	34.771.294

Como conclusão, pode-se avaliar que o valor do Parque Nacional do Iguaçu resulta entre US$12,5 e US$34,7 milhões por ano (gastos por pessoa entre US$15,63 e US$43,33).

Assim, esse método constitui-se em mais uma ferramenta capaz de valorar um bem ambiental.

A economia usa a natureza como sua principal fonte de matérias-primas e, também, como depósito (sorvedouro) dos resíduos gerados pelo homem em todas as suas atividades. Esse duplo serviço é chamado de "capital natural". A poluição é, portanto, o uso exagerado da natureza como sorvedouro de resíduos e o esgotamento dos recursos sendo o seu uso exagerado como fonte de matérias-primas.

Muitos bens ambientais são chamados de "bens públicos" ou "bens de uso comum".

Bens de uso comum são aqueles para os quais inexistem critérios de propriedade que garantam o uso exclusivo, ou seja, são colocados simultaneamente à disposição de todas as pessoas, não se podendo individualizar a sua utilização. Outra característica é a sua indivisibilidade. Os bens privados, em contrapartida, são divisíveis e exclusivos. Em muitos casos, para os bens públicos, ocorre a tendência de que, se aquela determinada empresa ou pessoa não usar, outros o farão, ou seja, existe pouco respeito pelos princípios de conservação desses bens.

Um exemplo de "bem público" (não ambiental, mas aqui citado como exemplo interessante do conceito) é a luz proporcionada por um farol de auxílio à navegação. Os bens públicos têm também a característica de serem "não competidores": quando um barco usa a luz do farol ele não reduz o valor do serviço para outro barco.

Entretanto, alguns recursos como a água pura e o ar atmosférico sofrem, por muitas vezes, com os problemas do livre acesso, principalmente se não existir uma legislação restritiva quanto ao uso exagerado ou sobre o direito de poluir.

A questão dos bens de uso comum, ou *"common goods"*, foi levantada por Garrett Hardin em 1968, quando ele escreveu o texto intitulado "A Tragédia dos Comuns", mostrando o problema do livre acesso a esse tipo de bem, levando ao seu esgotamento. Entre outros exemplos, ele descreve uma situação fictícia em que um pastor leva 10 ovelhas para pastar em uma área de livre acesso, e outro pastor, também leva 10 ovelhas, na mesma área, que possui pastagens suficientes para essa quantidade de ovelhas. Imagina que um dos pastores acrescente uma ovelha a mais. E depois duas ovelhas. E o outro uma ovelha a mais. E assim por diante. Cada um olha muito por si próprio e por seu benefício, desprezando o fato de que os recursos são limitados. Se um dos pastores passa a ter um lucro adicional de 100 reais por ovelha, ele interpreta que, existindo um prejuízo de perda de pastagens de 80 reais, este será sendo dividido entre todos os pastores, não sendo somente coberto por ele. Chegar-se-á a um ponto em que a pastagem não será suficiente e ambos sairão perdendo, tendo que se desfazer de algumas ovelhas, por falta de alimentação. Somente um acordo de limitação do número de ovelhas, para o conjunto de pastores, seria a solução para manter a capacidade da área de pastagem ao longo do tempo.

Outro caso que poderíamos citar como exemplo de uso indevido de um bem comum seria a situação existente em muitos condomínios residenciais, quanto ao uso de água para banho. Imagine que não existam medidores individuais para o consumo de água dos apartamentos e que exista um único medidor na entrada do prédio. É possível imaginar que alguns moradores tomem um banho muito mais demorado, em uma concepção pessoal reprovável de que aquela água "a mais" que ele está gastando para o seu conforto individual é paga por todos os condôminos, somente uma pequena parte desse valor adicional sendo paga por ele. E, assim, ocorre um enorme desperdício de um recurso tão valioso, e cada vez mais escasso, que é a água.

Um exemplo mais atual do que aquele descrito por Garret Hardin seria relacionado à atividade pesqueira. Sabemos que o Brasil não é um país privilegiado quanto a esse recurso, existindo grandes "desertos" no mar, por condições naturais da costa brasileira. Além disso, ocorreram grandes avanços em tecnologia de pesca, com barcos mais especializados, uso do sonar para a localização de cardumes, entre outros avanços. Uma quantidade grande de barcos fica parada em portos e, quando se sabe que há um aumento localizado de pescado em uma área, esses barcos saem do porto e partem para a captura desordenada. Esse "bem público" (peixe) tem tido sérios problemas de esgotamento de estoques. Há a necessidade de regras e leis claras limitando a atividade, para que haja acordo de cooperação entre os países, a fim de que existam incentivos comuns à conservação (por exemplo, proibições de pesca). A Cúpula Mundial sobre Desenvolvimento Sustentável, a Rio +10, realizada em agosto de 2002 em Johannesburgo, África do Sul, após extensas discussões sobre o problema da sobre-exploração desses recursos, estabeleceu metas e prazos para a recuperação de áreas de pesca em todo o mundo, até 2015, por meio da limitação da produção "ao limite máximo sustentável". Não temos informações se essas metas foram alcançadas, mas provavelmente não foram. Mostraremos, mais adiante, um problema numérico sobre esta questão.

A redução de CO_2 é vista também como um "bem público". Por exemplo, com o Protocolo de Kyoto em vigor, sem a participação dos Estados Unidos (mais de 55% dos países aderiram, com reduções que representam mais de 55% das emissões mundiais estabelecidas, como previsto para que ele pudesse se efetivar), e agora com o Acordo de Paris, os Estados Unidos também serão beneficiados com o resultado da melhoria do clima relacionada à redução do "efeito estufa", mesmo sem participar do Protocolo e sem reduzir suas emissões. Nesse caso, ele seria um *free rider* (carona) do resultado (melhoria do clima). Porém, esse posicionamento gera sérias críticas de alguns países, que acham que não seria correto que eles paguem a conta sozinhos, sem a colaboração de países que também seriam beneficiados com a melhoria obtida.

1.2 - DESENVOLVIMENTO SUSTENTÁVEL

Consultando o dicionário "Aurélio", verificamos que "sustentar", significa "conservar e manter" e, no caso ambiental, implica no prolongamento do uso produtivo dos recursos naturais. O crescimento econômico somente pode ocorrer dentro da visão de "desenvolvimento sustentável", ou seja, manter indefinidamente a disponibilidade de um determinado recurso, usado por esta geração, para que ele possa também ser usado pelas gerações futuras, considerando-se principalmente o valor de uso e o valor de opção, conforme definidos acima. Esse conceito foi definido no "Relatório Brundtland" (cujo título oficial é *Nosso Futuro Comum*, de 1987). Ou seja, trata-se de um compromisso entre gerações. Uma das dificuldades observadas consiste no fato de que a geração futura não participa das discussões deste mercado de hoje, somente a consciência elevada de preservação da espécie e da própria vida é que serve de motivação às pessoas, para que adotem ações preventivas à degradação ambiental, hoje observada.

A sustentabilidade envolve a ideia de manutenção dos estoques da natureza, ou a garantia de sua reposição por processos naturais ou artificiais, ou seja, precisa-se olhar com cuidado a capacidade regenerativa da natureza, chamada de "capacidade de suporte" dos ecossistemas.

Os recursos naturais podem ser enquadrados como renováveis e não-renováveis.

Os **renováveis** ou **reprodutíveis** usualmente apresentam essa manutenção sendo assegurada por processos biológicos. Como exemplos, temos os solos, o ar, as águas, as florestas, a fauna e a flora. Como critério temporal de avaliação, os ciclos de recomposição normalmente são compatíveis com o tempo de vida de uma pessoa.

Os **recursos não-renováveis**, por sua vez, demandam eras geológicas para a sua reposição. Como exemplos, temos os minérios e os combustíveis fósseis. Esses recursos são extraídos mais rapidamente do que são reabastecidos pelos processos naturais.

Antigamente os processos econômicos não tinham uma magnitude tão grande para alterarem significativamente os ecossistemas. Por outro lado, verificamos que o aumento da população, associado com o consequente crescimento do consumo e o aperfeiçoamento de tecnologias extrativas, provocam hoje maiores impactos ambientais, como é o caso, por exemplo, de uso de motosserras na Amazônia (maior rapidez de extração) e novas técnicas de pesca (barcos maiores, uso de sonar para localização de cardumes).

Tendo havido, nas últimas décadas, um consumo excessivo de recursos naturais e seu esgotamento, estima-se que, atualmente, a humanidade esteja ultrapassando em cerca de 20% a capacidade de suporte dos ecossistemas. Com relação aos recursos não renováveis, a estratégia mais comum é a de adiar o seu esgotamento. E qual o limite desse uso, essa é uma questão importante, difícil de ser respondida.

Imagine que você possui uma caderneta de poupança e seja esta sua única forma de sobrevivência, seu único ganho. Para que suas demandas sejam atendidas no futuro, será preciso que o processo seja sustentável, ou seja, para você conseguir sobreviver na velhice, você somente poderia viver dos juros dessa poupança, sem fazer uso do capital principal, pois, de outra forma, seu patrimônio ficaria cada vez mais reduzido, até o ponto em que você não conseguiria sobreviver. Na natureza, acontece a mesma coisa.

Os economistas chamam de "capital natural" os recursos ambientais e naturais da Terra, ou seja, os bens ambientais, levando em conta a capacidade que a natureza tem de reciclar resíduos e poluentes, de forma natural. O capital natural refere-se à capacidade que a natureza tem de fornecer os recursos naturais e à capacidade de receber e processar os resíduos e poluentes. As atividades econômicas utilizam, quase sempre, recursos naturais em grande escala, como matérias-primas em geral (minérios, petróleo, madeiras, água, peixes etc.). Se estes recursos forem utilizados de forma predatória, sem reposição ou uso controlado, seria o equivalente a estarmos usando o capital da caderneta de poupança e não somente os juros, mas se os recursos forem usados com parcimônia e com a máxima eficiência, o capital se manteria para sempre, rendendo juros.

Na realidade, quando se fala em desenvolvimento sustentável, é preciso lembrar que existem várias vertentes desse conceito, quais sejam, o desenvolvimento social, o econômico, o ambiental, o político e o tecnológico. Um gerenciamento com responsabilidade ambiental consegue conciliar necessidades de crescimento econômico com requisitos de melhor qualidade de vida. Ao se desenvolver a atividade econômica industrial, fatalmente existirá uma maior geração de resíduos e poluentes e um uso crescente de recursos naturais, porém isso deverá vir acompanhado do desenvolvimento de novas tecnologias, novos processos de produção, novos materiais e novos procedimentos e práticas gerenciais que reduzam os efeitos negativos a limites aceitáveis.

Em particular, a economia sempre se preocupa com o "crescimento", enquanto a ecologia prefere usar a palavra "desenvolvimento", que não implica necessariamente em crescimento. Os ativos ambientais, embora hoje com custo baixo ou mesmo zero, quase sempre apresentam uma regeneração muito lenta (caso do solo destruído por erosão, água contaminada de um aquífero, camada de ozônio destruída) ou, em certos casos, o consumo de bens naturais que não são substituíveis (minérios, extinção de uma determinada espécie vegetal ou animal). É importante lembrar que, em todas as atividades de engenharia, devemos sempre procurar obter eficiência (o melhor projeto, com melhor relação custo-benefício), segurança (redução de riscos) e sustentabilidade.

1.2.1. Regra de Daly

Hermann Daly, considerado um dos fundadores da chamada "Economia Ecológica", preocupou-se com a proteção do capital natural, principalmente na situação em que não existam bons substitutos para aquele bem. Essa preocupação justifica-se pela incerteza, pelos riscos de que aquele bem seja esgotado e também nas situações de irreversibilidade, ou seja, quando os bens são não renováveis.

A chamada regra de Daly estabelece que "nunca se deve reduzir o estoque de um capital natural abaixo de um nível que impeça a sua reposição, a menos que existam, e estejam disponíveis, bons substitutos".

Por exemplo, essa regra pode ser aplicada à exploração de minérios, petróleo e também ao uso de solo fértil.

O solo fértil é aquela camada de solo que contém nutrientes, que podem ser transferidos para as plantas. A reposição do solo fértil, por processos naturais, constitui-se em um processo bastante lento e, por vezes, muito difícil. A adubação química pode ser considerada um bom substituto, o que poderia justificar menos cuidados com a manutenção do solo fértil? Ou seria necessário considerarmos os impactos ambientais eventualmente causados pela adubação química e, nesse caso, não considerá-la como sendo uma boa substituição?

Entretanto, como poderemos interpretar o conceito de desenvolvimento sustentável quando analisarmos processos extrativos, como, por exemplo, a mineração e a extração e uso do petróleo? O conceito de sustentabilidade estará, então, ligado, em primeiro lugar ao uso racional do recurso, evitando-se desperdícios (maior eficiência na mineração, com maior aproveitamento do minério) e à adoção de processos de recuperação e reciclagem, este último bastante aplicável aos metais. Em segundo lugar, a sustentabilidade poderá ser buscada por meio do desenvolvimento de novas tecnologias, procurando-se substitutos mais eficientes para os materiais esgotáveis, como novos polímeros, novos materiais cerâmicos e fibras de carbono e outros materiais compostos que vêm substituindo metais; uso de substitutos renováveis, por exemplo, a geração de energia elétrica solar, eólica ou através da biomassa, substituindo combustíveis fósseis (carvão e petróleo).

Existem tecnologias que eram aceitáveis no passado (quando havia uma menor população e menor concentração de indústrias), mas que hoje não são mais aceitas pela Sociedade.

Observa-se que a regra de Daly leva em conta o conceito de sustentabilidade, o direito das futuras gerações.

1.2.2. Degradação ambiental versus crescimento econômico

Uma questão a refletir é a seguinte: havendo crescimento econômico, a degradação ambiental continua indefinidamente, ou ela cessa em um determinado momento?

Simon Kuznets, em 1955, observando os cenários dos Estados Unidos, Alemanha e Inglaterra no tocante à distribuição de renda e à mudança do ambiente rural (agricultura mecanizada) para o ambiente urbano (industrialização acentuada), determinou uma curva em forma de U invertido mostrando inicialmente a correlação entre a distribuição de renda (crescimento econômico) e desigualdades sociais (curva de Kuznets). Posteriormente, essa curva foi também observada e verificada como representativa para mostrar a correlação entre o crescimento econômico e a degradação ambiental, sendo denominada de "curva de Kuznets ambiental".

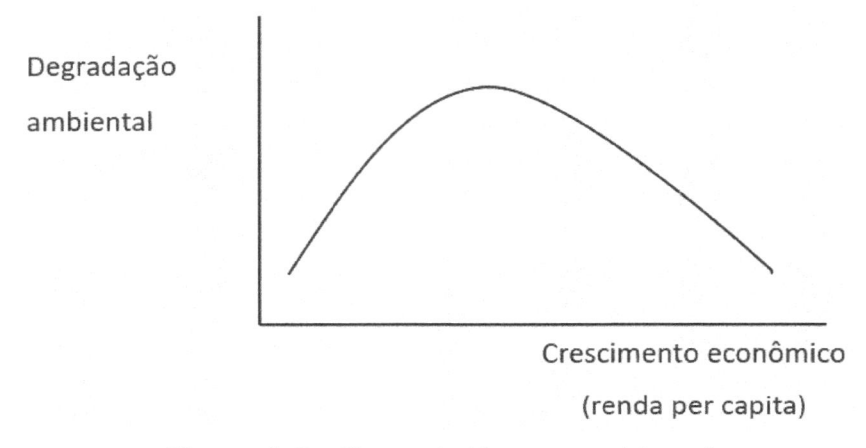

Figura 1.3 - Curva de Kuznets ambiental

Essa curva mostra que, nos estágios iniciais de crescimento econômico de um país aumenta o nível da poluição e da degradação ambiental, mas à medida em que aquela sociedade evolui e enriquece, aumentando a renda per capita, passam a existir exigências de qualidade de vida que forçam a redução da poluição e da degradação ambiental, pela internalização de externalidades (tópico que discutiremos em 1.4). Como exemplos, podemos citar a redução de emissões de SO_2 (redução de emissões em termoelétricas a carvão, redução do teor de enxofre em combustíveis), saneamento (motivado por exigências de água mais limpa para uso das praias, limpeza dos rios), redução da poluição do ar (indústrias, veículos com menor emissão), coleta e destinação do lixo, resíduos hospitalares, resíduos industriais, desmatamento da Serra do Mar próximo à cidade de São Paulo, entre outros exemplos. Constata-se que, com o aumento da renda e a procura por melhores condições de vida, aumenta a "disposição a pagar" daquela sociedade pela qualidade ambiental.

No crescimento das grandes cidades no Brasil, foi verificado o crescimento de favelas, com vida em condições sub-humanas. Na medida em que algumas cidades conseguiram melhorar suas condições, bem como as pessoas (existência de trabalho e renda), as favelas estão sendo urbanizadas ou erradicadas, reduzindo-se a degradação ambiental.

É possível também observar que as emissões de CO_2 na Terra, provocando o aquecimento global, não estão seguindo a curva de Kuznets ambiental, provavelmente porque os efeitos da emissão não ocorrem a curtíssimo prazo, nem apenas localmente (lembrar de "A tragédia dos comuns", de Garret Hardin).

1.2.3. Equação IPAT

O Prof. Paul Ehrlich desenvolveu, em 1971, uma equação conhecida por IPAT, na qual ele procurou correlacionar o impacto ambiental com três fatores preponderantes em sua geração. A equação é:

Impacto Ambiental = **P**opulação x **A**fluência x **T**ecnologia

Com essa equação, suponhamos que temos os dados de população hoje; que conseguimos avaliar a "afluência", que significa o consumo de um determinado bem, na procura de um bem-estar; e que podemos avaliar os dados atuais associados à tecnologia que geram um determinado impacto atual. A partir daí, queremos ver, no futuro, qual seria o impacto, ou de quanto precisaríamos melhorar a tecnologia, de forma a não aumentar o impacto ambiental. Como exemplo, vamos avaliar qual seria o impacto ambiental quantificado das emissões de CO_2, relacionado às emissões por veículos[4].

Suponhamos que, hoje, a população da Terra seja de 8 bilhões de pessoas (valor atingido em novembro de 2022) e que a afluência seja de 1 automóvel para cada 10 pessoas. Suponha que cada automóvel emita 4 ton. de CO_2 por ano (consumo de aproximadamente 10 km/l e rodagem de cerca de 30.000 km/ano).

Assim, hoje, a equação IPAT seria:

---

[4] Baseado em Ehrlich e Holdren (1971), citado por Goodstein, Eban, em "*Economics and the Environment*", 2nd Edition, 1999, John Wyley & Sons, Inc., New York.

I = 8.000.000.000 pessoas x 1 automóvel/10 pessoas x 4 ton. de CO_2/ano

Fazendo os cálculos, as emissões totais de CO_2 por automóveis no ano seriam:

I = 3,2 bilhões de ton. de CO_2/ ano.

Suponhamos, agora, que avaliamos que em 2050 a população da Terra será de 14 bilhões de pessoas e que a afluência será de 4 automóveis para cada 10 habitantes. Se for mantido o nível de emissões de 4 ton. de CO_2/ano, teremos:

I = 14.000.000.000 pessoas x 4 automóveis/10 pessoas x 4 ton. de CO_2/ano

I = 24 bilhões de ton. de CO_2/ano.

Observamos que multiplicamos a população por 1,75 e aumentamos em 4 vezes o número de automóveis, ou seja, os dois fatores juntos aumentaram 7 vezes. Assim, para que seja mantido o mesmo nível de emissões de hoje, em 2050, a tecnologia teria que evoluir de forma correspondente, sendo necessário que o limite de emissões fosse de 4 ton. de CO_2/ano dividido por 7, ou seja, de 0,571 ton. de CO_2/ano por automóvel. E, como sabemos, mesmo as emissões de hoje já são consideradas insatisfatórias para o planeta.

Em muitos casos é difícil chegarmos à conclusão sobre a validade de se preservar, ou não, um determinado bem ambiental, como o petróleo. No Brasil, por exemplo, temos sérios problemas em conseguirmos um desenvolvimento econômico satisfatório, que permita dar melhores condições de vida ao povo (saúde, educação etc.). Fica, então, a pergunta: seria melhor deixar o petróleo no subsolo guardado para as gerações futuras, ou extraí-lo, e utilizar hoje seus derivados, para obter maior conforto e desenvolvimento, e com os ganhos, conseguir mais progresso e melhorar cidades, gerar empregos, ou mesmo investir os lucros na pesquisa de novas fontes de energia? Fica a dúvida, existem vantagens e desvantagens nos dois casos, que precisam ser ponderadas, mas uma coisa é certa: sempre devemos usar esse recurso com muita parcimônia e de forma eficiente, fazendo a extração do petróleo e realizando o seu processamento com os menores impactos ambientais possíveis. Em relação a certos minérios considerados estratégicos, acreditamos que eles devam ser preservados para o futuro, quando os preços serão muito maiores, em vez de serem vendidos hoje a preço muito baixo, por exemplo, os minérios de nióbio, de urânio, a cassiterita, entre outros.

1.2.4. Reciclagem

As atividades de reciclagem de vários tipos de materiais (metais, vidro, papel, papelão, plásticos, pneus) visam à preservação de matérias-primas e a economia de energia no processo produtivo – quase todas as formas de produção de energia geram impactos ambientais significativos, constituindo um aspecto importante ligado ao conceito de desenvolvimento sustentável.

O Compromisso Empresarial para Reciclagem (CEMPRE) é uma associação sem fins lucrativos dedicada à promoção da reciclagem dentro do conceito de gerenciamento integrado do lixo. Fundado em 1992, o CEMPRE é mantido por empresas privadas de diversos setores. O último levantamento de dados apresentado em seu site (www. cempre.org.br), realizado em dezembro de 2022, permite verificar que o Brasil apresenta os seguintes índices de reciclagem:

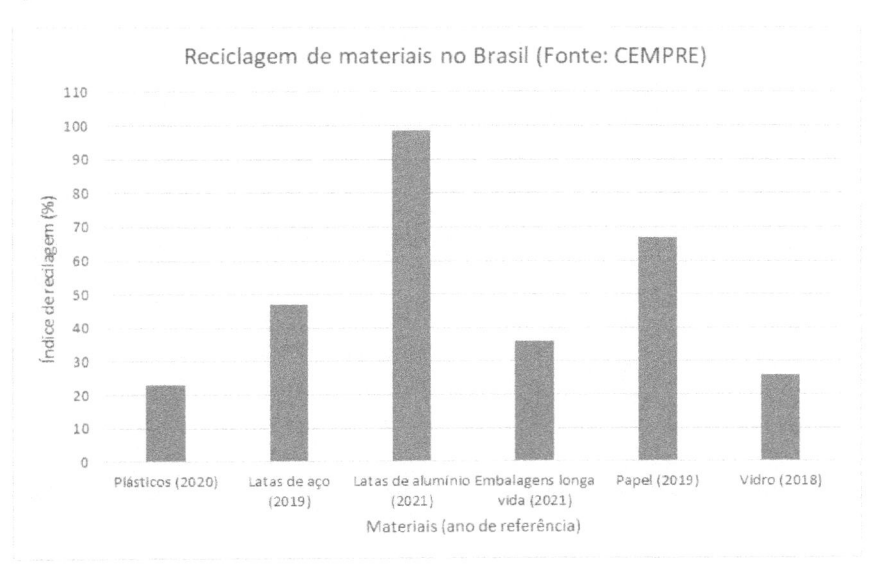

Figura 1.4 – Índices de reciclagem no Brasil em 2022
(Fonte: CEMPRE)

1.3 - AGENTES DA OBTENÇÃO DA QUALIDADE AMBIENTAL

A obtenção de um determinado nível de qualidade ambiental pode ser motivada por vários agentes:

a) **Governos**, por meio de ações denominadas "**comando e controle**". Todas as leis, regulamentos oficiais com limites de emissões, licenças, permissões de uso da água e do solo e normas ambientais para produtos (proibições de componentes perigosos etc.) situam-se nesta categoria. O envolvimento econômico ocorre por meio dos investimentos e dispêndios relacionados ao cumprimento dos padrões e, ainda, por meio das multas impostas quando esses padrões não são atendidos. As leis são fixadas para toda a Sociedade, fixando limites de emissão, uniformes para todas as empresas, que não podem ser ultrapassados. Para cumprir esses limites, as empresas poluidoras são obrigadas a adotar tecnologias compatíveis com os limites impostos para controle da poluição. Entretanto, esses limites, eventualmente fixados para todo o país, por exemplo, pelas Resoluções do CONAMA, e não levam em conta "pontos quentes" onde existe uma concentração maior de empresas, como a cidade de São Paulo.

Outra forma possível de atuação dos governos para a obtenção de melhorias ambientais consiste na utilização de **instrumentos econômicos** (taxas, impostos, bloqueios), aplicados a certos produtos e serviços, e que conduzem a uma alteração no seu preço de mercado, de forma que os preços reflitam os prejuízos que esses materiais e serviços causam ao meio ambiente, em seu uso ou descarte final (Princípio do Poluidor Pagador – PPP). Essa parcela do custo deveria ser utilizada em ações de remediação ou em estímulos e compensações à indústria que se adaptou, realizou investimentos e, portanto, não causa esses impactos (estímulos através da redução de impostos, subsídios etc.). Nota: citamos o termo "poluidor-pagador", que tem sido muito usado, principalmente na literatura internacional, porém o mais correto seria o termo "emissor-pagador", pois poluidor, à luz da legislação brasileira, comete um crime, passível de punição e não de pagamento, enquanto o conceito refere-se ao "emissor" de poluentes, dentro dos limites permitidos pelos órgãos ambientais (leis, resoluções etc.). Outra possibilidade de uso de instrumentos econômicos é no sentido oposto, ou seja, estímulos por meio de incentivos (redução de impostos) a combustíveis mais limpos, estímulos ao transporte ferroviário desestimulando-se o rodoviário, entre outros exemplos.

b) **Consumidores**, por meio da preferência dada na compra de certos produtos fabricados de forma ambientalmente correta (produtos que tenham um "selo verde", por exemplo) ou de sua recusa a produtos e serviços que causem impactos ambientais significativos (detergentes não biodegradáveis, certas embalagens agressivas ao meio ambiente, por exemplo), boicotes organizados ou quedas de vendas ocasionadas por problemas de desempenho ambiental. Observa-se um papel crescente das ONGs e da mídia como formadores de opinião na população quanto às questões ambientais.

c) **Empresas**, por meio de medidas de autorregulamentação, adoção de normas preparadas por entidades de classe e outras destinadas a promover um melhor desempenho ambiental. Como exemplos, o comprometimento da empresa com o Processo de Atuação Responsável (gerenciado pela ABIQUIM), a adoção dos princípios da Carta Internacional para o Desenvolvimento Sustentável, a adoção voluntária da Norma Internacional ISO 14.001 e a participação em programas do tipo "Mecanismo de Desenvolvimento Limpo" (captura de carbono da atmosfera). Exemplos:

Ações de governos: elaboração e implantação da Lei nº 9.605, de 12 de fevereiro de 1998 (Lei de *Crimes Ambientais* e Decreto nº 3.179, de 21-9-1999), regulamentos (resolução do CONAMA nº 357, de 17.3.2005 que estabelece condições e padrões de emissão de efluentes em corpos d´água), permissões (outorga de água, utilização do solo ou subsolo).

Ao taxar os componentes que, incorporados aos produtos irão gerar a poluição, fica mais fácil o controle de emissões chamadas de "difusas", de difícil controle, como aquela gerada pelo uso de combustíveis (transportes rodoviário, aéreo e marítimo), resíduos em geral, tais como embalagens e pilhas e substâncias usadas em agricultura (fertilizantes e defensivos).

1.4 - EXTERNALIDADES. INTERIORIZAÇÃO DOS CUSTOS AMBIENTAIS

Em economia, o conceito de **externalidade** refere-se à ação que um determinado sistema de produção causa em outros sistemas externos. Trata-se de um conceito desenvolvido em 1920 pelo economista inglês *Arthur Cecil Pigou* (1877-1959), que estabeleceu que irá existir uma **externalidade** quando a produção de uma empresa (ou um consumo individual) afetar o processo produtivo ou um padrão de vida de outras empresas ou pessoas, na ausência de uma transação comercial entre elas. Normalmente, esses efeitos não são avaliados em termos de preços. As externalidades podem ser tanto positivas, quanto negativas. Imagine a situação em que um empresário quer construir uma Usina Hidroelétrica. Observamos que, além dos lucros diretos do empresário, a represa irá trazer vantagens à economia, tais como a geração de empregos, o aproveitamento de terras para agricultura, proporcionado pela irrigação de áreas onde antes não havia água disponível, a regularização da vazão do rio permitindo navegação e evitando enchentes, entre outras.

Outro exemplo de externalidade positiva seria a valorização de imóveis em regiões ribeirinhas quando é realizado o tratamento do esgoto das cidades localizadas rio acima, pois melhora a qualidade da água que passa pela propriedade. Essas são as externalidades positivas. As negativas seriam os problemas ambientais não indenizáveis causados pela barragem, tais como a proliferação de mosquitos em águas quase paradas, as perdas de jazidas existentes ou potenciais, a perda de espécies animais e vegetais, entre outras.

Um exemplo típico de externalidade negativa é a poluição causada por uma determinada indústria. A empresa, ao degradar o meio ambiente, impõe custos a pessoas que são "externas" às transações entre o produtor e o consumidor do produto poluente, ou seja, que não se beneficiam daquela atividade. A solução hoje preconizada é que essas externalidades sejam **internalizadas**, ou seja, que sejam identificados os custos decorrentes do empreendimento e que estes custos sejam imputados ao produtor ou ao seu projeto.

Outros exemplos de externalidades negativas:

- queima de um canavial, próximo a uma cidade, com o objetivo de limpar a palha para facilitar o corte. A palha queimada e outros particulados (chamados de carvõezinhos) caem, sujando as ruas, casas, piscinas, automóveis, jardins e pioram a qualidade do ar. As pessoas da cidade não ganham nada com o canavial, e são afetadas de forma negativa, precisando gastar seu dinheiro com limpeza, tratamento médico por problemas respiratórios etc.;
- poluição das águas de superfície e subterrâneas por sólidos em suspensão provocando, além da contaminação, o assoreamento dos rios e lagos;
- remoção da cobertura vegetal do solo nas atividades de mineração, causando erosão e aumento da concentração de particulados no ar, pela ação do vento;
- poluição causada pela separação do ouro com o emprego de mercúrio, contaminando de forma severa os rios, com consequências graves para os organismos vivos e causando problemas de saúde para os índios e outras populações. O preço do ouro não incorpora esses custos.

Como outros exemplos de externalidades positivas, temos:

- criação de abelhas, que proporcionam a polinização das plantas dos vizinhos (que, em princípio, não têm nada a ver com o apiário), melhorando a sua produtividade (comentário mais completo será feito mais adiante);
- construção de um hospital por uma grande empresa na área de influência de um determinado empreendimento para atender aos seus funcionários, mas também à comunidade; empregos gerados.

Uma análise interessante para verificar se existe ou não uma externalidade, é a situação de uma pessoa que trabalhe em uma instalação de risco, manuseando produtos perigosos. Trata-se ou não de uma "externalidade"? Interpretamos que não, se aquela pessoa tem conhecimento dos riscos aos quais ela é submetida. No caso, através de seu salário e de sua gratificação de periculosidade, ela está, de certa forma, "vendendo" a sua segurança pessoal ao trabalhar naquela unidade mais perigosa. Houve, portanto, uma troca comercial, não se configurando uma externalidade.

A internalização desses efeitos refere-se às ações (e respectivos custos) que a empresa pode tomar no sentido de eliminar as externalidades (se possível), ou no mínimo reduzi-las para níveis aceitáveis. Entre as várias ações possíveis, por exemplo, nas atividades de mineração, poderíamos construir uma estação de tratamento de efluentes, replantar as áreas desmatadas, pavimentar estradas e acessos para evitar poeira no ar, umectar pilhas de minérios, implantar cortinas verdes (árvores) como barreiras, adotar ações que visem a redução do consumo de água (por meio do reuso ou reciclagem), entre outras medidas.

Com relação à internalização dos custos ambientais, verificamos que a Declaração do Rio Sobre Meio Ambiente e Desenvolvimento, um dos mais importantes documentos resultantes da Conferência das Nações Unidas Rio 92, como um dos seus 27 princípios estabeleceu:

> **Princípio 16:** "As autoridades locais devem promover a internalização de custos ambientais e o uso de instrumentos econômicos, levando em consideração que o poluidor deve arcar com os custos da poluição".

Acredito que, após a apresentação dos conceitos acima expostos, seja fácil entender o significado do princípio 16, quando são citadas a "internalização de custos ambientais", o "uso de instrumentos econômicos" e que o "poluidor deve arcar com os custos da poluição".

Comentários sobre Externalidades – polinização de plantas, promovida pelas abelhas e vacinação.

Conforme comentamos, as abelhas, além da produção de mel, também realizam um importante trabalho de polinização das plantas, transportando os gametas das plantas masculinas para as femininas, permitindo a sua reprodução. Trata-se de um processo natural, que se constitui em uma externalidade positiva para os proprietários das culturas, como resultado da atividade dos apiários.

Entretanto, em muitos países tem-se observado uma diminuição significativa do número de abelhas, ficando uma quantidade insuficiente para fazer esse trabalho de polinização. Assim, nos Estados Unidos, foi implementado um serviço de caminhões que transportam as colmeias para as áreas de cultura que precisam ser polinizadas, aumentando a sua produtividade. Trata-se de um negócio que movimenta cerca de US$15 bilhões por ano, segundo estimativas.

Figura 1.5 – Foto de um caminhão com colmeias
(Fonte: Internet)

As colmeias são colocadas, por um tempo, em um ponto mais ou menos central da área da cultura, e as abelhas realizam a polinização, produzindo mel. Como as abelhas não têm um raio muito grande de voo, elas polinizam somente aquela área do agricultor que contratou o serviço e áreas muito próximas. O preço não é tão elevado, e as relações contratuais são bem claras: os direitos sobre o mel pertencem ao dono das abelhas e os resultados melhorados da colheita são do proprietário daquela plantação. Nesse caso, a externalidade positiva está sendo "internalizada", pois não haverá mais agentes externos beneficiados pela externalidade, sem relações comerciais.

Outro exemplo de externalidade positiva é a atividade de vacinação. Imagine que a pessoa indicada pela seta posicionada na vertical, trabalhando em um ambiente fechado (um escritório, um *call center*), foi contaminada pelo vírus da gripe, pela pessoa à sua esquerda.

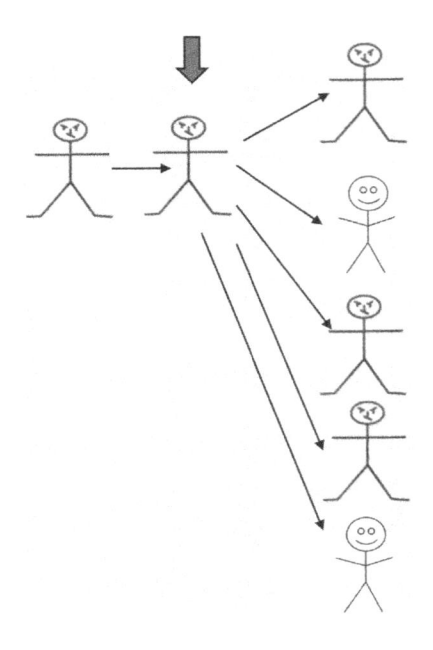

Figura 1.6 – Externalidade sem vacinação de um provável transmissor

Suponha que ela não tomou a vacina contra a gripe, e nesse caso, ela contrai a gripe. E, nesse caso, ela transmite o vírus a muitas outras pessoas. Trata-se de uma externalidade negativa dessa pessoa, pois ela estará poluindo o ar com o vírus.

Suponha agora, que essa pessoa indicada pela seta, tenha tomado a vacina contra a gripe. Nesse caso, ela será atingida pelo vírus enviado pela pessoa à sua esquerda (mostrado pela seta), mas não irá contrair a gripe, nem irá espalhar o vírus para as outras pessoas. Nesse caso, estaremos observando uma externalidade positiva, o ato de tomar a vacina protegeu os vizinhos de trabalho.

Figura 1.7 - Pessoa indicada tomou vacina

Fica a pergunta: se as pessoas do escritório tivessem pago a vacina da pessoa indicada pela seta, ainda continuaria a existir a externalidade positiva? A resposta seria "não", pois nesse caso a externalidade teria sido internalizada, teria havido uma transação comercial, um pagamento.

1.4.1. Internalização de externalidades. Teorema de Coase

Ronald H. Coase, professor da Universidade de Virgínia e ganhador do Prêmio Nobel de Economia em 1991, avaliou que o poluidor e a vítima da poluição podem negociar, de forma que ambos sejam beneficiados, internalizando-se externalidades. Fica a dúvida sobre quem deve pagar, se é a vítima para que o poluidor deixe de emitir, ou o poluidor. A tendência é de que seja o poluidor, já que a poluição, acima de certos limites, é considerada crime. Porém, mesmo em limites permitidos pela legislação, é possível que possa existir algum acordo comercial entre eles, uma solução privada para os problemas de uma externalidade, de forma a reduzir a poluição.

Coase observou que isso é possível quando os valores de transação não são elevados, e que fiquem bem claros os direitos de cada parte (por exemplo, na questão de polinização por abelhas, o dono das abelhas com direito integral sobre o mel, e o dono da plantação com direito sobre os resultados da colheita). Assim, o teorema de Coase estabelece que "se os custos de transação forem baixos e os direitos de propriedade forem claramente definidos, negociações privadas podem assegurar que o equilíbrio de mercado seja eficiente, mesmo se ocorrerem externalidades.".

Os resultados práticos do teorema de Coase não foram relevantes, na época houve muitas críticas feitas por outros economistas, e a aplicação prática evoluiu para a criação de novos mercados de negociações, por governos (por exemplo, a negociação de emissões de enxofre a partir da Lei *Clean Air Act*, nos Estados Unidos) e, também, por ações de "comando e controle".

1.5 - POLÍTICAS AMBIENTAIS

Existem várias formas para estimular o poluidor a reduzir seus níveis, tanto por meio de medidas econômicas coercitivas e punitivas como multas, restrições e imposição de cotas de emissões, necessidade de licenças, como por meio de incentivos econômicos tais como subsídios e incentivos financeiros a projetos e produtos que acarretem níveis aceitáveis de perturbações ambientais (considerados ambientalmente "corretos").

Os instrumentos econômicos, decorrentes de uma política ambiental, procuram incorporar ao preço dos produtos, os danos ambientais e os custos da poluição. Esses custos mais altos agiriam como um fator de estímulo à redução do consumo do produto, com o consequente abaixamento dos níveis de poluição. Estes aspectos serão abordados com detalhes mais adiante.

Uma das ideias atuais, propostas por *Tietenberg* (Cap. 6 do livro Valorando a Natureza, ver na Bibliografia) é a aplicação do Princípio do "Custo Integral" (*full cost*), onde se prevê que todos os usuários de recursos ambientais deveriam pagar pelo seu custo integral. Ao se colocar em prática políticas públicas que obriguem as empresas a considerarem o custo integral, alguns produtos muito poluentes (em seu processo de produção, uso ou descarte final) se tornarão muito caros, e serão gradualmente substituídos, naturalmente, por outros menos poluentes e mais baratos. Esse processo estimulará o uso de tecnologias mais limpas e mais baratas. O princípio da apropriação do "custo integral" é semelhante ao "Princípio do Poluidor-Pagador", ou seja, "quem polui paga", porém mais amplo. No caso deste princípio, ele tem sido mais aplicado a indústrias, enquanto na forma de custo integral, seria pago por todos os poluidores, como residências e veículos. Por exemplo, no caso de um veículo, pagariam mais aqueles veículos ou modelos que emitissem mais poluentes.

Os agentes econômicos procuram sempre gastar o mínimo possível. Então, precisarão gastar seu dinheiro com o controle da poluição e, se não internalizarem suas externalidades, precisarão pagar taxas ou multas pelos impactos causados por suas atividades poluentes. Avaliando esses dois tipos de valores, eles irão procurar minimizar seu custo total, alocando devidamente estes gastos, como veremos com mais detalhes no capítulo 3.

No Brasil, o Governo Federal lançou, em novembro de 1995, um programa denominado "Protocolo Verde", que estabelece que as empresas pretendentes a obter financiamentos de bancos federais precisam realizar análises de risco ambiental em seus projetos e demonstrar que os riscos são aceitáveis. Nessa ocasião, os seguintes bancos assinaram a Carta de Compromisso sobre o Desenvolvimento Sustentável: o Banco do Brasil, a Caixa Econômica Federal, o Banco da Amazônia, o Banco do Nordeste, o Banco Nacional de Desenvolvimento Econômico e Social (BNDES) e o Banco Central. Esses bancos, além de estarem preparando seus funcionários para compreenderem melhor a questão ambiental (inclusive seus aspectos econômicos), vêm elaborando procedimentos específicos e valorizando a análise dos Estudos de Impactos Ambientais (EIA-RIMA), antes relacionados apenas ao licenciamento pelos órgãos de controle ambiental.

A questão ambiental tem influência sobre a abrangência e as consequências de acordos internacionais. Por exemplo, sabe-se que uma das decisões da II Conferência das Nações Unidas sobre Meio Ambiente e Desenvolvimento (Rio-92) foi de que, no ano 2000, as emissões de gases do efeito estufa, deveriam ficar 10% abaixo daquelas existentes em 1990, índices que não foram alcançados. Mais tarde, em dezembro de 1997, foi realizada em Kyoto, no Japão, a COP6 (6ª reunião da Conferência das Partes da Convenção de Mudanças Climáticas), com a fixação das novas metas para a emissão de gases causadores do aquecimento global (efeito estufa). E, atualmente, com o Acordo de Paris, em que cada país definirá sua meta de redução, visando que a temperatura da Terra não ultrapasse 2°C até 2100, preferencialmente não ultrapasse 1,5°C. Seus resultados começam a se delinear, com a implantação de projetos que reduzem emissões de CO_2 e metano e as negociações de vendas de créditos de carbono.

A União Europeia tem demonstrado ações concretas e procura estimular a adesão de mais países a uma postura de controlar emissões de CO_2. Os Estados Unidos, após terem aumentado as suas emissões em 2013 e 2014, tiveram as suas emissões de CO_2 reduzidas em 2015 (ficaram 12% abaixo dos níveis de 2005), graças principalmente a mudanças no setor de energia.[5]

Como resultado do Protocolo de Kyoto, os países desenvolvidos signatários ficaram com o compromisso de reduzir seus índices de emissão em 5,2% (em média, em relação aos níveis de emissão de 1990) entre 2008 e 2012. O Protocolo de Kyoto foi expandido até 2020.

Percebendo-se que somente a fixação de metas de redução de emissões tinha sido uma forma ineficaz de tratar desse problema, foi discutido e aprovado em Kyoto um mecanismo econômico para forçar as reduções. Trata-se do chamado "Mecanismo de Desenvolvimento Limpo" em que ficou possível que uma empresa, obrigada por seu país a fazer uma determinada redução de emissão de carbono, realize investimentos em outro país (com menor custo), ficando com os créditos dessa redução. Suponha, por exemplo, que uma termoelétrica da Espanha precise fazer uma determinada redução de emissões de carbono, e que para ela, custe US$60,00 a redução de 1 tonelada. En-

---

[5] Today in Energy, May 9, 2016. EIA US Department of Energy. https://www. eia.gov/todayinenergy/detail.php?id=26152. Acesso em 19.03.2023.

tão, ela verifica que pode conseguir que, no Brasil, um determinado projeto consegue reduzir 1 ton. por US20,00. Nesse caso, passa a ser vantajoso para ela realizar esse investimento no Brasil, com a empresa ficando com os créditos decorrentes da redução de emissões. Muitos projetos foram implementados, por exemplo, a implantação de sistemas de recuperação de metano em aterros sanitários (lembra-se que 1 ton. de metano equivale a 21 ton. de CO_2, em termos de potencial de aquecimento global). Atualmente, encerrando a validade do Protocolo de Kyoto, os países vêm discutindo como implementar o Mecanismo previsto no Artigo 6.4, inicialmente chamado de Mecanismo de Desenvolvimento Sustentável.

O Conselho Empresarial Brasileiro para o Desenvolvimento Sustentável defende que, em vista das pressões internacionais com relação às questões ambientais, o empresário não está conseguindo arcar sozinho com os custos ambientais, defendendo a ideia de que o governo deve auxiliá-lo por meio de uma política de incentivos com recursos públicos e incentivos fiscais (redução de tributos), medida não muito aceita nas conjunturas políticas e econômicas atuais do Brasil.

Outro fato econômico refere-se à exportação de indústrias poluentes ou de alto consumo energético como a de siderurgia. Levados em conta os impactos ambientais, alguns países preferem importar placas de aço para realizarem somente a laminação (que causa menores impactos ambientais) e, em seguida, usam as chapas de aço (menor espessura que as placas) nos seus produtos.

Como medir o custo/benefício de um regulamento ou lei?

Hoje as leis ambientais no Brasil são elaboradas, quase que normalmente, como resultado de uma motivação política, pressões da mídia ou vontade de melhorar, dentro da avaliação dos governantes e legisladores. Muitas vezes, ainda que com as melhores intenções, os legisladores, em níveis federal, estadual ou mesmo municipal, preparam e aprovam leis que causam grandes dificuldades às indústrias já instaladas. Elas, em muitos casos ficaram em situação difícil, pois, embora antes cumprissem os padrões legais por ocasião de sua construção, deixaram de cumpri-los, colocando-se na ilegalidade ou em situações que exigiram altíssimos investimentos para adequá-las aos novos padrões. Isso muitas vezes sem um estudo mais cuidadoso da real necessidade desses novos padrões de emissões. Em boa parte dos casos, observamos que não foi realizado nenhum estudo prévio mais aprofundado sobre quais seriam as consequências econômicas dessas leis para a empresa, ou mesmo para a região ou para o país.

Nos Estados Unidos, o Presidente Ronald Reagan emitiu em fevereiro de 1981 a *Executive Order n. 12.291*, por meio da qual ficava determinado que nenhum Departamento do Governo poderia emitir um regulamento classificado como "major", sem que fosse realizado previamente um estudo de custo/benefício. Essa classificação de "major" é atribuída quando:

a) a existência do regulamento impõe à indústria um custo anual de US$100 milhões;

b) é provocado um aumento significativo de custos e de preços em algum setor da economia ou em alguma região geográfica;

c) é produzido um efeito adverso significativo com redução da competitividade, produtividade, nível de investimento, nível de emprego, inovação ou capacidade para que as empresas americanas possam competir com as estrangeiras.

No que diz respeito à administração interna das empresas, a formulação de uma política ambiental, por escrito, é um procedimento de grande importância para o sucesso das ações relacionadas à obtenção de melhorias no desempenho ambiental.

Por expressar a vontade da alta administração, a política ambiental deve permitir que os escalões inferiores detalhem os objetivos e metas sem desvios em relação à diretriz maior, sendo a forma correta de comunicar essa vontade a todos os níveis na empresa.

A Política Ambiental, formalizada em um documento simples e conciso impede a existência de políticas informais, eventualmente criadas por pessoas que não têm essa atribuição delegada pela alta administração. Na formulação da política, recomenda-se seguir os requisitos da ISO 14.001, incluindo a declaração expressa de intenção de realizar melhorias contínuas, de proteger o meio ambiente e de cumprir as leis do país, estado e município, entre outros compromissos.

1.6 - ANÁLISE DE CUSTO-BENEFÍCIO

A análise de custo/benefício tem como propósito comparar o custo estimado de um determinado projeto com os benefícios esperados. Trata-se de uma forma racional de decidir sobre a adequabilidade e aceitabilidade de prosseguir com o projeto.

Para a realização dessa análise, é necessário atribuir valores monetários a todos os custos incorridos e a todos os benefícios. Definir os custos é uma tarefa relativamente fácil, desde que se disponha de dados confiáveis.

Realizado um determinado projeto de um sistema ou equipamento referente a uma melhoria ambiental, por exemplo, para redução da emissão de poluentes, computa-se o custo dos estudos e projetos e obtém-se uma cotação de fabricantes e de empresas de construção e instalação para os equipamentos, obras civis, montagem e testes. Adicionam-se a esses custos as despesas de operação (mão de obra, insumos) e manutenção (mão de obra, sobressalentes). Por outro lado, obter um valor monetário para os benefícios é uma tarefa bem mais difícil, porém não impossível. Para isso, pode-se realizar uma estimativa de quais seriam os prejuízos caso aquele projeto não fosse realizado, por exemplo, quais seriam as despesas com tratamento de saúde das pessoas (problemas respiratórios decorrentes da poluição do ar, casos evitados de câncer estimados que ocorreriam como resultado de determinados poluentes), o custo para tratamento de águas residuais descarregadas, antes de sua reutilização, os "custos" de uma morte por acidente ou por doença ocupacional, a perda de uma área contaminada por resíduos etc. As estimativas, mesmo que sejam relativamente grosseiras, resultam em valores numéricos que podem ser comparados aos valores dos custos. Por exemplo, o cálculo polêmico do "preço de uma vida" pode ser feito calculando-se o salário da pessoa que seria acumulado até que ela completasse 65 anos mais uma indenização à família por danos morais, ou verificando-se qual o valor do seu seguro de vida (valor que a própria pessoa atribui à sua vida).

Outros valores de difícil avaliação podem ser obtidos por pesquisa de opinião. Podem ser avaliados os efeitos resultantes da perda de um lago ou represa para fins turísticos, a poluição da Baía de Guanabara ou a melhoria da qualidade do ar das grandes cidades, promovendo-se, por exemplo, uma pesquisa de opinião com perguntas do tipo "está sendo preparado um projeto de lei para construir uma estação de tratamento de esgotos, de forma que ele não seja despejado na represa sem tratamento. A pergunta seria: quanto você estaria disposto a pagar a mais de imposto para que essa estação seja construída?". Verificando-se a média e o número de pessoas daquela comunidade calcula-se o preço que a água limpa daquela determinada represa ou lago tem para a comunidade. No capítulo referente às medidas financeiras de avaliação da viabilidade de investimentos pretendemos retornar à discussão de custo/benefício.

1.7 - CONCEITOS DE ECONOMIA APLICADOS À ECOLOGIA

A Economia preocupa-se em estudar como as sociedades administram os seus recursos escassos, de forma a atender às necessidades humanas. Ou seja, são definidos quais bens devem ser produzidos, os insumos requeridos (entre os quais, quase sempre, participam os recursos naturais, alguns não renováveis), como serão produzidos esses bens (com uso intensivo de mão de obra ou em instalações automatizadas), como serão distribuídos etc.

Desde o início do estudo da economia como ciência, constatava-se uma interação com as questões ambientais, nessa época pouco interessando o problema do destino de resíduos e efeito dos poluentes, mas sim com a questão dos limites do crescimento econômico em função do esgotamento de recursos naturais. *Thomas Malthus* (1766-1834) apresentava uma visão de pessimismo a longo prazo, principalmente na questão do uso e produtividade da terra. Com a sua lei dos retornos decrescentes, ele preconizava que, mesmo colocando muito mais trabalho, considerando-se que a terra agricultável era finita, haveria uma saturação no crescimento possível (menores retornos a cada unidade de trabalho adicionado). Em sua visão, mesmo alguns obtendo ganhos temporariamente, a grande massa de pessoas seria reduzida a um nível de subsistência quanto aos alimentos necessários.

Essa visão era reforçada pela constatação de um crescimento populacional explosivo e pela limitação de terras agrícolas disponíveis (nessa época considerava-se somente a Europa), prevendo-se uma redução de alimentos *per capita* e fome generalizada.

O gráfico da figura 1.8 reflete essa visão:

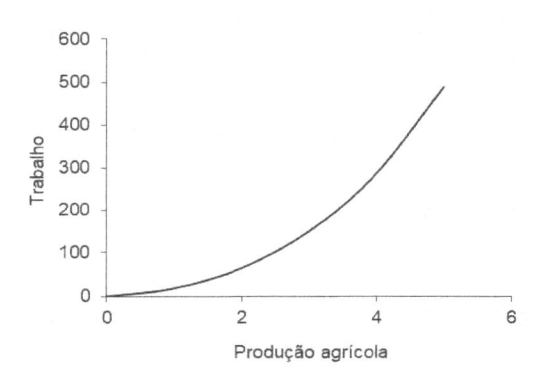

Figura 1.8 – Lei dos retornos decrescentes de Malthus

As teorias de *Malthus* e *Ricardo* (*David Ricardo*, 1772-1823) falharam em parte, por não serem considerados os ganhos obtidos com os avanços tecnológicos, situação em que a curva se desloca para a direita (passa a ser representada pela linha pontilhada):

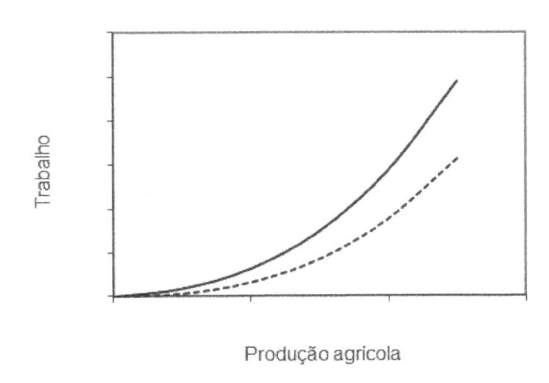

Figura 1.9 – Lei dos retornos decrescentes de Malthus

Além de ter sido possível aumentar as áreas de terras agrícolas, pela incorporação da América e da Austrália, foi possível obter uma maior produção com a mesma quantidade de terra (um recurso natural) através do uso de fertilizantes (nutrientes adicionados em terras inférteis), irrigação artificial, defensivos (protegendo de pragas e competidores), uso de mecanização, biotecnologia, melhor seleção genética e outras medidas. No Brasil, por exemplo, a produtividade na plantação de soja aumentou de 1.450 kg/ha, em 1970, para 3.026 kg/ha na safra 2021-2022[6]. No cerrado, que possui terras consideradas inférteis (não sustenta uma floresta), com solos pobres e tóxicos, a correção química permitiu um aumento de cerca de 20 vezes na área plantada de soja e 4 vezes na área de café.

John Stuart Mill (1806-1873), outro economista famoso, considerava que a terra e as águas, além de sua função de prover alimentos, também possuíam importante função como fonte de lazer e de satisfação para as pessoas. Essa visão conservacionista já considerava a importância da simples existência de uma floresta, mesmo sem fins econômicos. O sistema tradicional enfocava o problema econômico com baixa ou nenhuma interação com o meio ambiente, visto preponderantemente como um fornecedor de recursos:

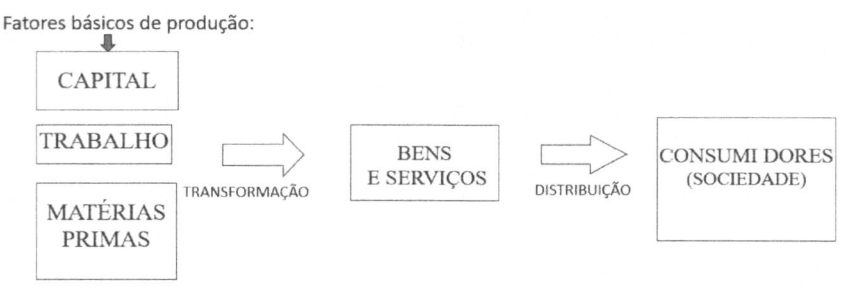

Figura 1.10 – Visão tradicional do sistema de produção

Essa visão, apesar de ter o consumidor como objetivo final, na realidade dedicava pouca prioridade aos seus anseios, entre os quais

---

6   Fonte: EMBRAPA: https://www.embrapa.br/soja/cultivos/soja1/dados-economicos. Consultado em 19.03.2023.

o de um meio ambiente sadio. Relembro um comentário feito pelo conceituado jornalista da área econômica Joelmir Beting, de que as prioridades para a empresa costumavam ser (nesta ordem):

1) satisfação dos acionistas e proprietários (lucro)
2) satisfação dos distribuidores (margem de lucro)
3) satisfação dos fornecedores (conseguir bons preços na compra)
4) satisfação dos empregados
5) satisfação dos consumidores

Hoje, com a competição acirrada (em níveis nacional e internacional) e maior respeito ao consumidor com interesse em atender às suas necessidades (objetivo principal de qualquer empresa), ele comentava que as prioridades se posicionam na seguinte ordem:

1) satisfação dos consumidores
2) satisfação dos empregados
3) satisfação dos fornecedores (tendência maior a parcerias)
4) satisfação dos distribuidores
5) satisfação dos acionistas

A variável "meio ambiente" passou a ser levada em conta principalmente com relação aos dois primeiros atores (consumidores e empregados, estes relacionados aos aspectos de saúde). Ao mesmo tempo em que o meio ambiente fornece matérias-primas e outros insumos ao processo produtivo (ar, água, madeira, combustíveis fósseis, minerais etc.) ele serve como repositório de todos os tipos de resíduos resultantes dos processos.

Figura 1.11 - Visão moderna do sistema de produção

Uma semelhança que existe entre economistas e ecologistas é que ambos, em seu trabalho, consideram **fluxos** entre sistemas interconectados: os economistas analisam os fluxos de produtos, de recursos, de capital, enquanto os ecologistas analisam os fluxos que ocorrem em sistemas naturais, ou seja, fluxos de nutrientes entre indivíduos do ecossistema, de recursos naturais, de resíduos e efluentes. Ambos procuram sempre analisar as situações de equilíbrio e de crescimento. Uma diferença de enfoque é que hoje, o ecologista pensa mais em "desenvolvimento", o que não necessariamente significa crescimento.

Em se tratando da escassez dos recursos, o economista pensará sempre no aumento do preço, enquanto o ecologista pensará no equilíbrio do ecossistema a longo prazo e na sustentabilidade do sistema.

Ao analisarmos os fluxos, cabe lembrar a equação da continuidade (lei de conservação da massa e da energia) e de Lavoisier, de que tudo se transforma, ou seja, a massa total de matérias-primas e outros recursos ambientais é igual à massa de produtos produzidos mais a massa de resíduos gerados no processo produtivo. Pensando ainda na termodinâmica, verificamos que, ao retirarmos materiais da natureza (que é organizada, com mudanças muito lentas e reciclagem completa), estaremos aumentando a entropia ao restituirmos outros materiais (resíduos) e energia para a natureza, de forma desorganizada.

Apresentaremos, a seguir, alguns conceitos clássicos da economia, observando as semelhanças e diferenças com as aplicações ambientais.

1.7.1. Curvas de demanda e oferta

A **curva de demanda** mostra a quantidade de um bem ou serviço que os compradores estariam dispostos a comprar em diferentes preços. Essa quantidade é definida para certo período de tempo. Por exemplo, imaginemos na abcissa, a quantidade de laranjas por semana que poderia ser comprada pelo consumidor por semana (ou conjunto dos consumidores) e na ordenada, o preço por laranja.

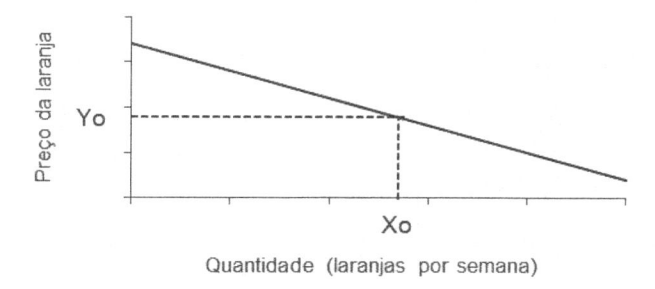

Figura 1.12 – Curva da demanda

Observa-se que, a um preço Y_o, os consumidores estarão dispostos a consumir X_o laranjas por semana. Se o preço cair, eles estarão dispostos a consumir mais laranjas por semana.

Um exemplo da curva da demanda que pode ser comentado, com relação a um recurso ambiental (esgotável) diz respeito ao petróleo.

Por exemplo, se o custo do barril de petróleo for muito baixo, digamos, US$10,00 o barril, a demanda seria muito elevada, digamos 100 milhões de barris por dia (mbd). Seu uso seria feito sem muita parcimônia para atividades nobres, mas também para outras menos nobres, tais como na fabricação de brinquedos, em veículos altamente consumidores, combustível de aviação etc. Na medida em que o preço sobe, o uso ficaria sendo mais restrito, motivando-se o desenvolvimento de veículos mais econômicos, substituição de combustíveis (etanol, por ex.), veículos elétricos etc. Se o preço for muito alto, o petróleo acabaria sendo usado somente para fins mais nobres, ou para atividades para as quais ainda não existem substitutos adequados, como, por exemplo, para gasolina de aviação.

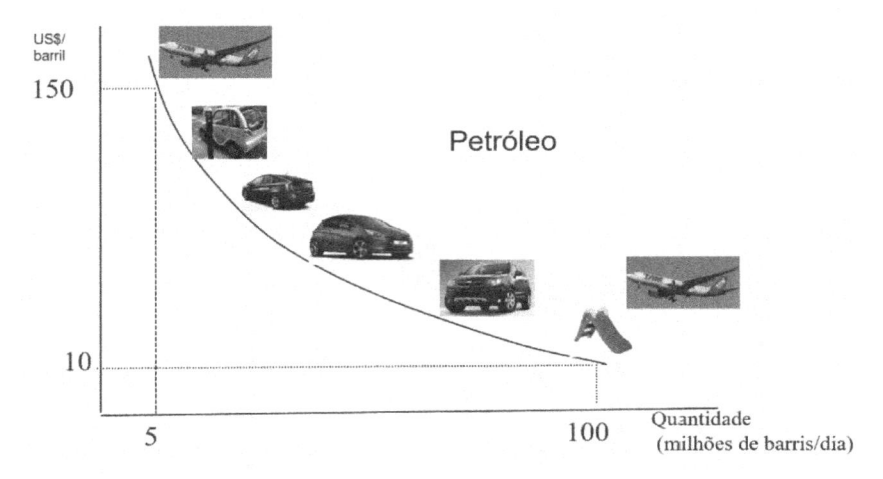

Figura 1.13 - Curva de demanda (petróleo)

A **curva de oferta** descreve o comportamento do produtor ou vendedor. Ela indica a quantidade do produto ou serviço que os produtores estariam dispostos a vender, naquele período de tempo, àquele preço correspondente.

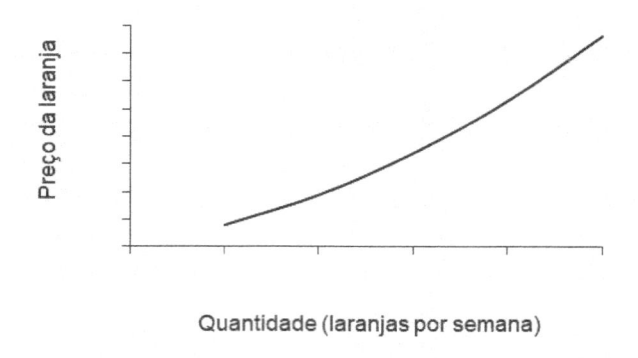

Figura 1.14 - Curva da oferta

Essa curva indica que se o preço subir, os vendedores estarão dispostos a produzir mais, para venderem mais, obtendo maiores lucros.

A curva da oferta do petróleo, ou seja, criada pela ótica dos produtores, é gerada com base nos custos de extração, exploração, transporte e lucro da companhia, impostos, *royalties* etc. Se os custos de exploração forem baixos (poços em terra pouco profundos, facilidade de acesso) e os lucros forem pequenos, provavelmente haverá pouco interesse dos produtores em investir seu dinheiro (procurarão outras oportunidades). Mas haverá uma determinada oferta. Mas, na medida em que essa produção não seja suficiente, havendo aumento da demanda, os produtores precisarão aumentar a produção com exploração em locais de acesso mais difícil (Alasca, Amazônia, no mar) e o custo e o preço aumentam, aumentando também a quantidade ofertada. Havendo necessidade de produção ainda maior, custos e preços continuarão a aumentar, com a necessidade de aumentar a oferta, passando a explorar petróleo em águas profundas (acima de 2.000 m de lâmina d´água, no pré-sal etc.).

Assim, a curva de oferta teria sua configuração, conforme apresentado na Figura 1.15.

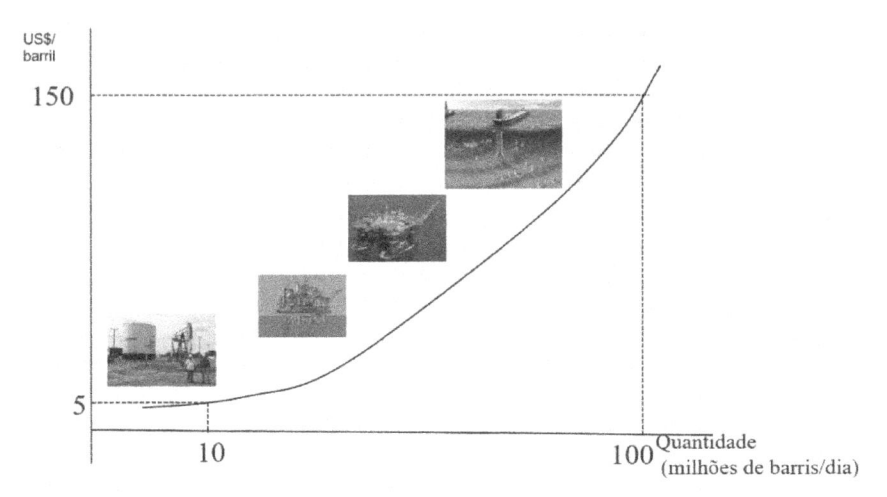

Figura 1.15 – Curva de oferta (petróleo)

Como vimos, a curva de demanda mostra o comportamento dos compradores, enquanto a curva de oferta mostra o comportamento dos vendedores. Um preço alto desalenta o comprador, fazendo com que ele procure produtos alternativos ou outra forma melhor de gastar o seu dinheiro. Ao mesmo tempo, o preço alto estimula o vendedor a produzir mais. Para analisar essas tendências e identificar o equilíbrio, são registradas as duas curvas em um mesmo gráfico. Imaginemos o interesse de compra de uma família por laranjas e o interesse de venda dos feirantes ou produtores. Ao preço de R$4,00 por kg, a dona de casa, na feira, irá comprar apenas 1k de laranja, e seu interesse na compra irá crescer na medida em que o preço caia. Por exemplo, se o preço for de R$1,00 por kg ela irá aproveitar para levar mais laranjas para casa, comprando 4 kg. Assim, é gerada a curva da demanda, que pode ser expandida para os interesses de compra de uma comunidade, uma cidade, um país. Já para os produtores ou feirantes, se o preço do kg for de apenas R$1,00, eles terão pouco interesse em produzir e colher, procurando alternativas de cultivo e venda, e produzirão ou venderão apenas 1 kg. Já se o preço estiver em R$4,00 por kg, eles terão interesse em produzir ou vender 4 kg, estes dados gerando a curva da oferta. Mas essas curvas precisam ser analisadas em conjunto, então verificamos neste exemplo que o preço de R$2,50 por kg é aquele em que coincidem os interesses dos consumidores e dos produtores ou vendedores, na quantidade de 2,5 kg de laranjas compradas e vendidas. Esse preço é o chamado "preço de equilíbrio" e a quantidade chamada de "quantidade de equilíbrio".

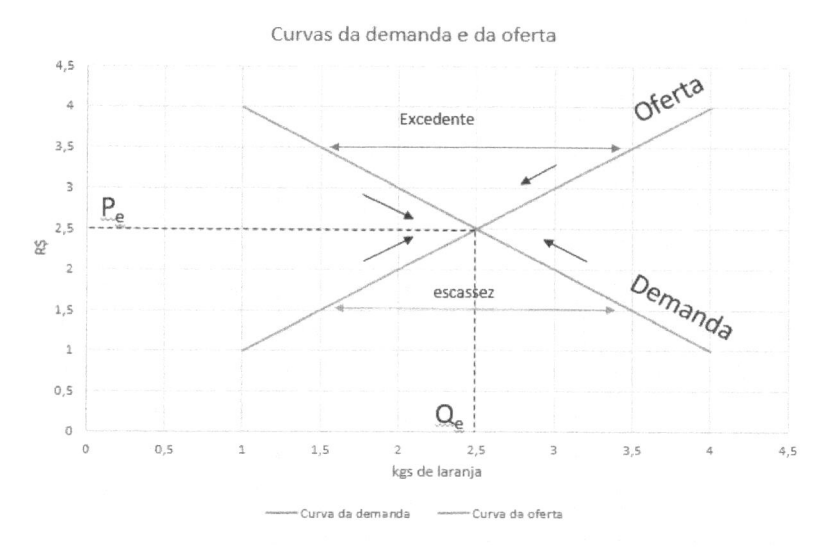

Figura 1.16 - Combinação de curvas de demanda e oferta

Os movimentos de ajuste (de preços e quantidades) ocorrem sempre buscando a posição de equilíbrio, conforme mostrado pelas setas. Por que esse ponto de encontro das curvas é o ponto de equilíbrio? É porque, em qualquer outro ponto, as duas partes (vendedores e compradores) iriam querer continuar a negociar.

Outro exemplo que poderia ser citado seria referente aos insumos para a produção de aço em uma usina siderúrgica. Aumentando-se a demanda de aço, aumenta a necessidade de ferro-liga (manganês, estanho, zinco etc.) gerando-se aumento de seu preço, já que os estoques dos produtores ficam reduzidos. Aumentando-se a sua produção, pode ocorrer excesso no mercado, forçando-se o preço para baixo, já que os produtores precisam vender para cobrir suas necessidades de fluxo de caixa. Os preços mais baixos estimulam as usinas de aço a produzirem mais para aproveitar o baixo preço dos insumos, gerando-se nova busca do equilíbrio.

Existem vários fatores que alteram as curvas de demanda (procura) e de oferta, deslocando-as para a direita ou esquerda e mudando a inclinação. Somente para deixar um pouco mais claro este assunto,

63

mostraremos alguns exemplos (alguns não relacionados ao assunto "meio ambiente", sugerindo que os leitores interessados obtenham mais informações em livros específicos).

1.7.1.1 Deslocadores da demanda

Conforme comentamos anteriormente, a forma mais indicada de analisar a curva da demanda (e também da oferta) é entrar inicialmente com o preço, ir até à curva, e depois verificar a quantidade demandada (ou ofertada, se for a curva da oferta).

Assim, percorre-se a curva, em diferentes preços, para resultar a quantidade.

Entretanto, existem alguns fatores que forçam a mudança da curva completa da demanda, havendo novas correspondências das relações de preços e quantidades. A figura a seguir mostra esta situação.

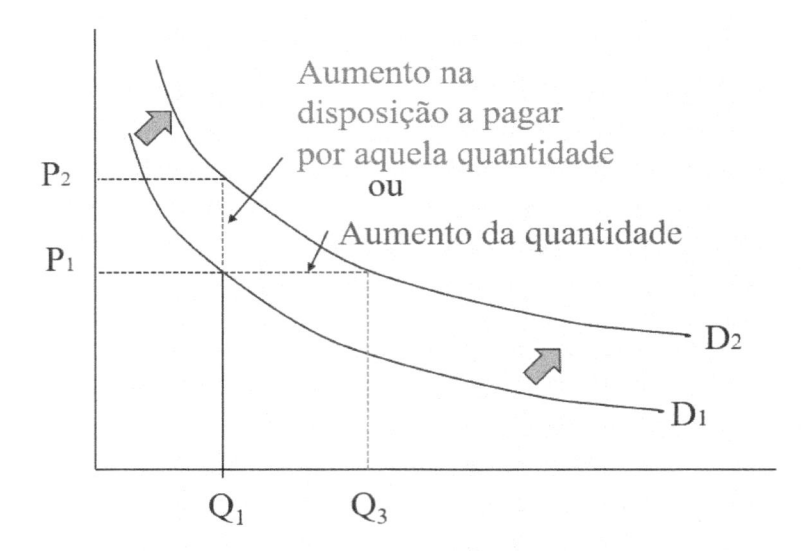

Figura 1.17 - Deslocamento da demanda

Conforme se pode observar, se a curva da demanda passar de D_1 para D_2, se for mantido o preço inicial P_1, a quantidade demandada passa de Q_1 para Q_3. Outra conclusão que podemos obter é de que, mantida a quantidade Q_1, fica aumentada a disposição a pagar (naquela quantidade), o preço P_1 podendo ser aumentado até P_2.

Os seguintes fatores podem ser considerados como deslocadores da curva de demanda:

Renda: a demanda é reduzida quando a renda da população consumidora cai. Por exemplo, caindo a renda, são demandados menos alimentos "sofisticados" como iogurte, queijos, menos apartamentos de 3 ou 4 dormitórios, menos automóveis etc. Quando a renda aumenta, aumenta esse tipo de consumo citado, cresce o uso de restaurantes, mas, por outro lado, diminui o uso de restaurantes *fast-food* (McDonald's etc.). Outro exemplo: consumo de macarrão instantâneo: a renda cai, aumenta o consumo desse macarrão; a renda aumenta, cai o consumo. Quando a renda aumenta, aumenta o consumo de alumínio (derivado da bauxita, um bem ambiental). Também aumenta o consumo de cosméticos mais sofisticados, produzidos com ativos da biodiversidade (e vice-versa).

Crescimento ou envelhecimento da população: crescendo a população, aumenta a demanda de praticamente todos os bens, inclusive ambientais. Com o envelhecimento da população, aumenta a demanda por medicamentos.

Preço de bens substitutos: aumentando a demanda por uma determinada marca de tênis (função de publicidade elevada, da moda), cai a demanda por outras. Aumentando a demanda por fibra ótica, cai a demanda por cobre, para uso em fiação de transmissão de dados.

Preço de bens complementares: aumentando a demanda por aço, aumenta a demanda por ferros-liga (cromo, manganês etc., que são usados na fabricação de aços especiais). Aumentando a demanda por salsicha, aumenta a demanda por pães de cachorro quente. Aumentando a demanda por computadores, aumenta a demanda por impressoras, *mouses* e outros periféricos.

Modismos: chegando mais próximo às olimpíadas, aumenta a demanda por artigos esportivos, camisetas de clubes, de seleções de países competidores etc.

Expectativas de preços e eventos futuros: se os consumidores acreditam que os preços futuros irão subir, ou que ocorrerá algum evento futuro em que precisarão daqueles bens (exemplo: compra de água potável nos Estados Unidos com o anúncio de um tornado, aumentando a demanda).

1.7.1.2 Deslocadores da oferta

Também existem fatores que levam a uma mudança na posição da curva da oferta.

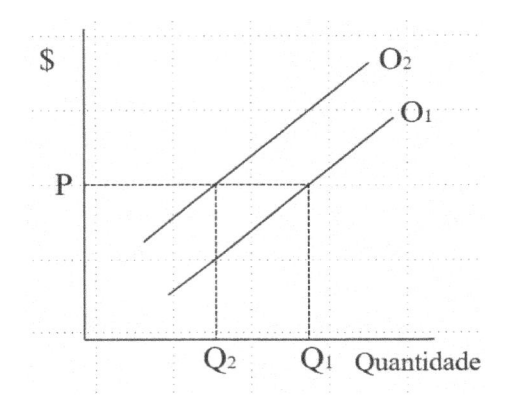

Figura 1.18 – Mudança da curva de oferta

Mudanças de custos. Se os custos de produção se elevarem, o produtor perde o interesse de venda, por aquele preço original, daquela determinada quantidade. Por outro lado, mantido o preço, ele reduzirá a quantidade ofertada, como mostra a figura 1.18. Por exemplo, a escassez de uma determinada matéria-prima (insumo) irá aumentar o seu preço, com consequente aumento de custos para o produtor do bem, que ele precisará repassar aos produtos.

Mudanças tecnológicas. As mudanças tecnológicas mudam a curva da oferta, nos dois sentidos. Por exemplo, ao ser lançado um telefone celular com modelo novo e mais recursos, o preço sobe (curva passa de O_1 para O_2). Por outro lado, a mudança tecnológica que permita uma redução de custos irá repercutir deslocando a curva para a direita e para baixo.

Taxas e subsídios. O aumento de taxas e outros impostos representam custos adicionais ao produtor, deslocando a curva da oferta para a esquerda e para cima. O contrário ocorre quando são dados subsídios, que reduzem o custo do produtor.

Expectativas futuras. Se o produtor avalia que, no futuro próximo, ocorrerão eventos que irão acarretar aumento de preços, por aumento de demanda ou algum outro fator como mudanças de câmbio etc., ele tenderá a reter seu produto em estoque e aumentar os seus preços, com deslocamento da curva da oferta para cima e para a esquerda. O contrário também se verifica.

Entradas e saídas de produtores. Aumentando o número de produtores aumenta a concorrência, sem necessariamente aumentar a demanda. Dessa forma, a curva se desloca para a direita e para baixo.

Condições climáticas. Condições climáticas adversas provocam redução de produção agrícola, por exemplo, fazendo a curva da oferta se deslocar para a esquerda e para cima.

Leis ambientais. A promulgação de uma lei ambiental que obrigue o produtor a gastar dinheiro com sistemas antipoluição irá acarretar uma mudança em sua curva da oferta para a esquerda e para cima.

Mudanças em custos de oportunidade (plantar soja ou milho?). Por exemplo, imaginando os ganhos que ele poderá ter no futuro, o agricultor mudará seu interesse de plantio, podendo levar à mudança da oferta. Da mesma forma, na produção industrial, sempre existem escolhas de níveis de produção, que afetarão a oferta futura.

1.7.1.3 Elasticidade de demanda

A elasticidade indica quanto a quantidade demandada muda, quando o preço muda.

Uma curva da demanda é elástica quando um aumento no preço reduz bastante a quantidade demandada (e vice-versa).

A curva é chamada de inelástica, quando o mesmo aumento de preço reduz apenas um pouco a quantidade demandada.

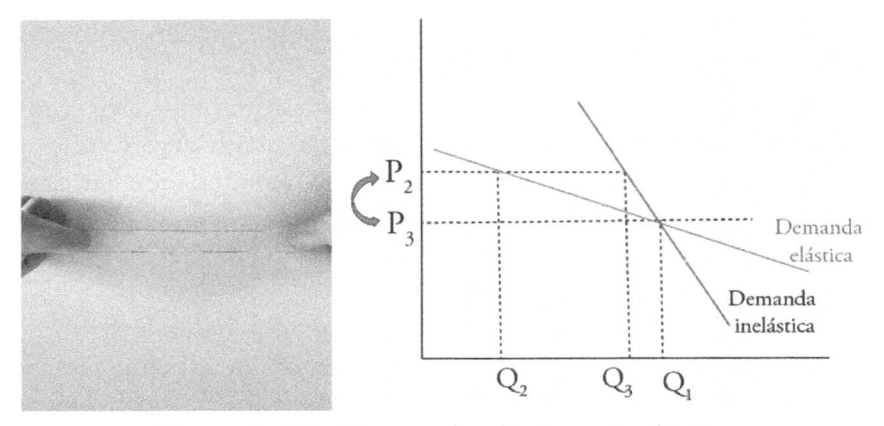

Figura 1.19 - Demanda elástica e inelástica

1.7.1.4 Curvas de demanda e oferta de bens ambientais

Para os bens ambientais transacionados no mercado (insumos materiais e energéticos), a escassez irá ser corrigida pela elevação do seu preço. Solução: inovação tecnológica para poupar ou substituir o bem ambiental.

Para os serviços ambientais, normalmente não transacionados no mercado – bens públicos – ar, água, ciclos bioquímicos, capacidade de receber rejeitos, o mecanismo de mercado não é solução. Solução é a "disposição a pagar" por estes serviços.

O mecanismo de preços como um fator que conduz ao equilíbrio pode ser usado para regular o consumo dos recursos naturais (renováveis e não renováveis), reduzindo os efeitos da escassez, para esta e para futuras gerações. Hoje, entretanto, a maioria dos recursos naturais (bens de uso comum) ainda não tem preço, possuindo preço zero; por exemplo, a água captada pela indústria diretamente de um rio, o que vem sendo gradualmente modificado, com a fixação de taxas pelo Comitê da Bacia Hidrográfica considerada.

Quando se trata de empreendimentos com repercussões ambientais (externalidades), é importante ressaltar que ocorrem diferenças na curva de oferta. A curva de oferta original (O_1 no gráfico abaixo) é aquela que inclui apenas os custos privados (da organização). Porém, quando se adiciona a estes custos os custos sociais (por exemplo, para corrigir as externalidades ambientais geradas pelo empreendimento), teremos a nova curva de oferta O_2. O preço de equilíbrio, considerando a mesma curva de demanda (D) passará de P_1 para P_2.

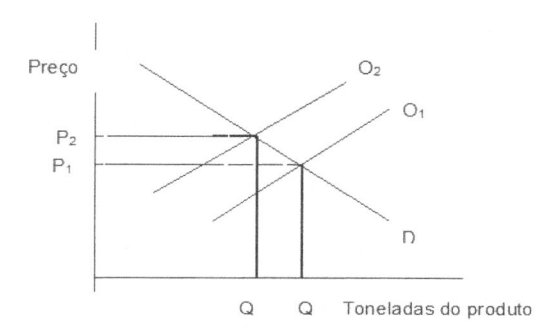

Figura 1.20 - Mudança da curva de oferta ao internalizar externalidades

1.7.1.5 Imposto Pigouviano

O deslocamento da curva de oferta como resultado da incorporação de externalidades é chamado de imposto *pigouviano* ou taxa *pigouviana* (conceito primeiramente defendido por Arthur Cecil Pigou. Ele definiu que o custo social seria igual ao custo privado adicionado do imposto pigouviano (que refletiria o custo da externalidade), conforme mostrado no exemplo da Figura 1.21.

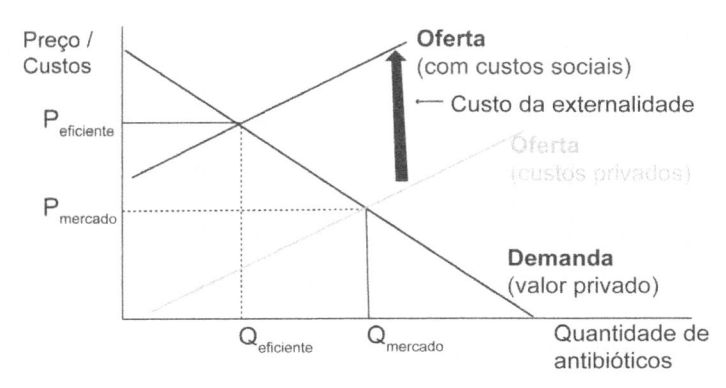

Figura 1.21 - Curvas de oferta e demanda incorporando o custo das externalidades

69

Existe outra diferença importante na interpretação das curvas de demanda, quando se trata de bens de uso comum (bens públicos), que passaremos a comentar.

Quando se trata de bens privados, para representar a demanda total da Sociedade, são somadas **na horizontal** as demandas individuais. Por exemplo, imagine que a Sociedade é formada somente por duas 2 pessoas, somente duas demandam aquele bem, A e B, a curva de demanda total seria a seguinte:

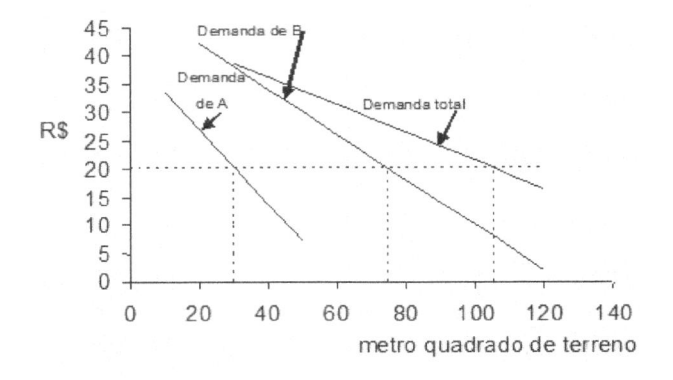

Figura 1.22 – Formação da curva da demanda para bens privados

Porém, quando se trata de um bem de uso comum, os dois consumidores A e B decidiriam, cada um deles, quanto estariam dispostos a pagar por aquele bem, e as curvas de demanda se somam **na vertical** para representar a demanda total da Sociedade. Por exemplo, suponha que para manter uma área verde na cidade, um parque público, fosse realizada uma pesquisa sobre qual o valor que cada um estaria disposto a pagar (a sua demanda pelo bem público), imaginando-se cotas de 10.000 m². E suponha, novamente, que a Sociedade seria composta somente pelas pessoas A e B. A poderia responder que, a R$50,00 por cota por ano, não está disposto a colaborar. Mas custando-lhe R$40,00 por cota por ano, ele poderia colaborar com uma cota (10.000 m²). Entretanto, ele considera que se o valor de cada cota for menor, ele colaboraria mais. Por exemplo, custando-lhe R$10,00 a cota, ele "compraria" 6 cotas (desembolsando R$60,00 no total, o parque ficando mantido em 60.000 m²). Dessa forma, seria gerada a curva da demanda de A por esse bem público (parque). Da mesma forma, construiríamos a curva da demanda de B.

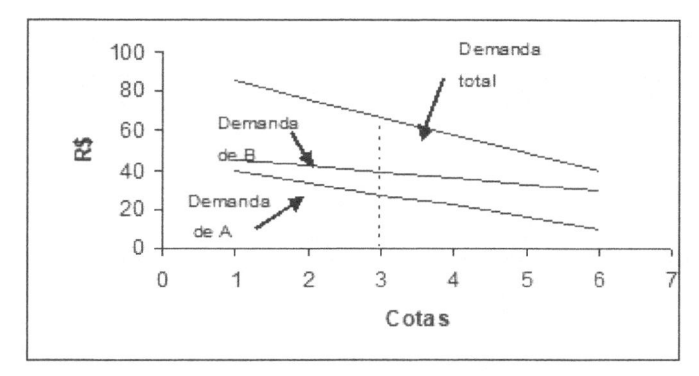

Figura 1.23 – Formação da curva de demanda de bens de uso comum

1.7.2. Exemplo de utilização dos conceitos expostos

Neste exemplo fictício, apresentaremos uma análise das curvas de oferta e demanda, procurando mostrar a influência no comércio internacional da imposição de regulamentos antipoluição.

Tomemos como exemplo a produção e o consumo de celulose para a fabricação de papel e, para simplificar o raciocínio, vamos imaginar que apenas o Brasil e os Estados Unidos produzam e consumam celulose.

Inicialmente, consideremos que as curvas de demanda e de oferta de celulose, para cada um dos países, sejam as apresentadas a seguir, na ausência de comércio entre eles:

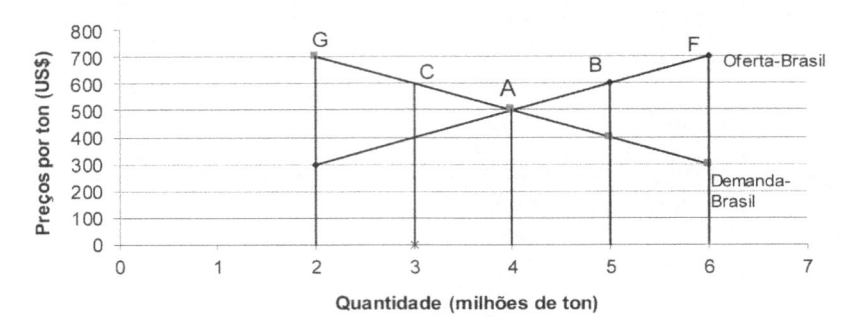

Figura 1.24 – Curvas de oferta e demanda de celulose no Brasil

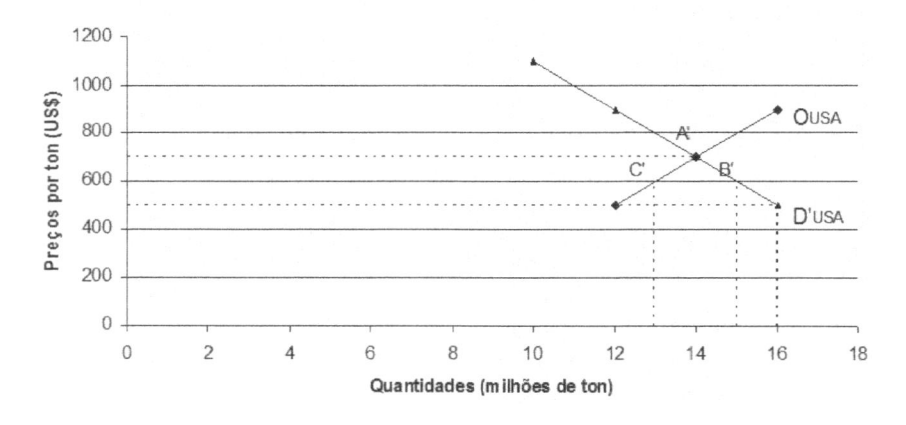

Figura 1.25 – Curvas de demanda e oferta dos Estados Unidos

Assim, não havendo comércio de celulose entre os dois países, o Brasil produziria 4 milhões de toneladas (4 Mt), ao preço de US$500,00 a tonelada, ponto **A**, que é o ponto de equilíbrio entre a oferta (curva Oferta$_{Br}$) e a demanda (curva Demanda$_{Br}$), e os Estados Unidos produziriam 14 milhões de toneladas ao preço de US$700,00/t, ponto A′. Verificamos que, nos Estados Unidos, se o preço fosse de

US$500,00, os consumidores estariam dispostos a consumir 16 Mt. e os produtores dispostos a produzir 12 Mt, a US$900,00/t, estariam dispostos a consumir apenas 12 Mt.

Considerados vários fatores, o Brasil consegue produzir celulose a um preço mais baixo que os Estados Unidos (grandes extensões de terras baratas; sol durante todo o ano e muita água, o que faz com que o eucalipto atinja a idade adulta em 7 anos; mão de obra mais barata etc.). Havendo livre comércio, imaginemos que o Brasil decida se especializar e aumentar sua produção de celulose, aproveitando a existência dessas condições favoráveis. Mas, para aumentar a produção, as fábricas precisam realizar grandes investimentos, o que faz com que os preços se elevem no Brasil, por exemplo, passando-se a produção para 5 Mton, o preço teria que ser de US$600,00/t (ponto B), na curva de oferta.

Então, neste exemplo fictício, a um preço de US$600,00/t, o Brasil pode produzir 5 Mt (ponto **B**), consome apenas 3 Mt (ponto **C**) e exporta para os Estados Unidos 2 Mt. A US$600,00/t, os Estados Unidos consomem 15 Mt (ponto **B′**) e produzem 13 Mt (ponto **C′**), importando 2 Mt do Brasil. US$600,00 seria o preço de equilíbrio entre os dois países.

Apenas como informação, notificamos que o Brasil produziu 25 milhões de toneladas de celulose em 2022[7]. Em 2022 o preço da tonelada de celulose foi estável, em cerca de US$860,00.

Continuando o nosso problema, sabemos que, dependendo do processo produtivo adotado, a fabricação de celulose causa impactos ambientais significativos, como a poluição do ar, de rios e cursos d′água causando eutrofização, odores desagradáveis para os vizinhos etc.

Suponhamos que, nos Estados Unidos, pressionados pela Sociedade, os órgãos ambientais decidam impor leis mais rigorosas, que obriguem a realização de grandes investimentos nos processos produtivos, para reduzir a poluição. Os custos de implantação dessas mudanças

---

[7] https://valorinveste.globo.com/mercados/renda-variavel/empresas/noticia/2023/03/14/brasil-se-firma-como-maior-exportador-de-celulose.ghtml. E também em https://investnews.com.br/negocios/suzano-corta-preco-de-celulose-na-china-em-us-40/. Sites consultados em 19.03.2023.

recairão sobre o produto e farão com que a curva da oferta se desloque (curva O'USA). Ou seja, ao preço original de US$700,00/t, os produtores estarão dispostos vender apenas 10 Mt (ponto **D**´) e não mais 14 Mt. Com a nova curva de oferta, mantida a demanda (curva D_{USA}), o novo ponto de equilíbrio nos EUA seria 12 Mt, a US$900,00 a ton., sem ser considerada a importação do Brasil (ponto **E**´).

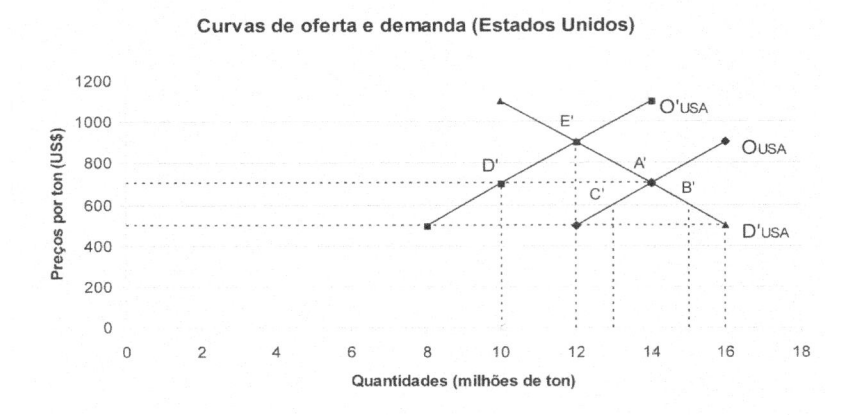

Figura 1.26 - Curvas de demanda e oferta nos Estados Unidos em nova situação

Suponhamos que o Brasil, por sua vez, não tenha implantado nenhuma legislação mais restritiva de controle de poluição. Os produtores daqui passarão, então, a ter uma vantagem competitiva. Vamos supor, também, que os produtores do Brasil aumentem sua produção para 6 Mt, pleiteando um preço de US$700,00/t (ponto F). Nesse preço, os consumidores locais irão comprar apenas 2 Mt (correspondendo ao ponto G), podendo ser exportadas 4 Mt.

Nos Estados Unidos, ao preço de US$700,00/t, o mercado consome 14 Mt (ponto **A**´) e produz 10 Mt (ponto **D**´), havendo escassez de 4 Mt, que podem ser supridas pelas exportações do Brasil.

Verificamos, então, que haveria uma desvantagem competitiva para os produtores dos EUA em decorrência da legislação ambiental mais rigorosa e, por outro lado, o preço de US$700,00/t forçaria a uma diminuição do consumo de celulose no Brasil.

Esse exemplo procurou mostrar uma situação fictícia de como o comércio internacional pode ser afetado pela imposição de regulamentos ambientais em um determinado país, de forma isolada.

Foi comentado que os produtores desse país teriam desvantagens competitivas, enquanto os produtores de países onde a legislação ambiental é mais branda teriam vantagens competitivas. Isso não é bem verdade, a nosso ver, sendo provavelmente um fato que ocorre somente na fase inicial do processo. O que se tem observado, em vários exemplos e depoimentos de empresários, é que realizar melhorias ambientais traz vantagens competitivas, pois a empresa é obrigada a se modernizar, substituir processos poluentes obsoletos por outros mais modernos e que trazem maior rentabilidade, substituir matérias-primas, criar produtos mais aceitos pelos consumidores, preparar melhor seus funcionários, atividades que colaboram para um ambiente de trabalho mais saudável e produtivo.

Alguns países são muito criticados por possuírem padrões de emissão de poluentes considerados muito brandos, situação que encoraja a produção de bens intensivos em poluição (produção de aço, alumínio, celulose, por exemplo). Nota-se, entretanto, que esses países, entre os quais o México, a Coreia do Sul, a Tailândia, a China e o Brasil, vêm progressivamente melhorando seu desempenho ambiental.

Verifica-se que, atualmente, os países mais ricos procuram impor requisitos mais rigorosos de controle de poluição aos países em desenvolvimento, em parte para promover melhorias ambientais globais (vide ações procurando conter a emissão de gases causadores do efeito estufa e também o Protocolo de Montreal com ações visando eliminar gases causadores da redução da camada de ozônio). Porém, em certos casos, algumas ações são tomadas com o objetivo real (porém não declarado) de proteger a indústria local daqueles países, procurando igualar custos, por meio de barreiras à importação (barreiras técnicas), tarifas ou outras formas de protecionismo.

Os países menos desenvolvidos, por sua vez, necessitando de divisas e da criação de empregos, tendem a adotar leis antipoluição mais brandas, aceitando maiores níveis de emissões ou a fabricação de produtos intensivos no consumo de energia. Porém, quando esses países passam a contar com mais recursos, eles diversificam e tornam competitivos outros produtos com maior conteúdo tecnológico, havendo melhoria das condições de vida, e passando a sociedade a exigir melhoria das condições ambientais como parte essencial da qualidade de vida (em coerência com a curva de Kuznets ambiental, anteriormente comentada).

1.8 - INSTRUMENTOS ECONÔMICOS

Muitos empresários têm adotado uma postura de procurar realmente melhorar o seu desempenho ambiental por uma questão de responsabilidade social, independentemente do lucro que aquele determinado investimento lhe proporcione. Entretanto, a postura tradicional tem sido a de poluir até que as multas sejam elevadas demais, somente nessa ocasião passando a valer a pena investir em melhorias (nessa visão equivocada).

Verifica-se, atualmente, uma tendência ao uso, cada vez maior, de instrumentos econômicos como forma de reduzir a poluição. A ideia central consiste em tornar dispendioso para a empresa o ato de poluir, induzindo-a a utilizar materiais e empregar processos produtivos menos poluentes. Esses mecanismos baseiam-se em taxas e impostos sobre a emissão de poluentes (como a emissão de dióxido de enxofre em usinas termoelétricas) e taxas sobre o uso de recursos naturais. Incentivos financeiros e fiscais contribuiriam para estimular a redução de emissões e, em casos previstos e controlados, poderia ser permitida a venda ou compra de certificados de emissões de poluentes (direito de poluir, até certo limite). Uma empresa que realizasse investimentos que levassem à redução de suas emissões poderia "vender" a sua cota permitida de emissões a outra empresa que não conseguisse reduzir as suas próprias.

Os **instrumentos econômicos**, chamados na literatura inglesa de *"incentive-based regulations"* têm por objetivo reduzir a poluição e também os custos de controle. Eles são utilizados nos Estados Unidos desde 1995 com a comercialização de créditos de emissão de dióxido de enxofre emitido por termoelétricas a carvão, por cerca de 110 empresas. São estabelecidas metas de redução de emissões para atingir padrões de qualidade do ar, de água, por exemplo, sendo permitido que as indústrias encontrem a melhor forma de ajustarem os valores de emissão de cada empresa, assegurando-se que as metas sejam cumpridas. Trata-se de um sistema que apresenta vantagens em relação ao método mais simples de "comando e controle", do ponto de vista econômico, pois, como veremos em exemplos numéricos, é obtida uma maior eficiência, pois fica reduzido o custo global (do conjunto de empresas) quando a empresa que for mais eficiente em custos de redução absorver uma responsabilidade maior de redução, logicamente sendo remunerada pelas outras por esse "serviço" (redução de emissão de poluentes). Esse sistema não obriga que as empresas usem a melhor tecnologia disponível (BAT – *Best Available Techniques*), sendo interessante por permitir que as empresas mais antigas continuem a operar. Afinal de contas, quando elas foram construídas, certamente aquele determinado processo era permitido pela legislação, as áreas industriais e vizinhas ainda não estavam estressadas pela alta concentração de poluentes e havia outros padrões de aceitação das atividades pela Sociedade, hoje eventualmente muito mais rígidos. Além disso, cabe lembrar que as empresas produzem materiais e serviços necessários à Sociedade, geram empregos e impostos, e por vezes ao serem obrigadas a modificar seus processos produtivos para padrões muito rígidos (exigidos por mecanismos de "comando e controle") elas poderiam ficar inviáveis do ponto de vista econômico. Então, se uma empresa puder reduzir emissões "em lugar daquela mais poluente", que é mais ineficiente, este será um ajuste possível ambientalmente e válido do ponto de vista econômico-financeiro.

Em alguns países europeus verifica-se uma tendência em introduzir **taxas e impostos adicionais** sobre o preço normal de produtos que causem algum tipo de poluição em seu uso ou nas fases produtivas, como, por exemplo, em combustíveis, pesticidas, fertilizantes, embalagens, alguns produtos químicos (produtos de enxofre, por exemplo). O objetivo é incorporar os custos ambientais e, como consequência, desestimular o uso do produto ou serviço poluente. As receitas são utilizadas em financiamentos ambientais ou para redução de outros impostos. Posições defendidas por alguns políticos desses países são no sentido de emitir leis que reduzissem os impostos sobre o trabalho

(Imposto de Renda) e sobre o capital e, para manter a massa tributária essencial ao funcionamento do Estado, seriam criados ou ampliados os impostos sobre os produtos poluentes. Ao mesmo tempo, podem ser reduzidos os impostos de alguns produtos, como o papel reciclado.

Alguns exemplos de ações desse tipo são:

Suécia: impostos sobre o SO_2 e NOx, impostos maiores sobre os combustíveis que contém chumbo. Taxas sobre voos domésticos (emissões de CO_2) e sobre a utilização de fertilizantes sintéticos;

Alemanha: impostos para o descarte de resíduos tóxicos;

Holanda: uso de recursos hídricos e sobre o ruído de aviões (estas taxas visando cobrir os custos de isolamento acústico de edifícios próximos a aeroportos);

Noruega: impostos sobre a emissão de CO_2;

Dinamarca: impostos sobre os resíduos domiciliares e entulho gerados.

Ao se taxar os componentes que, incorporados aos produtos irão gerar a poluição, fica mais fácil o controle de emissões chamadas de "difusas", de difícil controle – gerada pelo uso de combustíveis (transporte rodoviário, aéreo, marítimo), resíduos em geral, tais como embalagens e pilhas e substâncias usadas em agricultura (fertilizantes e defensivos).

A **taxação** sobre o uso de algum recurso natural, por exemplo, a água, é outra forma de incentivo econômico ao seu uso racional. A Lei Federal nº 9.433, de 8 de janeiro de 1997, instituiu a Política Nacional de Recursos Hídricos e o Sistema Nacional de Gerenciamento de Recursos Hídricos, com a criação dos Comitês de Bacia Hidrográfica (art. 3º). A água passou a ser considerada um recurso limitado e de valor econômico, tendo sido criada a figura do "usuário pagador" (art. 19). Essa cobrança afetará os custos de lavouras irrigadas (por exemplo, cerca de 6% do faturamento do feijão de Guaíra) e da indústria (principalmente usinas de açúcar e álcool, indústrias alimentícias e de refrigerantes, que utilizam muita água). A Bacia do Rio Paraíba do Sul, já possui, desde 2001, este sistema de cobranças em operação (assunto comentado anteriormente neste livro).

Como medida econômica para forçar o respeito à norma legal, ligadas às ações de "comando e controle", existem as **multas** emitidas como resultado às infrações à legislação ambiental, advertências, apreensões de animais, instrumentos e petrechos, suspensão de venda e fabricação de produtos, embargos de obras e atividades, suspensão parcial ou total das atividades, restrições de direitos e reparação de danos causados. A Lei nº 9.605, de 12 de fevereiro de 1998, que dispõe sobre as sanções penais e administrativas derivadas de condutas e atividades lesivas ao meio ambiente, também chamada de "Lei de Crimes Ambientais" e o Decreto nº 3.179, de 21 de setembro de 1999, que dispõe sobre a especificação das sanções aplicáveis às condutas e atividades lesivas ao meio ambiente, são, provavelmente, os dois instrumentos com maior força para promover a prevenção da poluição.

Como **incentivos**, poderíamos citar créditos subsidiados aos investimentos que resultem em melhorias ambientais nas organizações, principalmente por organismos e bancos oficiais, com financiamentos em condições privilegiadas (BNDES, FINEP, Banco Mundial, entre outros).

Outro tipo de incentivo, por exemplo, implementado na Holanda, permite a **depreciação acelerada** de instalações e investimentos realizados para melhorar os padrões industriais no tocante à poluição. Imagine que, pela legislação brasileira, um determinado equipamento realizado para redução de emissões atmosféricas possa ser depreciado à taxa de 10% ao ano. Se, por exemplo, a legislação for modificada e ele puder ser depreciado em menos tempo, por exemplo, aplicando-se um coeficiente 2,0 ele poderia ser depreciado em 5 anos; para a empresa isso seria uma vantagem, um estímulo adicional para a instalação desse equipamento, pois ela pagaria menos imposto de renda nesses anos. Isso, no Brasil, ainda não é permitido, mas seria uma possibilidade, como incentivo à realização de melhorias ambientais.

Um estímulo a uma postura adequada é o chamado **depósito-restituição**, como estímulo econômico à melhoria ambiental. Por exemplo, estimula-se na Europa o uso de garrafas de vidro em lugar da garrafa de PET, com a restituição da caução paga na compra, por ocasião da devolução. A tendência é de que a garrafa plástica passe a ser paga na restituição. Embora seja um valor muito baixo, de alguns centavos por garrafa, ainda assim esse pagamento agiria como um estímulo ao retorno, principalmente por parte de pessoas com menos recursos. Isso também poderia ocorrer com pilhas e baterias, de modo que possa ser dado um destino mais adequado e, se possível e viável economicamente, ser feita a reciclagem.

O sistema de "**cotas de emissão**" ou licenças de emissão tem sido utilizado principalmente nos Estados Unidos para os gases de enxofre, resultantes da queima de carvão em usinas termoelétricas. O órgão ambiental avalia o limite possível de emissões para uma dada região (ou, mais corretamente, estabelece o valor atual de emissões como o limite aceitável) e divide o valor total em "cotas de emissão", como se as empresas estivessem trabalhando em uma "bolha" isolada. Cada empresa somente pode emitir no máximo a sua cota e, se ela conseguir melhorar seus processos produtivos emitindo menos, ela poderá vender a sua cota a alguma outra empresa que queira se expandir, mas que não consegue reduzir suas emissões. Desse modo, sob a forma de pagamentos e recebimentos, penaliza-se uma empresa poluidora e beneficia-se aquela que conseguiu melhorar. Em uma evolução curiosa dos acontecimentos e com base nesse sistema implantado de cotas de emissão houve um caso de uma ONG que comprou uma cota de emissão para "retirá-la do mercado", o que poderá ser uma forma interessante de trabalho a ser desenvolvido por essas organizações no futuro, com dinheiro doado por seus simpatizantes.

Outra forma vislumbrada por economistas para a fixação de carbono, foi um mecanismo chamado de "Atividades de Implementação Conjunta", ou *Joint Implementation Activities*, prevendo-se **reflorestamentos de compensação**, ou seja, um país planta árvores que retiram carbono da atmosfera, compensando emissões de outros países, assumindo-se que o aumento do CO_2 da Terra, que acarreta aumento crescente do efeito estufa, é um fenômeno de circulação global. Trata-se de um mecanismo financeiro baseado na emissão de títulos de fixação de carbono, vendidos e comprados em bolsas de valores, por empresas e governos, de forma análoga à do comércio de *commodities*. O primeiro país a adotar este processo, foi o Governo da Costa Rica, em um acordo com os Estados Unidos, que lançou os "*Certified Tradable Offsets*", CTO, negociados na Bolsa de Chicago. Um (1) CTO equivale a 1 ton de carbono, sendo a quantidade de carbono fixado por uma determinada floresta plantada calculado por entidades especializadas e com alta credibilidade, como a certificadora *SGC Forestry*, pela *EcoSecurities* e *pela PriceWaterhouseCoopers* (PWC).

Em vista da perspectiva de que o aquecimento global possa causar graves problemas à humanidade, foram criados instrumentos econômicos específicos para tentar reduzir a emissão de gases do efeito estufa, como o Protocolo de Kyoto, assunto abordado mais adiante.

1.9 - ANÁLISES DE CUSTO-BENEFÍCIO

No item 1.7.1 analisamos a curva da demanda, muito ligada à disposição a pagar por determinados bens ou serviços. E, quanto maior a demanda, mais recursos precisam ser colocados em atividade (equipamentos, matérias-primas e recursos humanos) para que seja possível a produção daqueles bens (bens de consumo, por exemplo) ou a prestação do serviço (transporte de ônibus ou metrô, vendas dos produtos etc.). Esses recursos representam custos. A obtenção da qualidade ambiental também implica em custos, por exemplo, no tratamento de efluentes de um processo industrial, na coleta e disposição do lixo urbano, na obtenção de qualidade do ar por filtragem de gases industriais, da qualidade da água dos rios, praias etc.

Os **custos privados** são os custos incorridos pelos agentes ao tomar uma determinada ação, enquanto os custos sociais se referem aos custos incorridos por outros participantes da sociedade, mesmo que não tenham vínculos com a ação ou com a organização envolvida. Por exemplo, imagine uma fábrica que incorre em custos para produzir determinados bens (com a compra de matérias-primas, com o uso de seus equipamentos, com a manutenção, salários dos empregados, energia etc.). Estes são os seus custos privados. Mas se essa fábrica descarta seus resíduos e efluentes sem tratamento, e isso irá gerar custos para as pessoas externas (necessidade de tratar a água coletada, despesas médicas etc.), ou seja, se essa fábrica provocou externalidades, esse custo resultante da externalidade representa um custo social, que eventualmente será absorvido pela sociedade, se não houver instrumentos econômicos que internalizem esses custos.

a) os "custos" referem-se a todas as despesas decorrentes da poluição provocada pelo empreendimento. Assim, teremos a necessidade de identificar todos os gastos com os tratamentos de recuperação de áreas degradadas, tratamento de água, custos com tratamentos médicos de pessoas afetadas, perda de valor de locais turísticos, perda do uso recreacional do meio contaminado etc.

b) os "benefícios" referem-se aos ganhos que as pessoas percebem que estão obtendo, melhoria de sua condição ou satisfação. Também corresponde ao aumento na disposição a pagar por uma melhoria ambiental. Também pode ser interpretado como o valor de mercado dos produtos ou serviços gerados naquela instalação ou empreendimento ou, em última análise, quanto a empresa ou a sociedade ganhou por existir aquela produção. A visão que se tem aqui é que todo empreendimento beneficia a sociedade (e não apenas os empresários), pois a comunidade passa a ter a possibilidade de dispor dos bens e serviços produzidos, geração de empregos, impostos pagos etc.

Uma das análises mais comuns para identificar a validade de um empreendimento é feita por meio das curvas de custo-benefício, sobretudo para definir a quantidade ótima a produzir, condição em que se obtém a melhor relação de custo-benefício.

Observa-se que, nas quantidades próximas a zero, os benefícios totais (ganhos) superam os custos totais (se não ocorresse isso certamente não seria vantajoso o empreendimento), até um ponto em que, pelas características do próprio empreendimento os custos totais igualam os benefícios (encontro das duas curvas). Não há nenhuma vantagem em aumentar a produção para as quantidades acima desse ponto.

O ponto ótimo de operação situa-se onde ocorre a maior diferença entre os benefícios e custos, ou, mostrando de outra forma, onde as tangentes às duas curvas sejam paralelas.

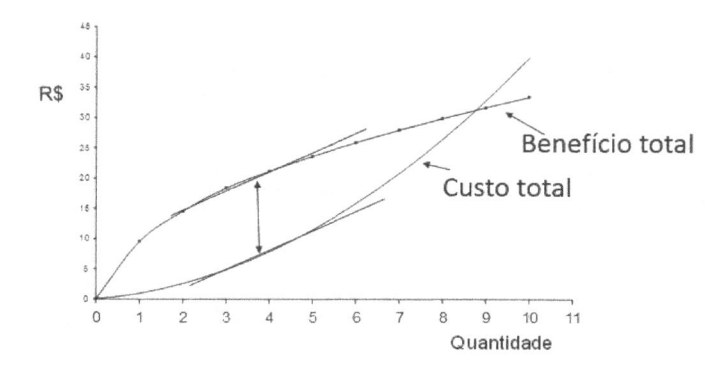

Figura 1.27 - Curvas de custos e benefícios

1.9.1. Custos marginais

Em economia, o termo "marginal" é usualmente empregado com o significado de "adicional". Assim, o "custo marginal" é o custo adicional incorrido na produção de **uma** unidade a mais daquele produto.

A curva de custos marginais usualmente tem a forma da letra U, ela decresce no início, pois quando existem recursos disponíveis na empresa, como equipamentos com alguma ociosidade, recursos humanos disponíveis, à medida em que aumenta a quantidade produzida o custo unitário diminui, havendo uma maior eficiência no processo, até ter sido atingido o uso mais eficiente desses recursos da empresa. Entretanto, a partir desse ponto, o custo unitário (marginal) começa a aumentar, pois as máquinas já terão ultrapassado seu ponto ótimo de operação; eventualmente será preciso adquirir outras máquinas, será necessário contratar mais operários ou pagar horas-extra, assim, os custos marginais aumentam. A Figura 1.28, a seguir, apresenta o aspecto mais comum dessa curva.

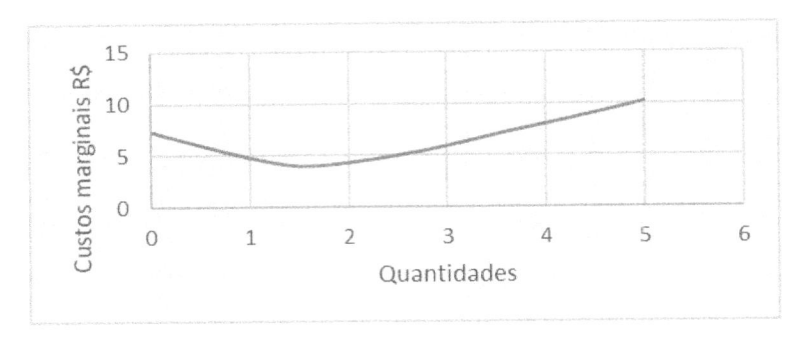

Figura 1.28 - Custos marginais

Vejamos um exemplo de construção da curva de custos marginais:
Suponhamos os seguintes custos para produção de cada unidade
de um determinado produto (que são os custos marginais) e os custos
totais. Apresentamos, ao lado, um gráfico desses custos, e dos custos
totais. Também podemos transformar esse gráfico de barras em uma
curva contínua.

Unidade	Custo	Custo total
0	6	6
1	4	10
2	5	15
3	7	22
4	9	31

Apresentamos, ao lado, um gráfico desses custos, e dos custos totais. Também podemos transformar esse gráfico de barras em uma
curva contínua.

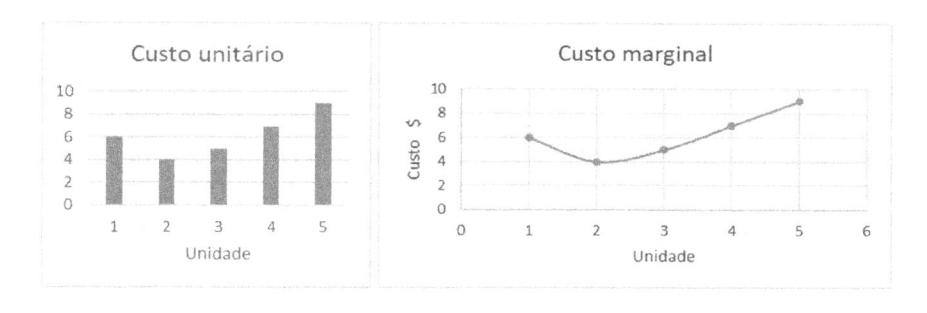

Como foi anteriormente comentado, a curva de custos marginais pode ser obtida derivando-se a curva de custos totais em cada ponto. O contrário da derivação é a integração. Assim, integrando-se a curva de custos marginais iremos obter novamente a curva de custos totais. E a integração significa a área embaixo da curva de custos marginais, conforme mostra a figura 1.29.

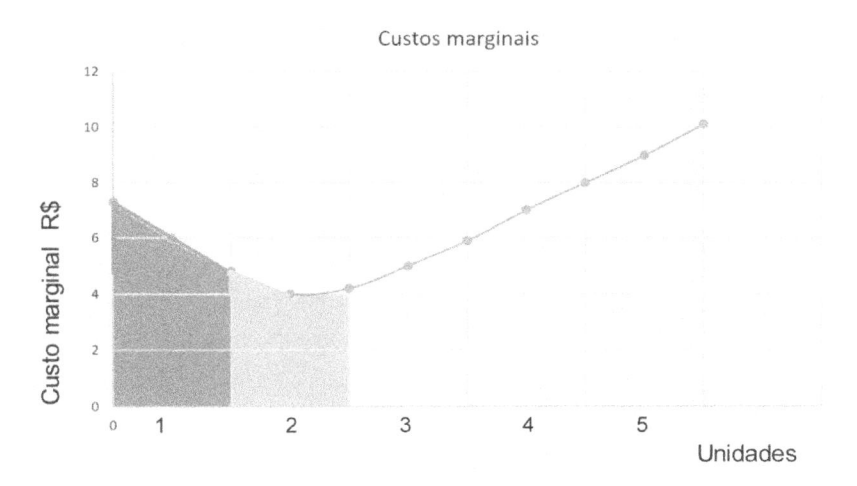

Figura 1.29 – Curva de custos marginais

Assim, a área "a" sob a curva representa o custo total de 1 unidade: R$6,00. As áreas "a" e "b" somadas representam a soma das unidades 1 e 2, ou seja, R$10,00. Se prosseguirmos até a 3ª unidade, obteremos 6 + 4 + 5 = R$15,00.

1.9.2. Custos e benefícios marginais

O **benefício marginal** é o ganho obtido com a produção de **uma** unidade a mais daquele produto. A tangente em cada ponto das curvas de custo total e benefício total representa o custo e benefício marginal naquele ponto (lembrar que para se calcular a tangente, fazemos o cateto oposto dividido pelo cateto adjacente, sendo o cateto adjacente é igual a 1, pois estamos considerando uma unidade do produto). E, pensando em cálculo diferencial, sabemos que a tangente em cada ponto representa a derivada da função naquele ponto. A partir das equações de custo total e benefício total, ao se calcular o limite em cada ponto, concluiremos que fazendo a **derivada** das funções obteremos as equações de custo marginal e benefício marginal.

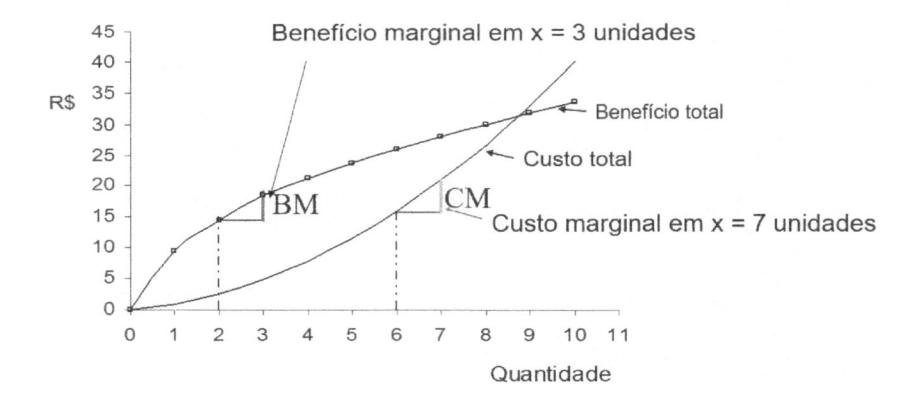

Figura 1.30 – Curvas de custos e benefícios marginais

E qual a grande importância de obtermos essas funções (custo marginal e benefício marginal)? É que sempre, o **ponto ótimo de operação** será o ponto de encontro entre as curvas de custo marginal e benefício marginal, ou seja, **quando ocorre a igualdade entre o custo marginal e o benefício marginal**.

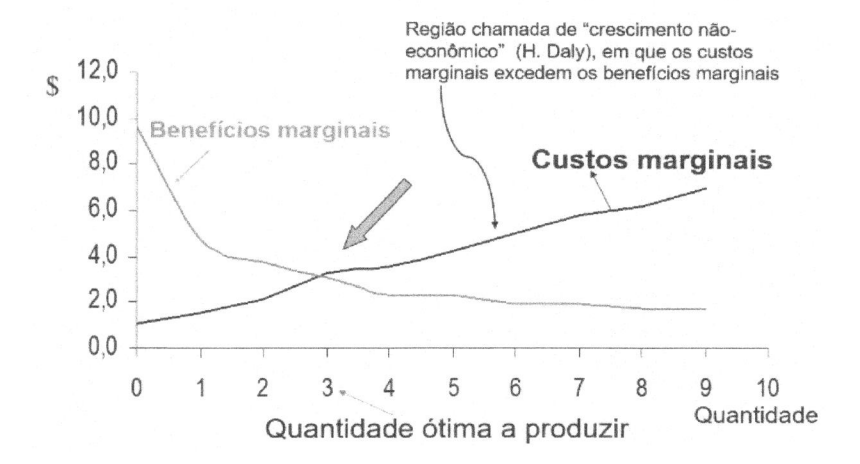

Figura 1.31 – Quantidade ótima a produzir

Podemos considerar outro exemplo, em que as curvas de custos e benefícios são representadas por parábolas ($y = ax^2+bx+c$), com os seguintes dados:

Quantidade	Custos	Benefícios
0	0,0	0,0
1	0,9	9,5
2	2,6	14,5
3	4,9	18,3
4	7,8	21,2
5	11,5	23,7
6	15,8	25,9
7	20,9	28,0
8	26,6	29,9
9	32,9	31,7
10	40,0	33,5

As curvas são:

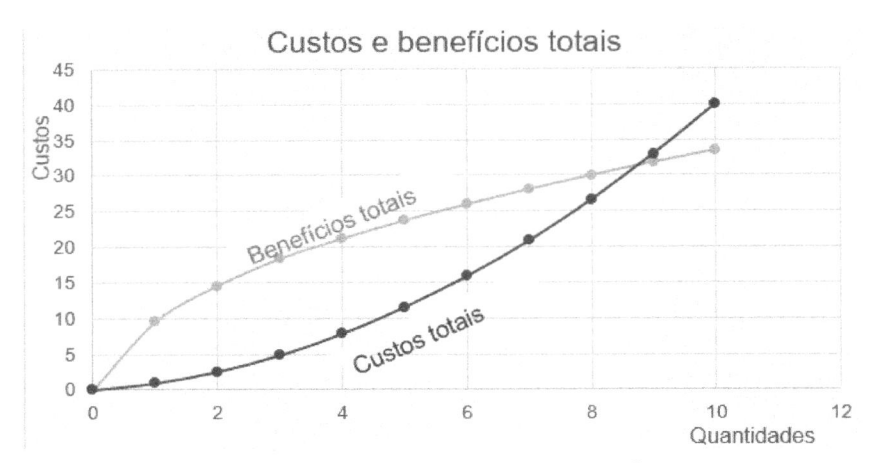

Figura 1.32 – Curvas de custos e benefícios totais

Podemos montar uma tabela em que sejam calculados os valores dos custos e benefícios médios, bem como os custos e benefícios marginais:

Quan-tidade	Custos totais	Benefícios totais	Custos médios	Benefícios médios	Custos margi-nais	Benefícios marginais
0	0,00	0,00	0,00	0,00	0,00	0
1	0,94	9,50	0,94	9,50	0,94	9,5
2	2,56	14,50	1,28	7,25	1,62	5
3	4,86	18,33	1,62	6,11	2,30	3,83
4	7,84	21,17	1,96	5,29	2,98	2,84
5	11,50	23,66	2,30	4,73	3,66	2,50
6	15,84	25,92	2,64	4,32	4,34	2,26
7	20,86	28,00	2,98	4,00	5,02	2,08
8	26,56	29,93	3,32	3,74	5,70	1,93
9	32,94	31,75	3,66	3,53	6,38	1,82

Os gráficos são:

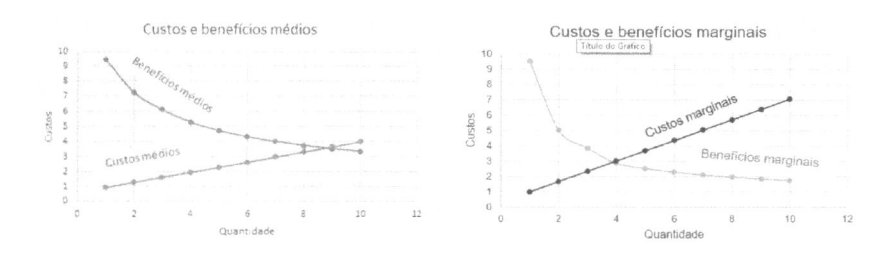

Figura 1.33 - Custos e benefícios médios e marginais

Analisando esses resultados, verificamos que a igualdade de custos e benefícios ocorre próximo a 4 unidades, que é o ponto ótimo de ajustagem da produção.

Além de outras aplicações, vejo como importante no assunto "Economia Ambiental" a seguinte aplicação desses conceitos: imagine que você, em um determinado projeto, quer realizar na empresa uma determinada redução de emissão de um poluente (kg por ano). Então, você precisará levantar, com números, a curva de custos de redução de emissão e a curva de benefícios. Calculará, então e desenhará as curvas de custos de custos marginais e benefícios marginais (neste caso as curvas estão apresentadas como retas, mas poderão ter outras formas). O nível ótimo de redução, mais eficiente do ponto de vista econômico, será o ponto de encontro das duas curvas, como esquematizado a seguir:

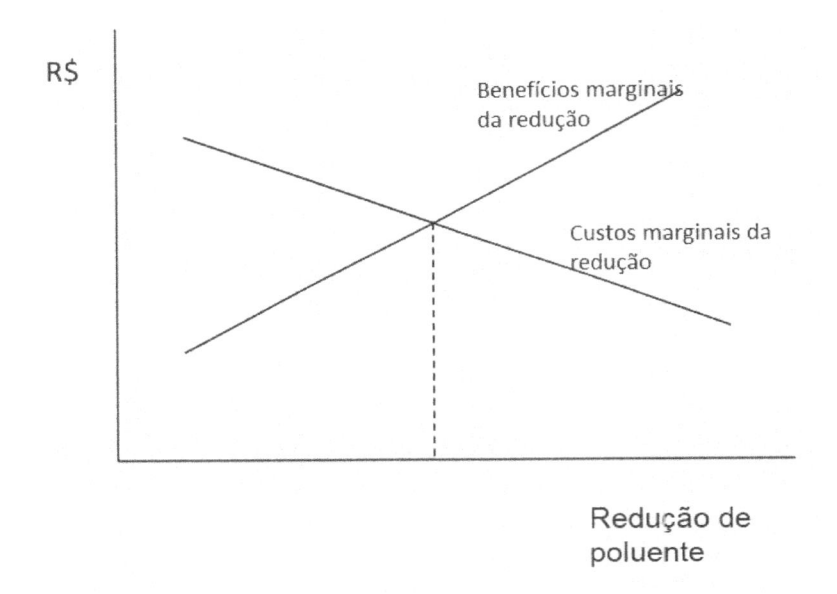

Figura 1.34 - Custos e benefícios marginais

1.9.3. Exemplo de uso dos conceitos de custos e benefícios marginais

Este exemplo, baseado em um problema apresentado por GOOD-STEIN (1999), mostra qual o problema de acesso livre aos recursos naturais (eventualmente levando ao esgotamento desses recursos) e uso dos conceitos de custos marginais e benefícios marginais. Além disso, percebe-se a questão do problema causado pelo livre acesso a um bem ambiental (peixe), comentado em "A Tragédia dos Comuns", por *Garrett Hardin*.

Suponha que na Baía de Parati a atividade de pesca de camarão se desenvolva de acordo com as condições indicadas a seguir. Verificamos, neste exemplo fictício, que os custos diários de colocar um barco no mar (combustível, piloto, tripulação de pescadores, manutenção do barco etc.) sejam de R$500,00.

Imagine que na chegada do barco, o pescador consiga vender o kg de camarão a R$10,00. Assim sendo, ele irá equilibrar custos e receita se pescar 50 kg de camarão por dia.

Imaginemos que um barco sozinho fazendo a pesca consiga pescar 100 kg de camarão por dia, dois barcos 200 kg etc., mas seguindo os dados abaixo apresentados, em função da limitação do estoque na área, eventualmente levando ao seu esgotamento em uma situação de pesca excessiva:

Número de barcos	Quantidade pescada (kg/dia)
1	100
2	200
3	300
4	400
5	450
6	480
7	480
8	450

Pergunta-se:

1ª pergunta: utilizando os conceitos de custo marginal e benefício marginal, definirmos a quantidade ótima a produzir, ou seja, qual seria o número adequado de barcos a serem autorizados a pescar.

2ª pergunta: para cada pescador ainda continuar a ter lucro, até quantos barcos devem ser colocados no mar?

3ª pergunta: a partir de quantos barcos já se observa alguma perda para cada pescador?

Proposta de solução:

Utilizando os conceitos apresentados, preparamos a seguinte tabela de cálculos:

Número de barcos	Quantidade capturada (kg/dia)	Custo total (R$)	Custo marginal (R$)	Benefício total (R$)	Benefício marginal (R$)	Lucro marginal (R$)
1	100	500	500	1.000	1.000	500
2	200	1.000	500	2.000	1.000	500
3	300	1.500	500	3.000	1.000	500
4	400	2.000	500	4.000	1.000	500
5	450	2.500	500	4.500	500	0
6	480	3.000	500	4.800	300	-200
7	480	3.500	500	4.800	0	-500
8	450	4.000	500	4.500	-300	-800

Resposta da 1ª pergunta: a quantidade ótima de barcos a serem colocados para pescar é de 5 barcos, situação em que os custos marginais são iguais aos benefícios marginais, ou seja, o lucro marginal é igual a zero.

Para responder às demais perguntas, seria interessante avaliarmos os benefícios médios. Mostraremos também outra forma de preparação do quadro anterior, incluindo os custos, benefícios e lucro marginais.

No de barcos	Quantidade capturada (kg/dia)	Captura marginal (kg)	Benefício marginal BM (R$)	Captura média (kg/dia)	Benefício médio (R$)	Custo marginal (R$)	Lucro marginal (BM-CM)
1	100	100	1000	100	1000	500	500
2	200	100	1000	100	1000	500	500
3	300	100	1000	100	1000	500	500
4	400	100	1000	100	1000	500	500
5	450	50	500	90	900	500	0
6	480	30	300	80	800	500	-200
7	480	0	0	68,5	685	500	-500
8	450	-30	-300	56,2	562	500	-800

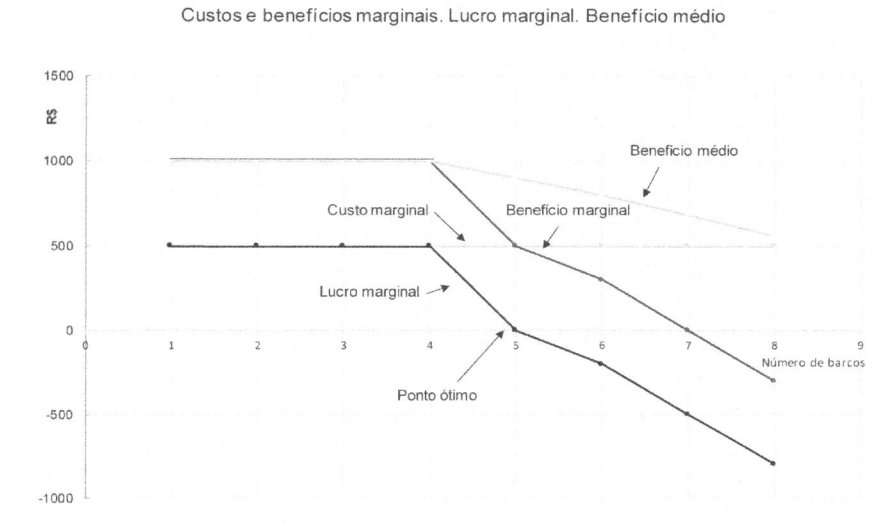

Figura 1.35 – Gráfico de custos, benefícios e lucro marginais.

A partir da tabela e do gráfico, podemos concluir o seguinte:

a) As curvas de custos marginais e benefícios marginais se cruzam em 5 barcos. Esse seria, então, o número adequado de barcos, de modo a se obter o máximo de ganho para a economia.

b) Acima dessa quantidade (5 barcos) o lucro marginal para a economia passa a ser negativo, embora para cada pescador individualmente, ainda existam lucros (por exemplo, com 8 barcos pescando, cada pescador venderia seu peixe por R$562,00 enquanto gastaria R$500,00). Entretanto, deixou-se de operar o conjunto da economia em sua forma mais eficiente.

c) Acima de 4 barcos já se verifica que cada pescador perdeu um pouco (analisando-se a curva de benefício médio), em vista da redução dos estoques de camarão na área.

1.9.4. Segundo exemplo de uso dos conceitos de custos e benefícios marginais

Problema sobre escolha da quantidade ótima de indústrias a instalar.

Suponha que, em volta de um lago, existam 3 usinas de açúcar que utilizam a água desse lago em seu processo produtivo e a restituem com certo nível de poluição. Com três usinas, existe certo nível de dispersão e a água do lago continua com qualidade adequada.

Imagine que cada uma das indústrias produza 1.000 kg de açúcar por dia e que o custo dessa produção seja de R$1,20 por kg. Imagine que cada quilo de açúcar seja vendido pela usina a R$2,00. Suponha que não existe nenhuma restrição legal à instalação de novas usinas nessa região. Entretanto, a externalidade causada pela poluição das três usinas deixaria de ser aceitável. Suponha que cada nova usina instalada teria a mesma produção das três existentes e que o açúcar continuaria a ser vendido a R$2,00 por kg. O custo de produção também seria o mesmo (R$1,20 por kg), entretanto, haveria a necessidade de instalar um sistema de tratamento de água para deixá-la na qualidade adequada e isso implicaria em um custo adicional de R$0,20 por kg, para cada usina nova instalada (já que a poluição do lago seria crescente), inclusive existindo essa necessidade para as três empresas antigas.

Com base nessas informações, solicita-se o seguinte:

a) construa uma tabela onde seja indicada a evolução dos custos e benefícios para cada usina adicionalmente instalada e imagine que as empresas irão se instalando enquanto houver lucro para elas. Com essa hipótese, quantas empresas serão instaladas?

b) quantas empresas deveriam ser instaladas na condição em que seja máximo o lucro para cada uma delas? Veja o ganho médio de cada uma das empresas.

c) preparando um gráfico com os custos e benefícios marginais, quantas empresas deveriam ser instaladas de forma que houvesse um ganho máximo para a economia? Nesse caso, provavelmente seria necessária uma atuação do órgão ambiental emitindo regulamentos que limitassem o número de empresas nessa quantidade.

d) suponha que o órgão ambiental decida estimular as empresas a reduzirem a poluição e, realizando uma reunião entre os dirigentes, tenta mostrar que mesmo continuando o acesso livre à instalação de novas usinas (ao recurso natural "água") haveria uma vantagem para todos se, em relação ao número de empresas que poderiam se instalar (no limite de ainda existir lucro), caso uma empresa deixar de operar, o ganho das empresas que sobraram operando é suficiente para ressarci-la, aumentando o seu lucro e de todas as demais que restaram operando. Demonstre isso com números, como se você fosse o representante do órgão ambiental encarregado de convencer as empresas.

Soluções:
a) Construindo uma tabela com os cálculos:

Número de usinas	Produção por usina (kg/dia)	Custo/kg (R$)	Custo total (R$)	Custo marginal (R$)	Custo médio (R$)	Benefício total (R$)	Benefício marginal (R$)	Lucro total (R$)	Lucro médio (R$)	Lucro marginal (R$)
0	0	0	0	0	0	0	0	0	0	0
1	1000	1,2	1200	1200	1200	2000	2000	800	800	800
2	1000	1,2	2400	1200	1200	4000	2000	1600	800	800
3	1000	1,2	3600	1200	1200	6000	2000	2400	800	800
4	1000	1,4	5600	2000	1400	8000	2000	2400	600	0
5	1000	1,6	8000	2400	1600	10000	2000	2000	400	-400
6	1000	1,8	10800	2800	1800	12000	2000	1200	200	-800
7	1000	2	14000	3200	2000	14000	2000	0	0	-1200

Respostas:
a) existe lucro para as empresas até a instalação de 6 empresas. Com 7 empresas o lucro é zero.
b) para que o lucro seja máximo para cada empresa, deveriam ser instaladas somente 3 empresas.
c) para que ocorra ganho máximo para a economia, deveriam ser instaladas 4 empresas (igualdade entre custos marginais e benefícios marginais).
d) em princípio, supõe-se que as empresas continuariam se instalando enquanto ainda houvesse algum lucro para elas, ou seja, até 6 empresas (cada uma ainda ganha R$200,00).

Se reduzirmos para 5 empresas, o ganho total das 5 será de R$2.000,00. Dividindo esse ganho por 6, cada uma ficaria com

R$333,00, inclusive para a sexta empresa, que interrompeu as atividades. Cada uma ganhou a mais com isso: 333,00 - 200,00 = R$133,00 por dia (porque com a sexta empresa operando cada uma ganharia somente R$200,00).

1.9.5. Exemplo da ajustagem da produção (nível ótimo) ao se internalizar externalidades

A seguir, apresentaremos um exemplo de uso desses conceitos em um problema de controle de poluição, desta vez com equações representando as diversas curvas envolvidas.

Como comentamos anteriormente, uma das funções da economia é auxiliar os gerentes na definição da quantidade ótima a ser produzida, em função das necessidades dos consumidores. Em uma situação em que a empresa não arque com os custos ambientais (pouco controle pela sociedade, ou órgãos ambientais), é provável que, como resultado de custos baixos e existência de demanda, ela consiga aumentar a sua produção. Por outro lado, quando a empresa for obrigada a realizar tratamentos de rejeitos, entre outras ações possíveis de controle ambiental, ela fatalmente incorrerá em aumento de custos. Existem duas situações possíveis. A primeira delas é aquela na qual a empresa conseguiria repassar ao consumidor esse acréscimo, o que ocorre em países onde o público é muito conscientizado e motivado quanto à questão ambiental e aceita pagar um preço por essa qualidade. Em outros casos, provavelmente a maioria deles, o consumidor deseja a qualidade ambiental, mas ainda não aceita pagar um preço pela sua obtenção. Nestes casos, quando os órgãos ambientais e a própria legislação aumentarem as pressões sobre a empresa, ela terá que absorver esses custos (internalização das externalidades), o que poderá eventualmente resultar em um novo ponto ótimo de produção, já que, com custos maiores, o mercado não aceitaria absorver a quantidade mais elevada. Como um exemplo, suponhamos uma indústria que precisa escolher o ponto ótimo de operação, quanto à quantidade produzida.

Sua função "Custo Total" é representada pela equação:
$$CT = 2\,Q^2 + 0{,}4\,Q^3 \quad \ldots\ldots\ldots\ldots\ldots\ldots\text{(Equação 1)}$$
onde Q é a quantidade de unidades produzidas.

Supondo que ela venda cada unidade por R\$50,00, sua função "Benefício Total" será:

$$BT = 50\,Q \quad \ldots\ldots\ldots\ldots\ldots\ldots\ldots\text{(Equação 2)}$$
As curvas são:

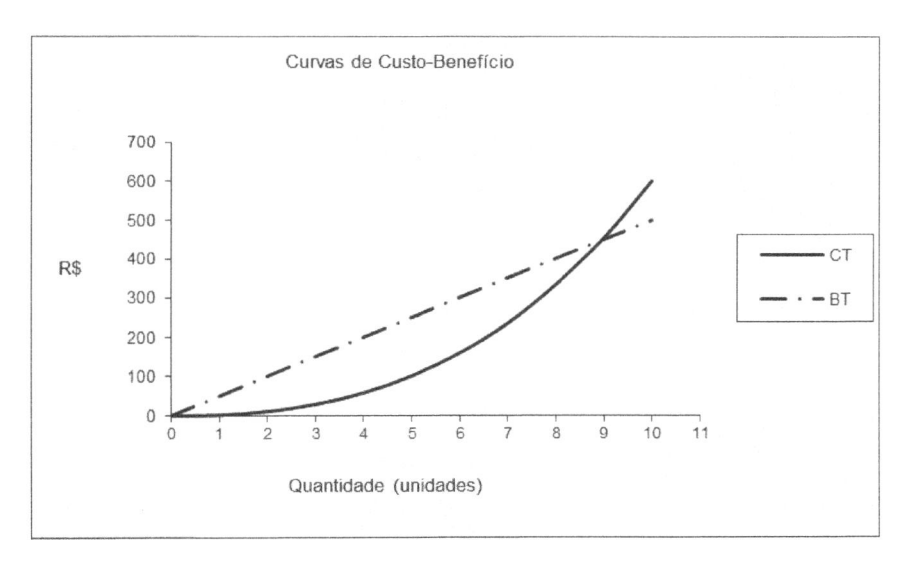

Figura 1.36 - Custos e Benefícios Totais

As curvas de "Custos Marginais" e "Benefícios Marginais" são obtidas derivando-se as curvas de Custo Total e Benefício Total. (Nota: no final do problema vou relembrar uma regra muito simples de como derivar uma função deste tipo)

Assim, temos:
$$CT = 2\,Q^2 + 0{,}4\,Q^3$$
$$CM = 4\,Q + 1{,}2\,Q^2 \quad \ldots\ldots\ldots\ldots\ldots\text{(Equação 3)}$$
e
$$BT = 50\,Q$$
$$BM = 50 \quad \ldots\ldots\ldots\ldots\ldots\ldots\ldots\text{(Equação 4)}$$

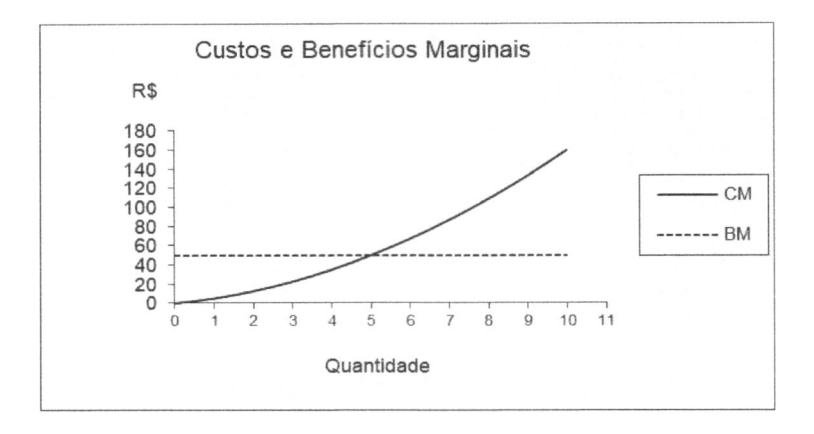

Figura 1.37 - Custos e Benefícios Marginais

As duas curvas se encontram em Q = 5 (igualdade das equações de custos e benefícios marginais). Em princípio, este seria o ponto de produção ótima (com menor custo obteve-se o máximo benefício).

Suponhamos, entretanto, que essa empresa gere, em seu processo produtivo, certa quantidade de efluentes que contenham um determinado poluente, de acordo com a equação:

$E = 2 Q^2$ (gramas por unidade produzida) .... (Equação 5)

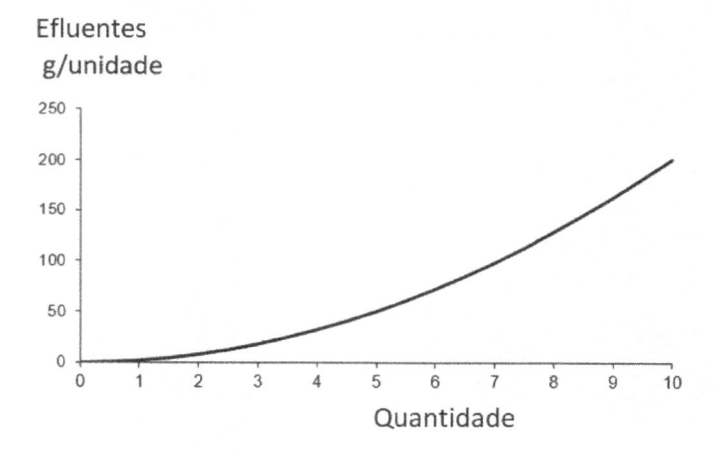

Figura 1.38 - Emissão de efluentes

Esse efluente seria descarregado em um rio que passa ao lado da empresa que, A empresa, em princípio não paga nada para descartar esse efluente no rio.

Entretanto, vamos supor que alguns quilômetros rio abaixo, existe uma cidade que faz a captação da água desse rio para abastecimento público. Os custos da água, ou seja, captação e tratamento, por exemplo, seguem a equação abaixo:

$C_{água}$ = 50 + 2 E .... (Equação 6)

(ou seja, existe um custo fixo de R$50,00 e um custo variável que depende da quantidade de poluentes).

Substituindo-se E por seu valor da equação 5, para correlacionarmos o custo de tratamento da água com a quantidade de produtos da empresa, obtemos:

$C_{água}$ = CA = 50 + 2 E = 50 + 2 * (2 Q²) = 50 + 4 Q²

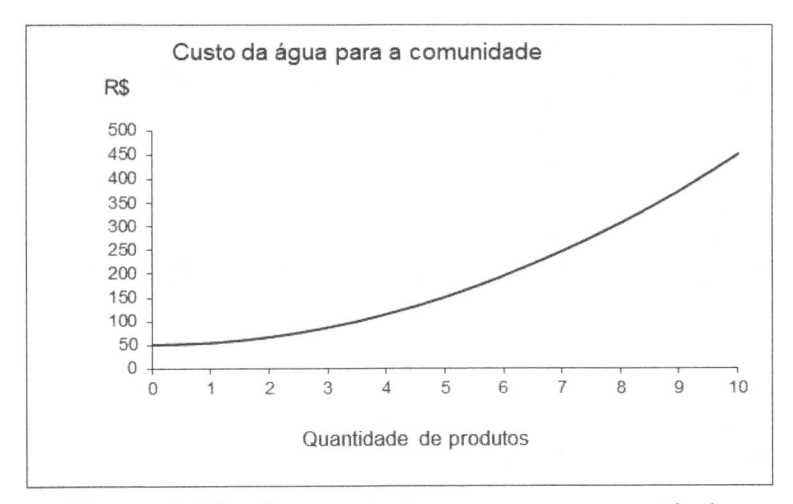

Figura 1.39 - Custos da água para a comunidade

Analisando-se os custos totais, e pensando na sociedade como um todo, observa-se que os custos reais dos produtos são obtidos por meio da soma dos custos de fabricação (internos da empresa) com os custos de tratamento da água para a comunidade (a rigor, poderíamos expurgar os custos fixos de captação). Essa curva é obtida pela soma das equações [1] e [6]:

Custo dos produtos mais o custo da água:

$$CT = 2Q2+0,4Q3+50+4Q2 = 6Q2+0,4Q3+50$$

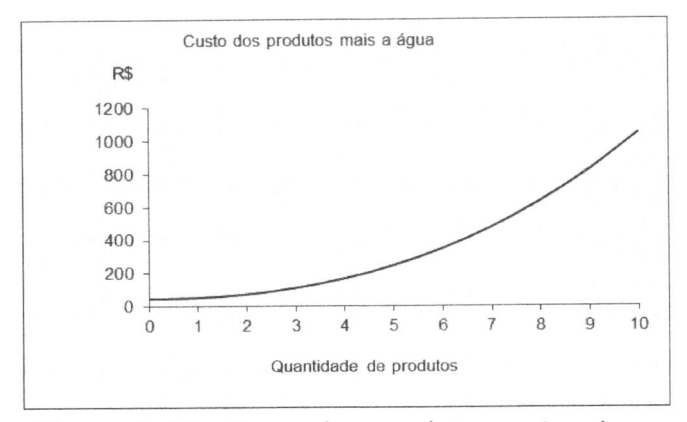

Figura 1.40 – Custo dos produtos mais a água

Comparando com a curva de benefícios totais (Equação 2) com a curva acima, temos:

$$BT = 50\ Q$$

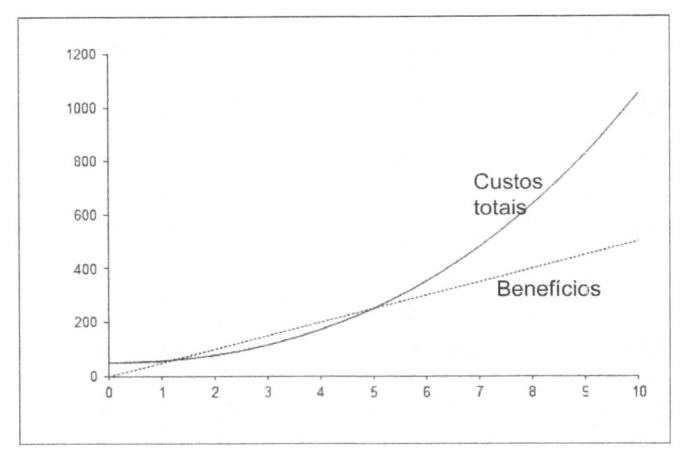

Figura 1.41 – Curva de custos e benefícios totais

Outra forma de calcularmos seria através de custos e benefícios marginais, ou seja, somando-se as equações [1] e [6] e derivando em relação a Q. O novo custo marginal seria: $CM' = 12\,Q + 1,2\,Q^2$ e o benefício marginal continuaria sendo 50:

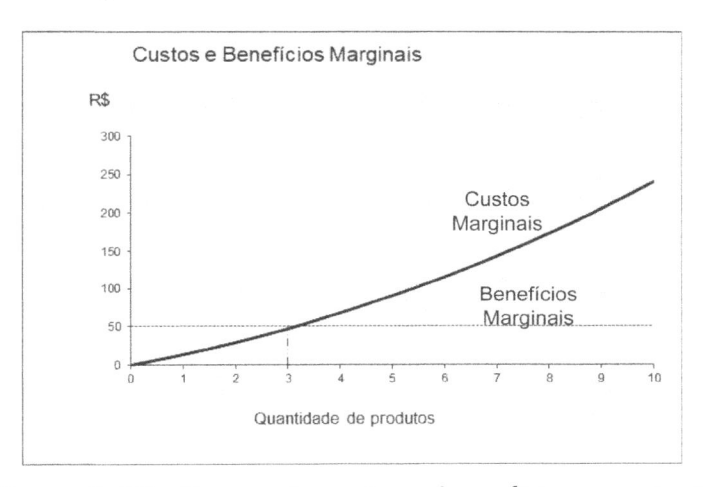

Figura 1.42 – Curvas de custos e benefícios marginais

Ao internalizarmos os custos de tratamento da água, por exemplo, imputando-os à empresa sob a forma de imposto, percebe-se que mudou o ponto ótimo de produção (passamos de 5 para 3 unidades), e estaremos considerando também o "ponto ótimo de poluição", ou seja, o ponto ótimo de produção visto pelo interesse da sociedade. Passou-se, assim, de 50 g de resíduos no efluente (considerando 5 unidades e $E = 2\,Q^2$) para 18 g (considerando 3 unidades).

Notamos, então, que enquanto a empresa poluía sem ser taxada, ela transferia um custo seu para a sociedade, obrigada a gastar para realizar o tratamento da água. Como vimos, esse custo é chamado de "externalidade". Antes que ela fosse obrigada a arcar com esse custo (internalizá-lo) era mais vantajoso para ela trabalhar em um ponto ótimo de 5 unidades produzidas. Ao ser taxada, passou a compensar para a sociedade (e para a empresa) que ela passasse a produzir 3 unidades. Essa forma de cálculo está sintonizada com o princípio de "poluidor-pagador". As outras formas de manter a poluição em níveis aceitáveis pela sociedade seriam a regulação (limites a serem despejados) e o subsídio (estímulos financeiros para que a empresa pudesse melhorar seus processos e poluir menos).

NOTA: Como comentado antes, vamos relembrar a regra (muito simples) de como fazer a derivada de uma função.

As equações são muito úteis para representar situações onde a quantidade de dados seja grande (antes, vimos problemas em que era fácil ver o custo marginal, benefício marginal, pois era fácil montar uma tabela, poucos números. Mas, em uma empresa, onde a quantidade de produtos seja elevada, muitas vezes precisaremos mostrar por meio de uma equação, e gerar curvas, os custos e benefícios totais. Daí, precisaremos derivar essa função para gerar os custos e benefícios marginais, procurar o ponto ótimo etc. Suponha a seguinte equação, com duas variáveis, y pode ser custos, x a quantidade, por exemplo:

$$y = 5\,x^3 + 32\,x^{3/4} - 88{,}3x + 9$$

As regras básicas aqui são:

a) Quando você tem, por exemplo, o $5x^3$ para derivar vamos pegar o expoente 3 do x e trazer para multiplicar o $5x^3$, só que reduzindo de uma unidade o expoente do x, era 3, vai ficar 3-1 = 2. A derivada dessa parte da função fica, então:

$$y = 3 \cdot 5 \cdot x^2 = 15x^2$$

b) A derivada de uma constante (no caso aqui é o número 9) é zero. Nota: poderíamos usar a mesma regra mostrada antes. A constante 9 é a mesma coisa que $9 \cdot x^0$. Lembre-se que qualquer número elevado à potência zero é igual a 1. Aplicando a regra anterior para derivar, teríamos $[0 \cdot x^{-1}] = 0$

Vamos aplicar agora essas regras à equação que representa a função:

$$y = 5\,x^3 + 32\,x^{3/4} - 88{,}3x + 9$$

A derivada é:

$$y' = 3 \cdot 5x^2 + \frac{3}{4} \cdot x^{\left(-\frac{1}{4}\right)} - 1 \cdot 88,3x^0 + 0$$

$$y' = 15x^2 + 0,75 \cdot x^{-0,25} - 88,3$$

1.9.6. Exemplo da utilização do conceito de "Custos Marginais" para a definição de um instrumento econômico do tipo "fixação de cotas de emissão"

Suponha o seguinte problema:

Em uma determinada área, com apenas duas indústrias (por exemplo, duas termoelétricas que utilizam carvão como combustível), o Órgão de Controle Ambiental constatou que os padrões de qualidade do ar não estão sendo atendidos, e que, para atingir esse padrão, será necessário reduzir a descarga de dióxido de enxofre para a atmosfera em 20 toneladas.

Suponha que você é um consultor assessorando o órgão ambiental e as duas indústrias e que, verificando os custos totais da instalação de sistemas de dessulfurização das duas empresas, você constatou o seguinte:

a) a empresa A, mais moderna, apresenta os custos segundo a equação $CT_A = 5\ x^2$ (em mil reais, onde x é expresso em toneladas de redução de SO_2)

b) a empresa B, mais antiga, apresenta custos segundo a equação $CT_B = 12,5\ x^2$ (em mil reais, onde x é expresso em toneladas de redução de SO_2)

Pergunta-se o seguinte: quais seriam as opções que você apresentaria ao órgão ambiental e às empresas, e como você tentaria montar um entendimento entre as empresas fixando cotas de emissão, para que houvesse um maior benefício para todos?

Proposta de solução:

Inicialmente, é interessante desenharmos as curvas do custo total de redução de SO_2, para melhor visualização.

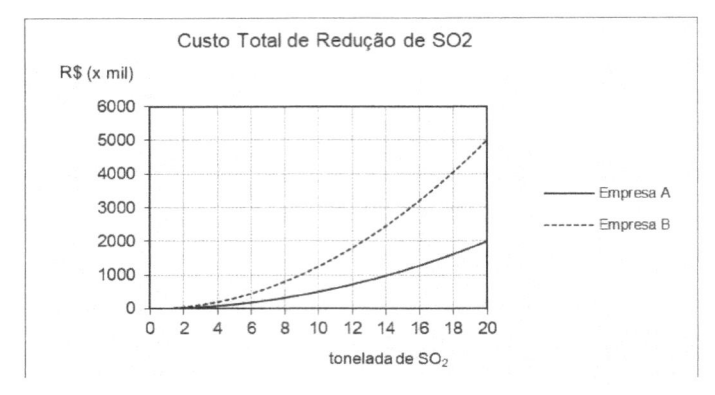

Figura 1.43 - Custos de redução de SO_2 por empresa

A seguir, iremos construir um gráfico, onde fiquem visíveis os custos marginais de cada uma das empresas (custo para redução de uma tonelada de SO_2, em cada ponto da redução. Sabemos que a curva de custo marginal é construída derivando-se a curva de custo total. Assim:

$CM_A = 10 \text{ x}$

e

$CM_B = 25 \text{ x}$

Desenharemos as curvas em um gráfico, neste caso a curva **A** com as abcissas da esquerda para a direita e **B**, da direita para a esquerda, já que as reduções podem ser complementares, até se atingir 20 ton:

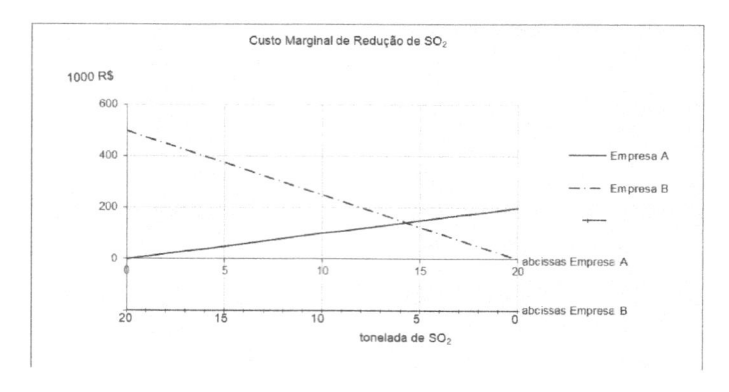

Figura 1.44 - Custos marginais de redução de SO_2 por empresa

Para melhor visualização, vamos ampliar o gráfico no trecho de maior interesse:

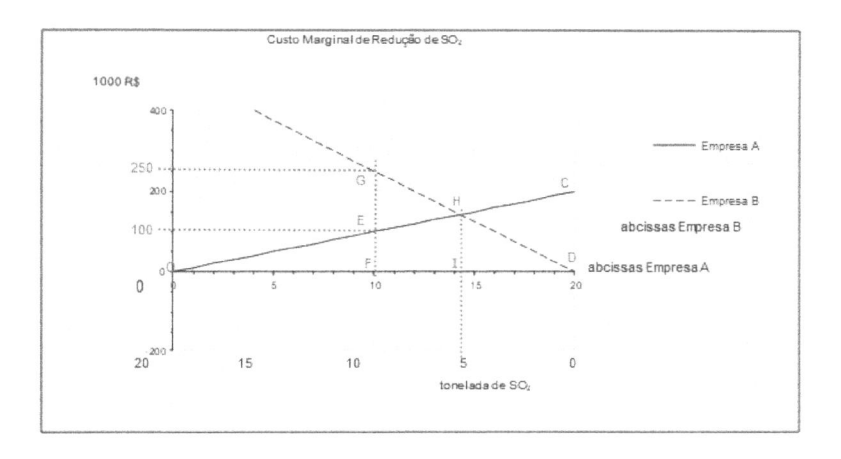

Figura 1.45 – Ponto ótimo de redução para cada empresa

Vamos agora estudar algumas opções:

1ª opção: suponhamos que queiramos atribuir toda a redução somente a uma das empresas (opção não muito lógica, difícil de defender, mas vamos analisá-la):

- se a redução toda tiver que ser feita pela empresa **A**: o custo total de A segue a fórmula $CT_A = 5x^2$, portanto para reduzirmos 20 toneladas, ficaria em $CT_A = 5x^2 = 5 \cdot 20^2 = 2.000$ mil reais. Nota: outra forma de calcularmos o custo total é integrarmos a área sob a curva de custos marginais. Neste caso é fácil, pois a área é um triângulo (OCD) = $\left(\dfrac{20 \times 200}{2} \right) = 2.000$

- se a redução toda tiver que ser feita pela empresa **B**: o custo total de B segue a fórmula $CT_B = 12,5x^2$, portanto, para reduzirmos 20 toneladas, o custo ficaria em $CT_B = 12,5x^2 = 12,5 \cdot 20^2 = 5.000$ mil reais. Ou, de outra forma, integrando a área sob a curva de custos marginais $\left(\dfrac{20 \times 500}{2} \right) = 5.000$.

<u>2ª opção</u>: suponhamos que a ideia seja repartir igualmente a redução de SO_2, 10 ton para cada uma das empresas:

- o custo de **A** seria: $5x^2=5x10^2=500$ mil (ou vendo pela integração de custos marginais: área do triângulo OEF:

$$\left(\frac{10\ x\ 100}{2}\right)=500$$

- o custo de **B** seria: $CT_B=12,5x^2=12,5\cdot 10^2=1.250$ mil reais (ou, área do triângulo DFG =

$$\left(\frac{10\ x\ 250}{2}\right)=1.250$$

Esta opção, para a "Economia", custaria a soma das duas empresas, ou seja, $500 + 1.250 = 1.750$ mil reais.

<u>3ª opção</u>: suponhamos, agora, que a ideia seja procuramos o ponto onde os custos marginais das empresas sejam iguais, ou seja, o ponto onde as duas curvas se encontram:

Podemos encontrar esse ponto com uma escala, mas, para maior precisão, vamos calculá-lo por semelhança de triângulos:

- chamando a distância OI de x
- chamando a distância HI de y

Por semelhança de triângulos temos:

$$\frac{CD}{HI}=\frac{OD}{OI}$$

$$\frac{200}{y}=\frac{20}{x}$$

$$20\ y = 200\ x$$
$$y = 10\ x$$

Da mesma forma, para o triângulo formado pela curva da empresa B:

$$\frac{500}{20} = \frac{y}{20 - x}$$

Substituindo y por 10 x
25 (20-x) = 10 x
500 – 25 x = 10 x
35 x = 500
x = 14,285
e
y = 10 x = 142,85

Então, repartindo no ponto onde os custos marginais são iguais, teríamos:
- a empresa **A** reduziria 14,3 ton de SO_2
- a empresa B reduziria 5,7 ton de SO_2 (Nota: a empresa B precisa reduzir a diferença entre 20 t e aquilo que a empresa A reduziu, ou seja, 20-14,3 = 5,7t)

$CT_A = 5\ x^2 = 5\ (14,3)^2 = 1.022,45$ mil (ou vendo pela integração de custos marginais: área do triângulo OIH:

$$\left(\frac{14,3 \times 143}{2} \right) = 1.022,45$$

$CT_B = 12,5\ x^2 = 12,5\ (5,7)^2 = 406,12$ mil reais (ou, área do triângulo DIH =

$$\left(\frac{5,7 \times 143}{2} \right) = 406,12$$

Ou seja, verificamos que haveria um benefício para a Economia (visão da Sociedade), pois o custo total para a redução das 20 t, neste caso, seria de 1.022,45 + 406,12 = 1.428,57mil, ou seja, bem menos do que os 1.750 que seriam atingidos com a divisão igual de 10 toneladas para cada empresa.

Portanto, a melhor ideia é reduzir mais as emissões onde os custos marginais sejam menores, porém isso não seria justo para com essa empresa, se tratado de forma impositiva. Assim, seria interessante permitir que as empresas entrassem em um mecanismo de "venda de direitos de poluir", autorizadas pelo órgão ambiental. Cada uma, em princípio, precisaria reduzir 10 t, por isonomia. Por exemplo, **A** reduziria as 10 t que tinha como obrigação e "venderia" a **B** a redução das 4,3 t adicionais, atingindo o seu ponto ótimo de redução, do ponto de vista econômico, que seriam 14,3 t. E **B** ainda ficaria satisfeita de pagar a **A** para assumir a sua cota em 4,3 t, e reduziria sua emissão em 5,7 toneladas, que seria seu ponto mais econômico.

Vejamos qual seria o valor mais adequado para essa venda: **A** gastaria para reduzir suas 10 t, R$500 mil e, no entanto, gastou R$1.022,45 mil para reduzir as 14,3 t, ou seja, gastou a mais R$522,45 mil. Tudo que **A** conseguir receber, acima de 522,45 mil é vantajoso.

B gastaria para reduzir suas 10 t a quantia de 1.250 mil, e gastou apenas R$406,12 mil. Ou seja, tudo que **B** conseguir pagar para **A** abaixo de R$843,88 mil é vantajoso para **B**. Dessa forma, a negociação entre os dois ficará entre R$522,45 mil e R$843,88 mil. Um bom negócio para os dois seria sugerirmos que **B** pagasse a **A** R$683,16 mil, que é o meio caminho entre esses dois valores, ambos ganhando R$160,71 mil.

Esse problema mostra, de forma numérica, que existe uma forma mais eficiente, do ponto de vista da Economia, de permitir a livre negociação de cotas de emissão, ao invés de ser fixada uma obrigação a cada empresa como um limite de emissão, sem se permitir a negociação, ação do tipo "comando e controle".

1.9.7. Exemplo da utilização do conceito de "Custos Totais" e "Custos Marginais", associados ao "Princípio do poluidor pagador"

Problema: Imagine uma usina siderúrgica que descarta um determinado poluente no rio que passa próximo à usina.

O processo dessa usina está apresentado no fluxograma, a seguir:

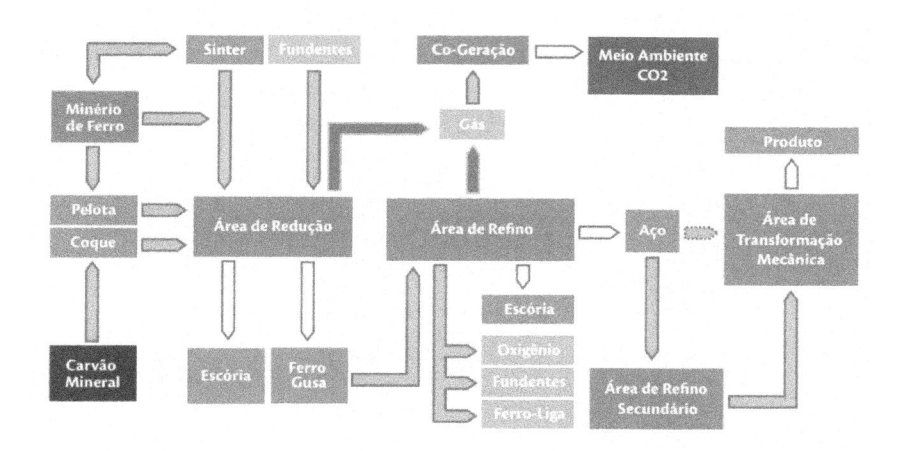

Figura 1.46 – Fluxograma de processo de uma usina
siderúrgica
(Fonte: CGEE)

Imagine que esse poluente seja gerado principalmente nas áreas de produção de pelotas, coqueria, área de redução e área de refino, nas seguintes quantidades:

Área	Quantidade (ton/ano)
	0
Pelota	30.000
Coque	50.000
Redução	40.000
Refino	20.000
Total da usina	140.000

Imagine que o Comitê da Bacia Hidrográfica determinou uma redução de, no mínimo 50% para o descarte sem tratamento, pois avaliou que existem tecnologias para realizar um abatimento desse poluente, antes do descarte. Além disso, foi fixada uma tarifa de R$5,00 por tonelada descartada sem tratamento.

Suponha que, inicialmente, o gerenciamento dos custos ocorre por área da usina, e os custos anuais de redução de 50%, em cada área, dependendo da tecnologia empregada são os seguintes:

Área	Custos R$/ano
Pelota	15.000
Coque	65.000
Redução	70.000
Refino	80.000

Questões:
1) Calcule os custos totais de tratamento do efluente para a usina.
2) Calcule o custo para cada área, separadamente, indicando o quanto ela deve tratar e quanto deve descartar sem tratamento, de forma a otimizar os custos.

Solução:

Foi informado que o valor máximo para descarte sem tratamento: 70.000 ton/ano.

Inicialmente, vamos calcular qual seria o custo incorrido por cada área para tratar 50% de seu efluente:

Área	Quantidade a ser tratada (ton/ano)	Custo para tratar (R$/ano)
Pelota (P)	15.000	15.000
Coque (C)	25.000	65.000
Redução (Red)	20.000	70.000
Refino (Ref)	10.000	81.000
Total:	70.000	231.000

Os dados acima registrados mostram os custos de tratamento de cada área vista isoladamente. Entretanto, visando permitir uma análise que leve a uma otimização dos custos da empresa como um todo, podemos agregar gradualmente os custos, a partir das áreas de menor custo.

Áreas em conjunto	Quantidade a ser tratada (ton/ano)	Custo total para tratar
P	15.000	15.000
P+C	40.000	80.000
P+C+Red	60.000	150.000
P+C+Red+Ref	70.000	231.000

A partir dos dados acima, podemos desenhar a curva de custo total do tratamento:

Figura 1.47 – Curva de custo total para o tratamento

A partir da curva de custos total, podemos calcular os custos marginais de cada trecho da curva, lembrando que os custos marginais são correspondentes à tangente em cada ponto (neste problema, como são trechos de reta, a tangente é a mesma em cada trecho).

Curva de custo total do tratamento

	Quantidade a ser tratada (ton/ano)	Custo total para tratar R$/ano	Cateto oposto	Cateto adjacente	Custo marginal tgθ=CM
P	15.000	15.000	15.000	15.000	1
P+C	40.000	80.000	65.000	25.000	2,6
P+C+Red	60.000	150.000	70.000	20.000	3,5
P+C+Red+Ref	70.000	231.000	81.000	10.000	8,1

Podemos montar uma tabela em que sejam registrados os custos de tratamento de 50% dos efluentes de cada setor e os custos do lançamento sem tratar, à tarifa de R$5,00 por tonelada descartada, chegando aos custos totais para o setor e para a empresa. Também podemos registrar os custos se a empresa descartasse todo o efluente sem tratamento (apenas para verificação, pois o enunciado do problema não permite essa hipótese).

	Setor produz	Setor abate (trata)	Setor lança sem tratamento	Custo marginal para tratar	Custo total para tratar	Custo por tonelada descartada sem tratamento	Custo devido ao lançamento	Custo total para o setor	Quanto custaria se descartasse tudo
Pelota	30.000	15.000	15.000	1	15.000	5	75.000	90.000	150.000
Coque	50.000	25.000	25.000	2,6	65.000	5	125.000	190.000	250.000
Redução	40.000	20.000	20.000	3,5	70.000	5	100.000	170.000	200.000
Refino	20.000	10.000	10.000	8,1	81.000	5	50.000	131.000	100.000
Total para a empresa:					231.000		350.000	581.000	700.000

Verificamos que essa política (administração independente de cada setor) provavelmente não é a mais adequada, pois o custo total para a empresa está muito elevado (R\$581.000,00). E se fosse possível descartar tudo, esse custo seria ainda maior (R\$700.000,00).

Mas, verificando o conceito dos custos marginais, é possível observar que em três setores (pelota, coque e redução) os custos marginais são inferiores ao custo marginal de lançamento sem tratar. Assim, do ponto de vista financeiro, compensa realizar o tratamento nesses setores, mesmo ultrapassando o mínimo fixado pelo Comitê de Bacia Hidrográfica (o que é positivo, do ponto de vista ambiental).

	Setor produz	Setor abate (trata)	Setor lança sem tratamento	Custo marginal para tratar	Custo total para tratar	Custo por ton. descartada sem tratam	Custo devido ao lançamento	Custo total para o setor	Quanto custaria se descartasse tudo
Pelota	30.000	30.000	0	1	30.000	5	0	30.000	150.000
Coque	50.000	50.000	0	2,6	130.000	5	0	130.000	250.000
Redução	40.000	40.000	0	3,5	140.000	5	0	140.000	200.000
Refino	20.000	0	20.000	8,1	0	5	100.000	100.000	100.000
Total para a empresa	140.000	120.000	20.000		300.000		100.000	400.000	700.000

O quadro acima mostra que o único setor em que não foi válido realizar nenhum tratamento foi o setor de refino, pois o seu custo marginal foi mais alto do que o custo de tratar. Obtivemos, então, um custo total da empresa no valor de R$400.000,00, inferior ao custo anteriormente obtido de R$581.000,00.

A seguir, para fins de análise, iremos verificar qual seria a melhor solução para a empresa caso a tarifa de descarte sem tratamento fosse de R$3,00 por tonelada, mantida a necessidade de redução de 50%.

	Setor produz	Setor abate (trata)	Setor lança sem tratamento	Custo marginal para tratar	Custo total para tratar	Custo por tonelada descartada sem tratam	Custo devido ao lançamento	Custo total para o setor	Quanto custaria se descartasse tudo
Pelota	30.000	30.000	0	1	30.000	3	0	30.000	90.000
Coque	50.000	50.000	0	2,6	130.000	3	0	130.000	150.000
Redução	40.000	0	40.000	3,5	0	3	120.000	120.000	120.000
Refino	20.000	0	20.000	8,1	0	3	60.000	60.000	60.000
Total para a empresa	140.000	80.000			160.000		180.000	340.000	420.000

Neste caso, observamos que em dois setores (redução e refino) os custos marginais ficariam superiores ao custo de lançamento. E como o total tratado ultrapassa os 50% do efluente produzido, compensaria (do ponto de vista exclusivamente econômico) descartar os efluentes dessas áreas sem tratamento. Os custos totais para a empresa ficariam em R$340.000,00.

Lembramos que a principal função do Princípio do Poluidor Pagador é "incitar" (estimular) a empresa a reduzir a sua poluição. Outra finalidade dessa cobrança seria permitir a obtenção de recursos financeiros para financiamento da melhoria ambiental.

1.10 - O AQUECIMENTO GLOBAL, O PROTOCOLO DE KYOTO E A CONVENÇÃO DE PARIS

Provavelmente, o principal problema ambiental global neste século é o aquecimento global do planeta. Desde a Revolução Industrial o homem vem retirando átomos de carbono enterrados no subsolo, sob a forma de combustíveis fósseis (principalmente carvão e petróleo) e, queimando esses combustíveis para obter energia, libera o carbono na atmosfera. Constata-se, assim, por várias formas como, por exemplo, a análise de cilindros de gelo obtidos em geleiras permanentes da Antártida e em observações diretas (Laboratório *Mauna Loa*, no Havaí), que a concentração de gás carbônico vem crescendo significativamente na atmosfera. Esse é o principal dos gases causadores do aquecimento da Terra, em vista de seu volume, por reter na atmosfera grande parte da radiação solar refletida, na faixa do comprimento de ondas do infravermelho, ou seja, calor. Na época da revolução industrial os cientistas avaliam que a concentração de CO_2 na atmosfera era de aproximadamente 275 ppmv (partes por milhão volumétrico) e que hoje (março de 2023), cerca de 200 anos depois, é de cerca de 420 ppmv, tendo havido um aumento de cerca de 53%. A temperatura da Terra, nesse período, aumentou cerca de 0,9°C e os cientistas avaliam que, no final do século, ela poderia chegar a valores entre 1,5 e 3,5°C.

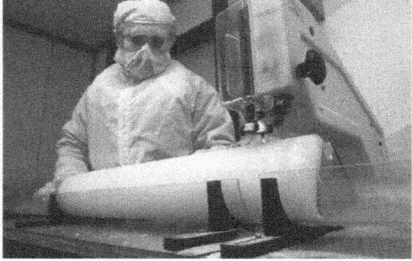

Figura 1.48 – Coleta de cilindros de gelo em glaciares para análise de conteúdo de CO_2[8]

---

[8]   (Fonte: https://discoveringantarctica.org.uk/oceans-atmosphere-landscape/atmosphere-weather-and-climate/climate-change-past-and-future/). Consultado em 20.03.2023.

Os dados de evolução da temperatura de Terra até 2020 e de concentração de CO^2 na atmosfera coletados pelo laboratório de *Mauna Loa* até o mês de fevereiro de 2023 são:

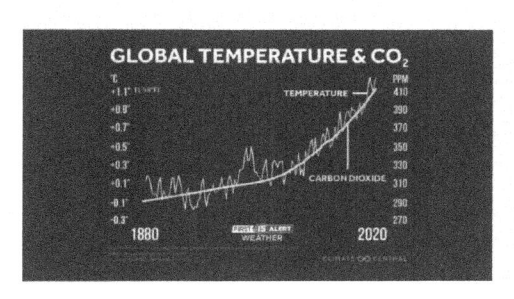
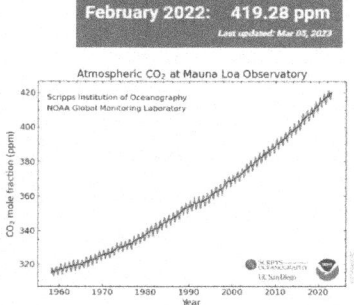

Figura 1.49 – Temperatura média global e medições recentes de CO_2 em Mauna Loa, Havaí
(Fontes: https://www.nbc15.com/2021/05/13/yearly-carbon-dioxide-peak/. e https://www.esrl.noaa.gov/gmd/ccgg/trends/). Consultadas em 20.03.2023.

Os efeitos do crescimento da concentração de CO_2 na atmosfera da Terra, e consequentemente da temperatura média global, podem ser catastróficos, segundo cientistas especializados no assunto, tais como:

- aumento do nível dos oceanos, como consequência do degelo de grandes massas de gelo no Ártico, na Groenlândia e na Antártida, fenômeno que começa a ser observado (alguns navios conseguem navegar até o Polo Norte em épocas em que isso era impossível). O aumento do nível do mar pode ser significativo, afetando economicamente grandes áreas povoadas, na costa dos continentes e ilhas. Alguns países da Polinésia desapareceriam, como, por exemplo, o arquipélago da Tuvalu.

- redução ou mesmo interrupção da Corrente do Golfo (*Gulf-stream*), como consequência da mudança de salinidade das águas do mar. Essa corrente submarina é uma "esteira rolante" submarina que transporta calor da região do Equador para a costa da Europa e retorna pela costa americana. Na verdade, ela é responsável pelas temperaturas amenas da Europa, que seria muito mais fria se a corrente não prestasse esse serviço (veja, em um Atlas, alguma cidade europeia, e sua temperatura média no inverno. Agora, olhe uma cidade canadense na mesma latitude e compare as temperaturas. A cidade canadense provavelmente estará uma dezena de graus mais fria. Paradoxalmente, se ocorrerem as consequências comentadas do efeito estufa, a Europa esfriaria, necessitando de enorme quantidade de energia para aquecimento de residências e outros imóveis.

– seria menor o gradiente térmico entre o equador e os polos da Terra. E, como essa diferença de temperatura é a maior responsável pela formação de ventos, estes seriam reduzidos. E os ventos são os grandes transportadores de umidade, principalmente da água evaporada dos oceanos, transportando-a para o interior dos continentes. Havendo menos ventos, áreas atualmente úmidas poderiam se tornar secas (interior dos continentes), enquanto as áreas litorâneas poderão se tornar mais úmidas.

– havendo aumento da temperatura global ocorreria um maior degelo nos picos de grandes montanhas e menor quantidade de formação de gelo em épocas de inverno. Esse fenômeno já é observável em muitas montanhas, mas ele seria trágico se vier a ocorrer em maior intensidade no Himalaia. Lá, são formados os grandes rios da Ásia, os rios Ganges, Indus, Brahmaputra, Thanlwin, Mekong, Yang-Tsé e Huang-Ho (Amarelo), principalmente com o degelo nas primaveras e verões. Considerando que esses rios abastecem regiões superpovoadas da Terra, pode ocorrer uma grande escassez de água, com sérios problemas econômicos e sociais. Além disso, um maior aquecimento provocará maiores índices de evaporação da água existente.

– aumento da frequência e intensidade de tufões, tornados, furacões, enchentes ou secas, como já se verifica recentemente, como resultado de mudanças climáticas. Estima-se que a temperatura da Terra aumentou em 1,02°C nos últimos 180 anos, tendo sido o ano de 2022 o mais quente dos últimos 143 anos. Lembra-

-se que em 2005 houve uma seca impressionante na Amazônia, mais de 30 tornados atravessaram a região central dos EUA e ocorreram grandes inundações na Europa Central em agosto, causada pelos rios Elba e Danúbio, entre outros eventos altamente destrutivos. O furacão Harvey, em setembro de 2017, causou prejuízos de cerca de US$120 bilhões a Miami e estados do sul dos EUA. A Fundação Re, resseguradora de Munich, estimou nesse ano perdas ligadas a esses eventos em cerca de US$200 bilhões.

Essas, e outras prováveis consequências estão sendo constantemente citadas em muitas publicações, ficando muito difícil avaliar o quanto são realistas. Mas, com base no Princípio da Precaução, é válido imaginar que a humanidade deva tomar medidas para, ao mesmo tempo em que avalia de forma mais precisa os fenômenos, procure reduzir as emissões dos gases causadores do efeito estufa.

A Conferência do Rio de Janeiro sobre Meio Ambiente e Desenvolvimento (Rio-92, ou Cúpula da Terra), patrocinada pela ONU e com a participação de 175 países, fez uma primeira tentativa de que os países reduzissem suas emissões. Um dos principais resultados dessa conferência foi a Convenção do Clima, que previa que os países reduziriam no ano 2000 suas emissões para os níveis de 1990, e em 2010, para um nível 10% inferior ao de 1990. Porém, em 1997, já se percebia que seria impossível atingir essas metas. Então, foi realizada a reunião de Kyoto, em que foram negociadas metas mais realistas, definindo-se mecanismos mais eficientes para auxiliar a atingi-las.

O Protocolo de Kyoto, aprovado na 3ª Conferência das Partes da Convenção do Clima (COP-3, realizada entre 1º e 12 de dezembro de 1997 em Kyoto, no Japão, com a participação de 160 países), prevê metas e prazos para a redução de emissões de CO_2 e outros gases causadores do efeito estufa. Foi negociado na Conferência que os países mais desenvolvidos (35 países, constantes do Anexo I), precisariam reduzir, entre os anos 2008 e 2012, em média 5,2% das emissões, com relação aos níveis emitidos em 1990, para dióxido de carbono (CO_2), metano (CH_4) e óxido nitroso (N_2O), e aos níveis de 1995 para hexafluoreto de enxofre (SF_6) e famílias de hidrofluorcarbonos (HFC) e perfluorcarbonos (PCF). Como forma de viabilizar essas intenções, foram definidos três instrumentos econômicos para permitir que os países industrializados alcancem suas metas individuais de limitação ou redução de emissões:

a) Comércio de Emissões, somente entre países do Anexo B (artigo 17 do Protocolo);

b) Implementação Conjunta, somente entre países do Anexo I (artigo 6º do Protocolo); e

c) Mecanismo de Desenvolvimento Limpo, entre países do Anexo I e Não-Anexo I (Artigo 12 do Protocolo).

1.10.1. O Protocolo de Kyoto

O Protocolo de Kyoto entrou em vigor em 16.2.2005, quando mais de 55% dos países signatários o ratificaram (aprovação pelo Congresso e Governo de cada país) e foi conseguida a adesão de países que fossem responsáveis por pelo menos 55% das emissões totais de dióxido de carbono em 1990, do grupo de países industrializados. O último país a aderir foi a Rússia, considerada responsável pela sua viabilização. O Brasil havia ratificado o Protocolo de Kyoto em 20.6.2002.

Comentaremos o terceiro mecanismo, por apresentar maior interesse ao Brasil. Em termos históricos, consideramos que foi um instrumento econômico importante usado para reduzir emissões dos principais gases causadores do efeito estufa. É possível que o Acordo de Paris estabeleça um arranjo semelhante para o futuro (após 2020).

O chamado "Mecanismo de Desenvolvimento Limpo", ou *Clean Development Mechanism*" (CDM), foi proposto a partir de uma ideia apresentada pelo Brasil, qual seja, a de que deveria ser constituído um Fundo de Desenvolvimento Limpo pelos países desenvolvidos emissores para financiar projetos ambientais nos países em desenvolvimento, no caso de não serem atingidas as metas de redução consentidas entre as Partes pelos países emissores, de acordo com o Princípio do Poluidor-Pagador. Essa proposta evoluiu em outra direção, a de que um país desenvolvido que financiasse um projeto no país em desenvolvimento poderia contar como crédito as emissões reduzidas, e descontar esse valor de suas obrigações de redução.

A concepção desse mecanismo econômico parte do princípio de que é mais eficiente, do ponto de vista de custos, realizar as reduções de emissões em alguns países, ou em algumas atividades específicas, do que simplesmente forçar reduções em locais ou atividades onde seja antieconômico fazê-lo. Por exemplo, reduzir uma tonelada de emissões em uma termoelétrica a carvão na Alemanha pode ser muito caro. Essa mesma tonelada pode ser reduzida, de alguma forma, a um custo muito mais baixo, por exemplo, no Brasil. Pode ser retirada uma tonelada de CO_2 da atmosfera, a um custo muito mais baixo, por exemplo, plantando-se florestas. Nessas atividades, haveria uma compensação financeira por parte daqueles que deveriam reduzir emissões aos que a reduziram por eles, num mecanismo em que estes últimos "venderiam" o direito de emissões de quantidades equivalentes a outros países que precisassem comprovar reduções. Essas transações seriam negociadas entre empresas, ou em bolsas especializadas, e são chamadas de **Reduções Certificadas de Emissões** (RCEs) ou **Créditos de Carbono**, ajustando-se o preço de acordo com a oferta e a demanda, ou seja, por um mecanismo de mercado. As primeiras negociações foram feitas cotando-se 1 tonelada de CO_2 retirado por cerca de US$10,00, porém esse valor chegou a atingir cerca de US$30,00 por tonelada.

Uma série de projetos podiam ser candidatos a gerar créditos de carbono, sendo citados alguns exemplos:

a) construção de aterros sanitários ou sua adaptação de forma a coletar o metano gerado pela decomposição do lixo. O metano emitido para a atmosfera gera um efeito de aquecimento equivalente a 21 vezes o mesmo volume emitido em gás carbônico. Portanto, um projeto que realize a coleta de metano, utilizando-o para geração de energia, torna-se um projeto válido de redução de efeito-estufa (de 21 vezes mais que o mesmo volume de CO_2). Com exemplo, cita-se o "Projeto de Aproveitamento do Biogás de Aterro Sanitário", pela empresa Nova Gerar, em Nova Iguaçu, Rio de Janeiro (1.895.256 tCO_2e – toneladas de CO_2 equivalentes, com duração de 7 anos);

b) projetos de substituição de combustível, nos quais é realizada a troca de combustíveis fósseis por combustíveis renováveis. Por exemplo, na Petroflex, em Duque de Caxias, RJ, com 206.774 tCO_2e, em 7 anos;

c) projetos de Pequenas Centrais Hidroelétricas (PCHs), por exemplo, o Projeto Brascan, que atenderá a municípios do RS, PR, MG e MT, de 2.620.519 tCO_2e, em 10 anos;

d) projetos de cogeração de energia com biomassa, por exemplo, o Projeto da Piratini Koblitz Energia S.A., em Piratini, RS, com 1.221.334 tCO_2e, em 7 anos;

e) projetos de florestamento e reflorestamento, como o projeto de reflorestamento usando espécies nativas nos reservatórios do AES-Tietê, para municípios de São Paulo, de 5.287.550 tCO_2e, em 30 anos.

O Protocolo de Kyoto teve sua validade prolongada até 2020, sendo substituído pelo Acordo de Paris. Neste acordo é previsto um "Mecanismo do artigo 6.4 do Acordo de Paris", originalmente denominado "Mecanismo de Desenvolvimento Limpo". Os países ainda estão discutindo como implementá-lo, mas imagina-se que será semelhante ao do MDL, razão pela qual iremos descrever, a seguir, os estágios para aprovação dos projetos:

1° estágio: **Elaboração** do projeto. Esta etapa é realizada pelas empresas participantes do projeto, que pretendem se beneficiar do mecanismo. É preparado o Documento de Concepção do Projeto (DCP), em formato padronizado, definido pelo Comitê Executivo do MDL, contendo todas as informações necessárias para a validação, registro, monitoramento e certificação das atividades do projeto. São definidas, com detalhes, as atividades do projeto, a metodologia, a linha de base e o período de geração do crédito.

2° estágio: **Validação** do projeto, pela Entidade Operacional Designada (EOD). Essa entidade usualmente é uma empresa certificadora cadastrada oficialmente no Comitê Executivo do MDL e responsável pela validação do DCP. A EOD irá revisar o documento de concepção do projeto, verificará o atendimento de algumas exigências como a *voluntariedade* (assume-se que somente serão aceitos projetos voluntários, ou seja, aqueles em que a empresa não seria obrigada a realizar, por força de lei – por exemplo, não seria aceito um projeto de recuperação de matas ciliares, já que isso é obrigatório). A EOD avalia também os impactos ambientais acarretados, a adequação da metodologia para definir a linha de base, o plano de monitoramento e os grupos de interesse.

3º estágio: **Registro** do projeto na Comissão Interministerial de Mudança Global do Clima, que é a Autoridade Nacional Designada (AND), atuando como entidade do governo brasileiro responsável por definir critérios e indicadores de sustentabilidade para os projetos, elaborar análises e pareceres sobre os projetos elegíveis ao MDL e aprovar ou não esses projetos, segundo os critérios definidos. Essa Comissão é composta por representantes de nove ministérios, sendo presidida pelo Ministro da Ciência e Tecnologia. A seguir, o projeto é enviado para avaliação e registro no Comitê Executivo (CE) do MDL, em Bonn (Alemanha).

4º estágio: **Implementação** do Projeto, pelas empresas.

5º estágio: **Monitoramento** do projeto e dos resultados, pelas empresas.

6º estágio: **Emissão de Relatório** de demonstração dos resultados, pelas empresas.

7º estágio: **Verificação** das reduções de emissão, pela Entidade Operacional Designada.

8º estágio: **Certificação** das Reduções de Emissão ou sequestro de carbono obtidas, pelo Comitê Executivo (CE) do MDL, com apoio a Entidade Operacional Designada.

9º estágio: **Emissão** dos Certificados de Redução de Emissões (CREs), também conhecidos como Créditos de Carbono, pelo Comitê Executivo.

A negociação dos créditos de carbono entre a empresa proponente do projeto e algum interessado (empresas de países que tenham compromissos de redução, governos e até mesmo bancos) pode ocorrer em qualquer um dos estágios acima apresentados. Quanto antes ocorrer essa negociação, menor o preço para o comprador, pois ele passa a assumir os riscos juntamente com o proponente do projeto, quanto aos resultados efetivos. Observa-se que, atualmente, muitos bancos comerciais mostram interesse em comprar créditos, com o intuito de negociá-los com os seus clientes, mais tarde, logicamente auferindo lucros nessas transações.

O Protocolo de Kyoto foi prorrogado de 2012 até 2020, portanto o processo do Mecanismo de Desenvolvimento Limpo foi válido apenas até essa data.

1.10.2. A Convenção de Paris

Em dezembro de 2015, houve a reunião da COP-21, na qual 195 países se envolveram em profundas discussões sobre a necessidade de reduzir emissões de gases causadores do efeito estufa. A forma definida em votações foi diferente daquela adotada no Protocolo de Kyoto, até então considerada a mais adequada. Em Paris, no documento denominado "Convenção de Paris", ficou mantido o princípio de responsabilidades comuns, mas diferenciadas, mas cada país fixará as suas metas de redução emissões, chamadas de *Contribuições Nacionalmente Pretendidas Determinadas* (INDC, em inglês). As revisões dessas contribuições serão feitas em ciclos sucessivos, de 5 e 10 anos. O Acordo convida os países a desenvolver estratégias de baixo carbono (Artigo 4.19). Ele requer a adesão de 55 países que cubram 55% das emissões de GEE (em relação aos valores atualizados, comunicados) (Artigo 21); O seu Artigo 5.2 prevê o pagamento por resultados (redução de desflorestamento, retenção de estoques de carbono e manejo sustentável). Os países desenvolvidos deverão investir US$100 bilhões por ano em medidas de controle às mudanças climáticas. No Artigo 6º do acordo, prevê-se a criação de um mecanismo de mercado, chamado de "Mecanismo do Artigo 6.4" (sucederá o MDL). Assim, continuará a existir uma forma financeira de colaborar para a redução de gases do efeito estufa.

O Brasil responde por 2,5% das emissões globais, segundo as avaliações feitas. Ele comprometeu-se a reduzir as emissões de gases de efeito estufa em 37% abaixo dos níveis de 2005 (ponto de referência), até 2025. Foi informada uma contribuição indicativa subsequente de reduzir as emissões de gases de efeito estufa em 43% abaixo dos níveis de 2005, até 2030. A abrangência engloba todo o território nacional, para o conjunto da economia, incluindo CO^2, CH4, N2O, perfluorcarbonos, hidrofluorcarbonos e SF_6. Verificamos que o horizonte temporal estabeleceu metas para o ano de 2025; os valores indicativos de 2030 foram informados apenas para referência.

Como métrica, foi considerado o *Potencial de Aquecimento Global em 100 anos* (GWP-100) usando valores do IPCC AR5. Por exemplo, 1 tonelada de metano emitido para a atmosfera equivale, em termos de retenção de calor, a 21 ton. de CO_2.

Quanto às florestas, existem metas de restauração de 12 milhões de hectares (para facilitar a compreensão, 1 há = 10.000 m², é aproximadamente a área de um campo de futebol);

Em 2015, no Brasil, a cana de açúcar ocupou cerca de 5 milhões de hectares (Mha) e árvores para produzir celulose ocuparam cerca de 12 Mha. Verificamos que essas metas são bastante ambiciosas. Como restaurar 12 Mha? Quanto custa reflorestar 12 Mha?

Segundo o Instituto Escolhas, esse custo será de cerca de R$52 bilhões (3,7 bilhões durante 14 anos).

O Acordo foi ratificado pelo Brasil em 12.09.2017.

Verificamos também que será necessário implementar o Código Florestal (marco regulatório ambiental e social) e estimular o uso de instrumentos econômicos, tais como incentivos para pagamentos por serviços ambientais (suprimento de água, captura de carbono, regulação de chuvas, fertilidade dos solos, polinização etc.). Também será necessário rever a Lei nº 12.187 de 29.12.2009, que instituiu a Política Nacional sobre Mudança do Clima, em função dos compromissos assumidos pelo Brasil na Convenção de Paris.

Resumindo, como a meta declarada do Brasil (INDC) foi de reduzir 37% das emissões até 2025 (em relação aos níveis de 2005) e 43% até 2030, e, ao verificarmos que as emissões do Brasil em 2005 foram de 2,1 Gton CO_2eq, o Brasil assumiu metas de reduzir 1,3 Gton CO_2eq até 2025 e 1,2 Gton CO_2eq até o ano de 2030.

1.10.3. Possibilidade de ações visando conter o aquecimento global

Existem muitas ações possíveis que podem ser tomadas para conter o aumento da temperatura, sendo que algumas delas já estão sendo realizadas por alguns países. Como medidas para reduzir os efeitos do aquecimento, poderíamos considerar as medidas chamadas de adaptação e mitigação.

Adaptação às mudanças climáticas: refere-se aos ajustamentos nos sistemas humanos e naturais, em resposta às variações climáticas, hoje existentes ou esperadas, com o objetivo de reduzir os prejuízos ou explorar as oportunidades benéficas (definição baseada no IPCC).

Adaptação antecipatória: tomar as ações em preparação às mudanças climáticas.

Adaptação reativa: tomar as ações somente quando os efeitos das mudanças climáticas estiverem ocorrendo.

O aumento da temperatura global pode afetar vários setores:

- **Fornecimento de água**: redução da disponibilidade em muitas regiões e excesso de água em outras;
- **Ecossistemas**: aumento do risco de extinção de espécies, morte de corais em recifes;
- **Alimentos**: redução da produtividade de safras agrícolas;
- **Regiões costeiras**: danos à costa, por elevação do nível do mar, riscos aos manguezais, risco a populações e instalações;
- **Saúde**: aumento de doenças e mortalidade por doenças (cardiorrespiratórias, diarreia) e aumento de vetores (mosquitos da dengue, chikungunya, zika, malária). Mortes por ondas de calor;
- **Clima**: aumento de intensidade e frequência de furacões, ciclones, alagamentos, secas, extremos de temperatura.

Podemos citar alguns exemplos de ações de adaptação aos efeitos das mudanças climáticas:

- adaptação a alagamentos na costa em Samoa;
- reflorestamento e contenção de encostas em favelas no RJ, Brasil;
- redução do risco de rompimento do lago glacial Tsho Rolpa, no Nepal (ver sites da Internet);
- desenvolvimento de culturas mais resistentes a temperaturas mais altas e a ataque de insetos. Diversificação de culturas. Controle de erosão. Desenvolvimento de sistemas de alarme antecipado;

- fornecimento de água potável para comunidades costeiras em Bangladesh, para reduzir problemas com a água salinizada por elevação do nível do mar;
- estabilização da dinâmica de rios e cursos d'água em Burundi, Mauritânia e Moçambique;
- infraestrutura de proteção de zonas costeiras, em relação à elevação do nível do mar, na Holanda e Ilhas Maldivas;
- medidas educativas visando adaptação: inclusão em currículos escolares, treinamento de professores, fornecimento de material didático;
- obras para redução de alagamentos em cidades: redes de drenagem, limpeza de bueiros, regularização de córregos e rios, piscinões;
- estocagem de água para garantia de abastecimento em épocas de grande escassez (represas e açudes).

No Canadá, observamos a existência de um problema de acesso a comunidades longínquas nos territórios do noroeste, que não dispõem de estradas comuns. Por paradoxal que possa parecer, o acesso a estas comunidades, para abastecê-las de combustíveis, retirar madeira explorada e abastecer de gêneros, é feita por meio de estradas de gelo, normalmente entre janeiro e abril. Existem cerca de 5.300 estradas de gelo, um exemplo é a estrada de gelo de Dettah, que cruza a Baía de Yellowknife. Entretanto, em vista do aquecimento global, o gelo está demorando a se formar e depois derretendo mais cedo, limitando muito o uso dessas estradas. Assim, os canadenses estão precisando construir estradas comuns para substituir as estradas de gelo, a um custo de US$280 mil por km e com muitas dificuldades técnicas. (Fonte: OESP, 7.5.2017)

Outro exemplo de ação de adaptação aos efeitos das mudanças climáticas que podemos citar ocorre na Holanda. A Holanda é um país em que grande parte de seu território é composto por terras muito baixas, que foram recuperadas de pântanos ou mesmo do mar, com a instalação de diques e o bombeamento da água para fora (o nome do país é Nederlanden, ou Pays Bas, em francês ou Netherlands em inglês, todos significando países baixos).

O controle de alagamentos na Holanda tem grande importância para a população, é um requisito de sobrevivência. Em termos de problema (aumento do nível do mar em situações normais ou em tempestades) é considerada a existência de uma alta exposição aos eventos naturais, alta sensitividade, porém o país tem uma alta capacidade de adaptação (por se tratar de um país rico, com muita experiência em tratar desse problema), e, portanto, baixa vulnerabilidade quanto a mudanças climáticas.

Grande parte Holanda seria alagada se não existissem os diques.

Entretanto, tem-se verificado que, nas últimas décadas, tem ocorrido um aumento do nível do mar, e que os diques comuns, mais antigos, não estão sendo suficientes para proteger a costa. Assim, foram implantados grandes projetos de engenharia para conter os alagamentos, como o projeto Delta, em Oosterscheldekering, inaugurado pela rainha Beatrix em 4.10.1986. Trata-se de um sistema de defesa contra a elevação do nível do mar e aumento de tempestades na costa, composto por 9 km de barreiras.

A Figura 1.50 mostra uma foto desse empreendimento.

Figura 1.50 - Barreiras na Holanda para proteção da costa
(Ref: https://nl.wikipedia.org/wiki/Oosterscheldekering)

Mitigação aos efeitos da mudança climática

A **mitigação** aos efeitos da mudança climática consiste nos esforços para reduzir ou prevenir as emissões de gases do efeito estufa, ou para aumentar a sua remoção (sequestro) da atmosfera por sorvedouros.

Podemos citar alguns exemplos de opções de mitigação:

- **Área de energia**: maior uso de energias renováveis, substituindo a queima de combustíveis fósseis por hidroeletricidade, solar, eólica, biocombustíveis; melhorar a eficiência energética das instalações industriais e residenciais;

- **Área de transportes**: veículos mais eficientes, uso de fontes energéticas alternativas (biocombustíveis, diesel com menos enxofre, melhor transporte público (trem, metrô, ônibus), transporte não motorizado (bicicleta, caminhada).

- **Área de edificações**: uso mais eficiente de iluminação (natural), equipamentos de refrigeração e aquecimento mais eficientes, melhor isolamento térmico, uso de sistemas fotovoltaicos solares, aproveitamento de materiais e água (LEED).

- **Indústria**: tecnologias mais eficientes reduzindo emissões, reciclagem de materiais, reúso, recuperação de calor e energia.

- **Agricultura**: melhores técnicas de uso de fertilizantes reduzindo emissões de N_2O, redução de emissão de metano, recuperação de solos degradados, controle de erosão, práticas agroflorestais (culturas + gado + matas), manejo adequado do solo.

- **Florestas**: reduzir o desmatamento, promover o reflorestamento, escolher espécies que retenham biomassa e sequestrem mais carbono.

- **Manejo do lixo**: recuperação de metano em aterros sanitários, compostagem, reciclagem, estímulos à redução do lixo, tratamento de chorume.

1.11 - O MEIO AMBIENTE COMO OPORTUNIDADE DE NEGÓCIOS

A atividade econômica vem se beneficiando de uma maior atenção ao meio ambiente por parte dos governos e das pessoas em geral.

Novos produtos "ambientalmente corretos" surgem a cada dia para disputar o mercado, equipamentos ligados ao controle de poluição ou para combater seus efeitos têm tido aumento espantoso de vendas, criando-se novas oportunidades de negócios e de empregos. O meio ambiente, por si só, criou um enorme mercado para equipamentos e serviços. Os países mais desenvolvidos, para atender à demanda por uma melhor qualidade de vida, criaram normas mais rigorosas no tocante ao controle da poluição, fato que estimulou a indústria a desenvolver novos equipamentos e sistemas. Um grande crescimento deve ocorrer nos países em desenvolvimento, que representam 13% desse mercado, pois nesses países a situação ambiental é mais precária. No setor de serviços, a implantação de sistemas ISO 14.001 tem crescido e também a demanda por profissionais com conhecimento no assunto.

Atualmente, constatamos muitos desenvolvimentos tecnológicos diretamente associados ao meio ambiente: geração de energia elétrica por aerogeradores e painéis solares, desenvolvimento de carros e ônibus elétricos, alimentos orgânicos, novas técnicas agropecuárias, equipamentos elétricos e eletrônicos mais eficientes, entre outras possibilidades.

1.12 - OS PRINCIPAIS PROBLEMAS AMBIENTAIS BRASILEIROS

O Banco Mundial realizou, em 1998, um interessante estudo enfocando os principais problemas ambientais do Brasil[9], que utilizaremos como referência, procurando relacionar os aspectos econômicos e de gestão de custos. Apesar de emitido em 1998, observamos que esses problemas continuam existindo em março de 2023.

---

[9] Banco Mundial, Relatório nº 16635-BR. BRAZIL – *Managing Pollution Problems. The Brown Environmental Agenda*. Volume 1. Disponível em https://documents1.worldbank.org/curated/en/905241468231296587/pdf/166350v10PORTUGUESE0Brown0Agenda.pdf. Consultado em 20.03.2023

Segundo esse relatório, os principais problemas ambientais brasileiros são:

a) Falta de água potável e falta de esgoto nas casas e comunidades. Esse problema ocorre na maioria das favelas e construções das periferias das grandes cidades e nas zonas rurais mais pobres, sobretudo no interior do Nordeste, constituindo-se em um grande problema sanitário, pela quantidade de pessoas afetadas. As doenças de veiculação hídrica (diarreia, intoxicações etc.), segundo diversas fontes, representam a maior parte dos casos de internações hospitalares no Brasil.

b) Poluição do ar nas grandes cidades, principalmente em São Paulo e no Rio de Janeiro, basicamente por veículos e indústrias. Da mesma forma, afeta uma quantidade muito grande de pessoas.

c) Poluição de águas de superfície em regiões urbanas (rios, baías, praias), como resultado de descargas de esgoto e efluentes industriais. Resulta na impossibilidade do uso desse valioso bem natural e causa sérios problemas de saúde na população.

d) Falta da coleta de lixo em cidades e sua disposição imprópria em lixões.

e) Poluição industrial localizada, ou outras resultantes de atividades agrícolas, de mineração, de construção etc.

Observamos que a maioria desses problemas resulta da dificuldade dos governos em realizar um gerenciamento eficiente e pela falta de recursos financeiros para realizar as grandes obras de saneamento (água e esgoto) requeridas para melhorar as condições existentes. Constatamos que a água, sobretudo nas grandes cidades, vem se tornando um recurso escasso e cada vez mais caro, ao mesmo tempo em que observamos grandes desperdícios por falta de consciência ambiental da população ou problemas decorrentes da falta de manutenção das redes de distribuição. É cada vez mais difícil e caro realizar a captação de água de boa qualidade, às vezes necessitando-se trazê-la de longas distâncias para atender a populações cada vez maiores dos grandes centros urbanos. A maioria das estações de tratamento está recebendo água de baixa qualidade, resultando em custos cada vez mais elevados para deixá-la em boas condições para uso da população. A descarga de esgoto e outros poluentes é a maior responsável por esse problema, além da ocupação desordenada de regiões de mananciais. Constatamos uma excessiva dependência de financiamentos externos para a realização das obras requeridas e, pela falta de recursos do governo, há uma tendência de que a iniciativa privada aumente sua participação nesse tipo de serviço (tratamento e distribuição de água).

O controle da poluição é feito pelos órgãos ambientais, com base em um conjunto bastante completo de leis e regulamentos. Em alguns estados essa ação é bastante efetiva, em outros ela é menos presente, porém observa-se que não há uma constância nas metas, que necessariamente têm que ultrapassar o mandato dos governantes e seguir um Plano Diretor de longo prazo, com continuidade administrativa. A variável econômica está presente continuamente nesse processo, pois é necessário o uso de instrumentos econômicos na avaliação dos projetos, montagem do Plano Diretor e atribuição de responsabilidades bem claras entre os diferentes níveis do governo e das Agências Ambientais e instituições financiadoras.

Constatamos que quase todos os problemas mencionados possuem relacionamentos diretos com uma grande massa de população, sobretudo das grandes cidades e o governo. A população, como usuária dos bens ambientais (água, ar) e geradora de poluição em larga escala (esgotos); e o governo, como entidade de controle que procura inibir ocupação irregular do solo, degradação de mananciais, limitações ao excesso de veículos nas grandes cidades liberando emissões gasosas e, ao mesmo tempo sendo responsável por suprir o abastecimento de água, coleta e tratamento de esgotos e coleta e destino final do lixo. Com base nesse relatório, verificamos que a indústria e outras empresas são responsáveis pelo problema de menor prioridade na lista apresentada, com efeitos localizados. É bem verdade que, em muitos casos, a indústria tem boa parte da responsabilidade na poluição das águas de superfície, resultante do despejo de efluentes ou da poluição do ar nas grandes cidades. Constatamos, entretanto, que o maior esforço de fiscalização é justamente direcionado às atividades industriais, a maior parte das leis ambientais visa forçar a uma melhoria do desempenho industrial. Além disso, observamos que é no segmento empresarial que se situa a grande quantidade de organizações que adotam voluntariamente as normas e padrões que conduzem a um melhor desempenho ambiental, do tipo ISO 14.001 ou "Atuação Responsável".

CAPÍTULO 2
CUSTOS AMBIENTAIS

2.1 - IMPORTÂNCIA DA GESTÃO DE CUSTOS AMBIENTAIS

As empresas dependem fundamentalmente do meio ambiente, como fonte de matérias-primas e, também como receptáculo de seus resíduos, tratados ou não.

A grande maioria dos processos industriais que resultam em produtos e serviços de uma organização tem como entradas algumas matérias-primas, alguns componentes produzidos por outras empresas, embalagens, energia, água e requerem mão de obra. Como saídas desses processos existirão os produtos e serviços que serão vendidos, resíduos sólidos, efluentes líquidos e gasosos, energia em excesso a um valor considerado razoável e necessário, água em excesso. Observamos que na maioria dessas entradas e saídas do processo ocorrem impactos ambientais, ou seja, modificações no meio ambiente como um resultado das atividades, produtos e serviços. Muitas matérias-primas, para serem extraídas da natureza, como os minérios e madeiras, por exemplo, podem colaborar para o esgotamento de recursos não-renováveis, erosão, redução da cobertura vegetal e perdas de espécies. Os resíduos que se transformarão em rejeitos podem contaminar o solo e lençóis freáticos ao serem descartados indevidamente; os efluentes líquidos e gasosos podem causar poluição se não forem adequadamente tratados; pode haver o consumo anormal e exagerado de energia e água, por deficiências do processo. Lembramos que a energia provavelmente gerou impactos ambientais significativos ao ser gerada e a água de qualidade é um recurso natural cada vez mais escasso e valorizado.

A contabilidade ambiental, voltada ao levantamento de dados de custos e de variáveis físicas (volumes, massas) pode ser um elemento importante para a otimização dos processos.

O resultado esperado do processo consiste em realizar o uso eficaz de matérias-primas, água, energia e outros insumos, em uma situação na qual seja obtida a maior percentagem de uso desses materiais no produto final ou serviço. O custo das matérias-primas costuma ser um dos mais significativos na composição do custo final do produto. Quando se observa que uma parte razoável está se transformando em rejeitos e efluentes, bem como existe um consumo exagerado de energia e água, ou excesso de uso de mão de obra, fora de limites considerados normais, então será necessário rever e estudar os processos industriais, procurando melhorá-los. Seria uma situação em que teríamos ineficiências, perdas, desperdícios de matérias-primas, água e energia ou de outros insumos, perdas de energia (combustível) em transportes internos de produtos intermediários, eventualmente desnecessários e processos de limpeza ineficazes com perdas de água e energia.

Ao mesmo tempo em que se estuda os processos em termos físicos, é interessante estudar esses aspectos em termos de custos, para obter dados visando ao aumento de eficiência da organização.

A figura 2.1 sintetiza o texto acima.

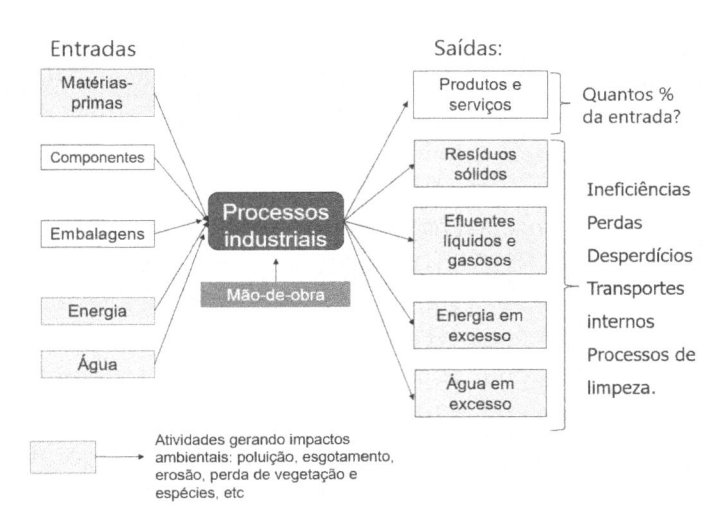

Figura 2.1 - Contabilidade ambiental auxiliando na identificação de desperdícios e perdas.

As empresas dependem também da Sociedade, cujas aspirações precisam ser atendidas (lembrando que sem a concordância da Sociedade, e violando-se seus interesses principais, a empresa não terá sustentação ao longo do tempo). Dessa forma, percebendo-se o interesse crescente em um meio ambiente sadio, as empresas estão passando a priorizar investimentos que não eram antes considerados, mesmo que o retorno não seja elevado no curto prazo, como é comum no caso dos investimentos ambientais. Em alguns desses investimentos, o retorno é mais lento como, por exemplo, a modificação de processos produtivos, adotando-se tecnologias mais limpas. Essas novas ideias, levando-se em conta esses aspectos sociais, hoje são consideradas no processo de tomada de decisões e na gestão estratégica das empresas.

Nenhuma empresa, no decorrer de seus processos de administração, realiza investimentos e dispêndios sem controle. Dessa forma, mesmo que a Diretoria esteja motivada para a realização de investimentos em melhorias de desempenho ambiental, que o Gerente Ambiental tenha apresentado excelentes motivos para a implantação de modificações em processos produtivos, em aquisições de equipamentos menos poluentes, na própria implantação de um Sistema de Gestão Ambiental (que exigirá mobilizar pessoas, elaborar procedimentos, auditorias, treinamentos etc.), nenhuma ação é aprovada pela Diretoria sem uma clara identificação dos custos envolvidos e sem uma quantificação do retorno desses investimentos para a empresa.

A gestão dos custos ambientais somente pode ser realizada com sucesso, conseguindo-se que três áreas da empresa (sobretudo estas) tenham uma boa compreensão comum das variáveis envolvidas no processo, exista motivação para realizar um bom trabalho no assunto e apoio da alta direção. Estas áreas englobam as pessoas da área de Gestão Ambiental (são especialistas no assunto e servem de elementos de ligação de todas as outras áreas da organização no tocante ao meio ambiente), a área financeira (que provê os recursos para investimentos e para o caixa, analisa a rentabilidade e o retorno dos investimentos e acompanha o orçamento) e a área contábil (processa os dados de custos ambientais, fornecendo elementos para análise e decisão).

Um investimento em melhoria ambiental precisa ser visto da mesma forma que qualquer outro investimento da empresa, devendo ser realizada uma análise de viabilidade técnico-econômica desse empreendimento. É muito difícil a defesa desses investimentos sem uma análise que mostre as alternativas, inclusive considerando a opção da sua não realização, com simulações e projeções para o futuro.

A maioria das empresas não conhece seus custos ambientais. Entretanto, esses custos existem e, muitas vezes estão difusos, mascarados por outros custos de gerenciamento da empresa. A primeira providência a ser tomada será avaliar os custos da qualidade ambiental, definindo uma metodologia que permita chegar à sua identificação e mensuração, separando os gastos por categorias, de modo a percebermos onde atuar no sentido de obter uma maior eficiência e, ao mesmo tempo, gerar subsídios ao planejamento estratégico da organização. Sugerimos utilizar, nesse trabalho, uma ferramenta denominada "método ABC – *Activity Based Costing*", que consiste em identificar os custos em cada atividade realizada de uma maneira sistemática, após uma definição das atividades ambientais (aspectos e impactos ambientais). Também será requerida a identificação dos locais da organização onde ocorrem essas atividades, determinação dos seus custos e identificação dos responsáveis pelos custos, ou pessoas com capacidade para autorizar as despesas.

É importante lembrar que, ao escolhermos determinados sistemas que irão proporcionar uma melhoria da qualidade ambiental, como a implantação de estações de tratamento de efluentes e de sistemas de filtragem, haverá a necessidade de desenvolver ou encomendar projetos, adquirirmos equipamentos, realizarmos construções civis (prédios, tubulações etc.) e realizarmos a montagem dos equipamentos e colocação em funcionamento, com a realização de testes de desempenho. Todas essas atividades geram custos e são analisadas com cuidado, até mesmo porque esses custos ficam bastante visíveis. Entretanto, é preciso lembrar que há uma série de outros custos, menos visíveis, que precisarão ser considerados, pois o que interessa é o custo total ligado àquela determinada atividade, ou seja, o custo ao longo do **ciclo de vida**. A figura mostrando um iceberg (com uma pequena parte visível e partes imensas não visíveis) ilustra melhor aquilo que expusemos:

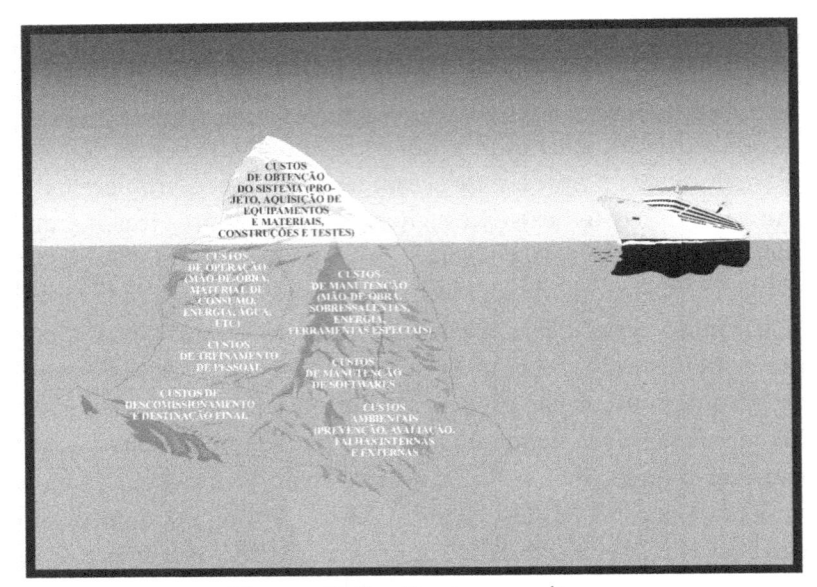

Figura 2.2 - Custos ocultos

Atualmente, com a nova revisão de 2015 da ISO 14.001, o compromisso com a proteção ambiental é um requisito essencial constante da Política Ambiental das organizações. Os gastos com a proteção ambiental podem ocorrer com diversos tipos de custos, aqui resumidos, e que serão comentados com mais detalhes mais à frente neste trabalho:

– custos preventivos, ou seja, gastos que são totalmente, ou exclusivamente requeridos para evitar a geração de resíduos e efluentes, por meio da modificação de processos produtivos, modificação de matérias-primas, aquisição de equipamentos para controle da poluição e seus custos de operação;

– custos de controle das emissões, por meio de administração dos processos, implantação de sistemas de gestão ambiental, monitoração dos processos, instalação de filtros e outras barreiras que impeçam ou reduzam os impactos ao meio ambiente;

– custos para tratar os resíduos e efluentes reduzindo o seu potencial de agressividade ao meio ambiente, e custo para disposição final dos rejeitos e efluentes;

– custos para remediação de áreas contaminadas internas e externas à organização e de redução de passivos ambientais.

Um trabalho mais aprofundado e que resulta em benefícios para a organização pode conduzir à determinação das causas responsáveis por determinados custos e a razão de sua existência. Veremos, com mais detalhes, mais adiante, a forma de realizar esta identificação e levantamento dos custos ambientais.

A qualidade ambiental, integrada ao sistema global da organização, pode e deve ser mensurada em termos de custos, embora existam, no início do processo, muitas dificuldades em se quantificar o que significa realmente "qualidade ambiental" e não seja uma tarefa fácil enquadrar os custos da qualidade ambiental nos sistemas contábeis normais da empresa. A linguagem dos custos, além de ser universal, é aquela mais compreendida pela alta direção, permitindo realizar as escolhas corretas e visualizar de forma precisa (quantificada) grande parte dos benefícios e lucros decorrentes para a empresa, como resultado da implantação dos programas de gestão ambiental.

Mesmo a obtenção de respostas qualitativas sobre custos, com classificação do tipo alto / médio / baixo, já resulta em benefícios, justificando a implantação de um Sistema de Gestão Ambiental (SGA) e de uma estrutura de controle de custos, vinculada aos aspectos ambientais. Esse trabalho irá mostrar quais são os setores ou áreas onde os custos são mais elevados, ou existem perdas maiores, demandando uma maior atenção do SGA. Implantada a estrutura de identificação de custos ambientais, as gerências poderão utilizar as informações obtidas para avaliar, selecionar e definir prioridades, realizando os investimentos que proporcionem os melhores retornos. Assim procedendo, é possível fixar os objetivos e metas incluindo a variável econômico-financeira. Ao se levar em conta os custos previstos na implantação de melhorias ambientais e o retorno do investimento, avaliado segundo técnicas de análise financeira (taxa interna de retorno, valor líquido presente etc.), os objetivos e metas com certeza serão apoiados de forma mais efetiva pela alta administração.

As melhorias ambientais previstas devem ser evidenciadas como uma mistura de atributos qualitativos (por exemplo, a satisfação dos clientes) com medidas de desempenho quantificáveis, de modo a permitirem uma correta seleção, ao longo do processo de tomada de decisão sobre o melhor investimento a realizar.

Como uma forma de aprimoramento da gestão, devem ser identificados os indicadores de desempenho ambiental aplicáveis. A ABNT NBR ISO 14.031 estabelece duas categorias de indicadores:

a) Indicadores de desempenho ambiental (IDA), categorizados em dois tipos:

a1) Indicadores de desempenho operacional (IDO), englobando dois aspectos ambientais: consumo de energia e consumo de matéria-prima; consumo de materiais; e, gestão de resíduos sólidos;

a2) Indicadores de desempenho de gestão (IDG), englobando dois aspectos ambientais: consumo de materiais e gestão de resíduos sólidos;

b) Indicador de condição ambiental (ICA), que considera os índices de qualidade da água e da qualidade do ar.

Conforme citados na Norma ISO 14.031 – "Avaliação de desempenho ambiental", alguns indicadores de desempenho ambiental, que podem ser utilizados nos processos produtivos e gerenciais são:

Implementação de políticas e programas:

- Número de objetivos atingidos;
- Número de unidades organizacionais que estejam atingindo objetivos ambientais;
- Número de iniciativas implementadas para prevenção da poluição;
- Número de empregados treinados versus o número que necessita de treinamento;
- Número de sugestões dos empregados para a melhoria ambiental;
- Número de fornecedores e prestadores de serviço consultados sobre questões ambientais;
- Número de produtos projetados para facilitar a desmontagem, reciclagem e reutilização;
- Número de produtos com instruções relativas ao uso e disposição final ambientalmente seguros.

Conformidade:

- Grau de atendimento a regulamentos;
- Tempo para responder ou corrigir os incidentes ambientais;
- Número de ações corretivas identificadas que foram encerradas ou as que ainda não foram encerradas;
- Número de multas ou penalidades ou os custos a elas atribuídos;
- Número de auditorias concluídas versus planejadas;
- Número de constatações de auditorias por período;
- Frequência de revisões dos procedimentos operacionais;
- Número de exercícios de simulação de emergência realizados.

Desempenho financeiro:

- Custos (operacional e de capital) associados com os aspectos ambientais de um processo ou serviço;
- Retorno sobre o investimento para projetos de melhoria ambiental;
- Economia obtida com a redução do uso de recursos, da prevenção de poluição ou da reciclagem de resíduos.

Relações com a comunidade:

- Número de consultas ou comentários sobre questões relativas ao meio ambiente;
- Número de reportagens da imprensa sobre o desempenho ambiental da organização;
- Número de programas educacionais ambientais ou materiais fornecidos à comunidade;
- Recursos aplicados para apoiar os programas ambientais da comunidade;
- Número de locais com relatórios ambientais;
- Número de locais com programas de vida selvagem;
- Índices de aprovação em pesquisas na comunidade.

Indicadores de desempenho operacional:
Materiais:

- Quantidade de materiais usados por unidade de produto;

- Quantidade de materiais processados, reciclados ou reutilizados que são usados;
- Quantidade de materiais de embalagem descartados ou reutilizados, por unidade de produto;
- Quantidade de água por unidade de produto;
- Quantidade de água reutilizada;
- Quantidade de materiais perigosos usados nos processos de produção.

Energia:
- Quantidade de energia usada por ano ou por unidade de produto;
- Quantidade de cada tipo de energia que foi utilizada;
- Quantidade de energia gerada com subprodutos ou correntes de processo.

Serviços de apoio às operações da organização:
- Quantidade de materiais perigosos usados pelos prestadores de serviço contratados;
- Quantidade de produtos de limpeza usados pelos prestadores de serviço contratados;
- Quantidade e tipo de resíduos gerados pelos prestadores de serviço contratados.

Instalações físicas e equipamentos:
- Número de situações de emergência (por exemplo: explosões) ou situações não rotineiras (exemplo: paradas operacionais) por ano;

Resíduos:
- Quantidade de resíduos por ano ou por unidade de produto;
- Quantidade de resíduos perigosos, recicláveis ou reutilizáveis produzidos por ano;
- Quantidade de resíduos para disposição;
- Quantidade de resíduos armazenados no local;

- Quantidade de resíduos perigosos eliminados, graças à substituição de material.

Emissões:
- Quantidade de emissões específicas por ano;
- Quantidade de emissões específicas por unidade de produto;
- Quantidade de emissões atmosféricas com potencial de aquecimento global;
- Quantidade de emissões atmosféricas com capacidade de degradação da camada de ozônio;
- Quantidade de material específico descarregado na água, por unidade de produto.

Outros indicadores de desempenho ambiental:
Além dos indicadores apresentados acima, com base nos conceitos de contabilidade e classificações sugeridas para os custos ambientais podemos sugerir outros indicadores de desempenho ambiental, como, por exemplo:
- Perdas ambientais da organização = perdas ambientais / ativo total
- Custos ambientais operacionais = custos ambientais / receita operacional
- Investimentos ambientais operacionais = investimentos em prevenção / ativo imobilizado
- Remediação e prevenção = gastos com remediação / gastos com prevenção
- Coeficiente de investimentos ambientais = investimentos no SGA / investimentos totais.
- Nota: estes exemplos foram baseados em trabalhos de Paiva (2006) e Callado e Callado (2009).

Os custos altos ou indicadores de desempenho fora de padrões normais podem significar a existência de problemas organizacionais graves, comprometendo a própria sobrevivência da empresa, ou afetando as margens de lucro esperadas para o negócio com aquela determinada taxa de risco. Os relatórios contábeis irão proporcionar um bom auxílio, mostrando que pode estar ocorrendo um problema em uma determinada área, porém eles, por si só, não irão resolver o problema. Comparando, imagine a situação de uma pessoa doente, que suspeita estar com febre, ao colocar um termômetro para medir sua temperatura ela verifica que está com 39°C. A medição pelo termômetro não irá resolver o problema. A partir desse dado, o problema do médico será descobrir qual a causa da febre, onde está ocorrendo o processo infeccioso, de forma a poder receitar o remédio correto. Aqui é a mesma coisa. Observando custos altos, que nos parecerão anormais, fica mais fácil partirmos para uma análise detalhada do problema e suas causas e prepararmos um Plano de Ação para solucioná-lo a contento. Os custos e indicadores de desempenho, avaliados em conjunto, servem, assim, como um alarme para a existência do problema.

É importante lembrar que os resultados de melhorias da qualidade ambiental podem demorar certo tempo, podendo ocorrer desmotivação das equipes e falta de apoio da administração. Os programas de prevenção, envolvendo treinamento e motivação, costumam ser demorados e sua real assimilação pela empresa é lenta. Esse fator pode ser ampliado se houver outras causas de insatisfação e desmotivação (problemas salariais, desemprego, relacionamentos internos difíceis etc.). Os grandes investimentos em melhorias ambientais exigem projeto longo, aquisições de materiais, obras de engenharia e montagem, com os resultados somente aparecendo em outros exercícios financeiros, aumentando o "custo ambiental" presente sem um retorno em curto prazo. Em empresas que priorizam projetos de retorno mais rápido, alguns projetos ambientais podem ser sempre postergados, sem ganhar prioridade, e as consequências podem ser ruins, quando, mais tarde, a empresa for submetida a fiscalizações por parte de órgãos ambientais, por exemplo, e serem constatadas desconformidades legais. Como conciliar esses fatores para aumentar a motivação? Tarefa difícil, que caberá aos gerentes a solução mais apropriada.

O maior problema enfrentado pela indústria com relação aos custos ambientais refere-se à dificuldade, senão impossibilidade de repassá-los. Embora o consumidor exija produtos e processos mais limpos, ele usualmente não concorda em pagar os custos por esse diferencial.

Esse ônus pode deixar a empresa menos competitiva em relação às empresas que pouco investirem nesse terreno.

Ainda, refletindo sobre a questão de custos, é interessante lembrar que, até poucos anos atrás, o preço de venda do produto era definido pela empresa somando-se os custos (quanto realmente foi gasto para fabricar os produtos, mais despesas de vendas etc.) ao lucro desejado (normalmente um índice, 20 ou 30%, ou mais se a empresa conseguisse), chegando-se assim ao preço desejado. Essa situação era possível em um mercado protegido e com uma uniformidade relativa de preços entre os fabricantes (preços combinados entre eles, preços determinados pelo governo, protecionismo contra importações etc.), processo facilitado pela existência de uma inflação elevada que mascarava e absorvia ineficiências.

A situação atual é outra. A globalização da economia fez com que exista uma forte concorrência internacional, com produtos oferecidos a preços mais competitivos. Assim sendo, em uma economia com inflação baixa, os preços reais médios passaram a ser conhecidos pelos consumidores e grandes compradores, que podem, desse modo, influenciar de forma ativa a fixação do preço de venda dos produtos. O preço de um produto é fixado pela sociedade, pelo valor que ela atribui a esse bem, por comparação com os preços de outros produtos de que ela tem necessidade, olhando-se para a oferta. Se o industrial não tem uma força de pressão e porte para influenciar significativamente na fixação dos preços, ele tem que se adequar para produzir com menor custo. O empresário, com a participação de seu pessoal de engenharia, de compras e de produção, consegue definir o custo dos insumos e dos investimentos (entre os quais os investimentos ambientais, chegando ao custo do seu produto). Com o auxílio do pessoal de vendas, consegue definir o preço daquele produto no mercado (função da concorrência) e, só assim ele consegue definir a rentabilidade. Assim, tendo sido fixado o preço de venda e estabelecida uma margem mínima de lucro, o produtor, mais do que nunca, precisa reduzir o custo dos produtos. A variável ambiental colabora com esse esforço, por meio de reduções de desperdício de matérias-primas, energia, multas e custos de remediação decorrentes de uma postura ambiental displicente.

2.2 - SISTEMAS DE GESTÃO AMBIENTAL E CUSTOS AMBIENTAIS

As empresas que tratam com descaso seus problemas ambientais tendem a incorrer em custos mais elevados com multas, sansões legais, além da perda de competitividade de seus produtos, em um mercado cujos consumidores valorizam, cada vez mais, a qualidade de vida e, consequentemente, produtos e processos produtivos em harmonia com o meio ambiente. A situação é contrária àquela imaginada, de que os custos ambientais podem inviabilizar a empresa ou reduzir seus lucros.

Todas as atividades realizadas visando à melhoria de processos ou produtos com relação ao meio ambiente acarretam o dispêndio de recursos financeiros. A própria existência de um Sistema de Gestão Ambiental (SGA) envolve custos de mão de obra provenientes de várias áreas da empresa para atuação no planejamento do processo, por meio da identificação de aspectos e impactos ambientais, fixação de objetivos e metas, definição de um Plano de Ação. Também serão considerados os custos com laboratórios de ensaios contratados, custos com treinamentos, custos com auditorias, entre outros custos. Entretanto, com a implementação de um SGA, é possível reduzir os custos de conformidade e uma redução de riscos, o que se reflete também em custos.

Os custos operacionais são reduzidos pela eliminação de perdas e desperdícios e pela racionalização no uso dos recursos humanos, físicos e financeiros, redução de acidentes e de passivos ambientais. Isso se reflete em menores despesas com as ações a serem tomadas em emergências e ações corretivas da instalação realizadas após as emergências, redução das despesas com ações legais decorrentes de acidentes, benefícios não mensuráveis com relação à melhoria da imagem da empresa, maior aceitação do produto pelo mercado e melhor funcionamento interno da empresa, decorrente da maior motivação das pessoas.

Para analisarmos a questão dos custos e refletirmos sobre as prioridades com que devem ser realizados os investimentos, será necessário respondermos:

- quais são os aspectos ambientais que impõem os maiores custos para a organização; priorizaremos aqueles de maior custo para uma análise cuidadosa;
- quais são os requisitos da legislação que impõem os maiores custos para a organização;
- quais são as atividades de maior risco, portanto passíveis de impor os maiores prejuízos financeiros; lembramos que risco é sempre uma associação de dois fatores: a gravidade da consequência, caso ocorra aquele evento (liberação do efluente ou resíduo para o meio ambiente, em liberação normal ou acidental) e a probabilidade ou frequência com que ocorre aquela liberação;
- quais são os elementos do SGA que acarretam os maiores custos (treinamento, comunicações, auditorias, planos específicos para cumprir objetivos e metas etc.);
- quais são os elementos que oferecem as melhores possibilidades relacionadas a ganhos financeiros e com potencial para a redução de custos.

Imaginemos uma situação em que a alta direção da empresa deseja melhorar o seu desempenho ambiental. Esse propósito poderá ser atingido de várias maneiras, por exemplo, realizando investimentos isolados que resultem em alguma melhoria, realizando estudos mais profundos que analisem a fundo os processos e indiquem uma prioridade para as ações, ou, o que tem sido mais comum, implantando um Sistema de Gestão Ambiental, seguindo uma determinada norma técnica, por exemplo, a ABNT NBR 14.001:2015. A adoção da norma apresenta inúmeras vantagens, pois ela prevê a realização de um processo estruturado e organizado de administração, idealizado por milhares de horas de cabeças pensantes de todo o mundo, que se reuniram e trabalharam na busca de uma ferramenta simples e eficaz para implementar as melhorias pretendidas. Ao mesmo tempo, por se tratar de um processo padronizado, ficará muito fácil o diálogo com profissionais de outras empresas e, em última análise, com o próprio público, que hoje já tem uma boa noção sobre o significado da norma e seus requisitos. O grupo designado pela alta administração para implementar a norma (em princípio interessando, ou não, a obtenção de certificação) irá trabalhar exaustivamente no próprio conhecimento sobre os processos e produtos da empresa, bem como nos rejeitos e efluentes resultantes dos processos produtivos. Esse trabalho consistirá na realização de um diagnóstico ambiental, que irá revelar a situação atual da empresa. Trata-se de um processo semelhante àquele em que um médico realiza um exame completo e pesquisa todas as condições físicas de um paciente quando ele entra em seu consultório, antes de ir receitando os remédios. A fase seguinte, de planejamento, irá explorar melhor a definição dos aspectos e impactos ambientais, a fixação dos objetivos ambientais ("onde" se quer chegar, com ações derivadas de uma filosofia advinda da política ambiental da empresa) e a preparação de um Plano de Ação, ferramenta que será acompanhada por todos na organização ao longo da implantação do sistema. Nessa ocasião, já estarão delineados todos os elementos principais de custos, que serão desenvolvidos em maior nível de detalhes para apresentação dos orçamentos à alta direção, que, em última análise, é quem decide sobre o rumo estratégico da empresa e as prioridades de investimentos. Outro livro de minha autoria, "Qualidade e Gestão Ambiental", (MOURA, 2023), mostra com detalhes esse processo. Para que esse trabalho seja bem feito, será necessário compreender os custos ambientais da organização e verificar o valor do SGA na sua contribuição para o valor da empresa. Para isso, sugere-se:

a) verificar o interesse de seus clientes para que a empresa tenha um bom desempenho ambiental ou obtenha a certificação ISO 14.001;

b) implantar tarefas de identificação de custos, logo nas atividades iniciais de planejamento e implantação de um SGA;

c) analisar, inicialmente, os custos de uma forma grosseira (análise mais qualitativa) e acrescentar detalhes quantitativos mais precisos ao longo do tempo, para as categorias mais significativas em custo;

d) examinar os custos intangíveis (ocultos), definição que apresentaremos mais adiante;

e) aplicar técnicas de análise financeira para selecionar as opções de melhorias ambientais e selecionar objetivos e metas;

f) identificar indicadores de desempenho quantificáveis, nos quais sejam utilizadas informações de custos ambientais.

É importante que exista a possibilidade de comparar os custos ambientais da empresa com os custos que ela teria se não houvesse um SGA (multas, desperdícios etc.), de forma a permitir decisões corretas a respeito de investimentos. Os relatórios contábeis não identificam claramente as origens dos problemas, os números somente identificam onde ocorrem os gastos, tendo-se às vezes um trabalho muito grande para descobrir as causas dos problemas.

Em muitas atividades, constatamos que as ações tomadas pelos administradores se baseiam somente na análise sumária e imediata de custos e benefícios diretos. Por exemplo, na agricultura, em muitos casos, os administradores planejam um trabalho de controle de pragas por meio da aplicação de inseticidas, somente quando as pragas estiverem causando um dano econômico maior do que o custo de controle, sem uma análise em profundidade dos efeitos ambientais decorrentes.

É considerado um erro achar que os custos precisam ser elevados para que se tenha um sistema de qualidade ambiental satisfatório. Espera-se que os gerentes atuem sempre no sentido de garantir a melhor utilização possível dos recursos para se obter um máximo de benefícios, inclusive auxiliando na determinação do ponto ótimo de investimentos. Uma qualidade ambiental insatisfatória significa a utilização inadequada de recursos; existência de desperdícios de material, desperdícios de matéria-prima, perdas de trabalho, desperdício de tempo de uso de equipamentos, ou seja, perdas para a empresa e emissões à atmosfera, aos corpos hídricos e contaminação do solo, que podem resultar em multas e passivo ambiental, ou seja, a certeza de dispêndios futuros.

A questão ambiental deve ser vista da mesma forma que qualquer outra área de negócios, neste caso existindo com maior ênfase a responsabilidade social da empresa e de seus diretores. Entretanto, na escolha de opções de investimento e da tecnologia envolvida nos processos deve-se lembrar como um posicionamento de atitude a sigla inglesa BATNEEC (*Best Available Techniques Not Entailing Excessive Costs*), ou seja, adotar a melhor técnica disponível, porém não incorrendo em custos excessivos. Não se aceita a instalação de uma determinada indústria em uma região, que apresente um padrão de emissões pior do que outra já instalada nessa região, pois fica evidenciada a existência de uma melhor tecnologia, que ela não está empregando, e com isso, muitas vezes ela irá gerar uma competição desleal com a indústria anteriormente instalada e com melhor desempenho ambiental. Ao mesmo tempo, procura-se um ponto ideal de equilíbrio entre custos e desempenho, não se podendo considerar que existem produtos, serviços e processos satisfatórios se os custos não forem satisfatórios, ou seja, competitivos em relação à concorrência.

2.3 - BENEFÍCIOS RESULTANTES DA GESTÃO DE CUSTOS AMBIENTAIS

Em muitas empresas, a "importância" do Sistema de Gestão Ambiental, ou da própria área ambiental somente é dada na obtenção de uma certificação pela ISO 14.001, o que é incorreto, pois conseguir realizar melhorias ambientais em um determinado processo industrial ou produto irá, sem dúvida, resultar em inúmeras vantagens e benefícios para a empresa. A certificação deve ser vista como um reconhecimento e atestado de desempenho emitido por uma entidade externa, não devendo apenas ser esse o único valor a ser perseguido. Existem outras vantagens obtidas com a realização de melhorias de desempenho ambiental, que tornam a empresa mais competitiva, como, por exemplo, uma maior eficiência no uso de materiais no processo produtivo, redução das despesas com a disposição final de resíduos sólidos (muitos com algum índice de periculosidade), maior eficiência gerencial resultante de uma maior sintonia de trabalho entre os responsáveis pelas compras, pelo projeto (área de engenharia), pela produção e manutenção, que passam a perseguir a mesma meta de melhoria de desempenho da empresa, não apenas do ponto de vista ambiental, redução de emissões gasosas (que, em alguns países geram cotas de emissão –"*permits*", que, ao serem comercializadas geram receitas), redução de multas por descumprimento de requisitos legais (o sistema ajuda a identificar os requisitos legais e definir caminhos para cumpri-los), redução dos prêmios de seguros pagos (trata-se de uma tendência, pois as seguradoras irão brevemente concluir que os riscos são menores para as empresas que possuem um sistema de monitoração bem implantado), redução das reservas monetárias feitas pela empresa como um auto-seguro, para cobrir eventuais indenizações decorrentes de problemas ambientais, redução de interrupções de funcionamento devido a incidentes e problemas ambientais, redução no uso de materiais perigosos para diminuir despesas com indenizações, seguros, custos com destinação final dos resíduos, entre outras vantagens.

Existe a necessidade de que sejam conhecidas, com um bom nível de detalhes, as previsões de custos para cada ação programada e um acompanhamento contábil dos custos efetivos, de modo a identificar os benefícios, compensações e reduções de custos a médio prazo, ou, por outro lado, eventuais dispêndios sem o retorno esperado pela empresa, em seus estudos de planejamento. É importante, assim, que a organização conheça bem os seus custos ambientais, para que possa, caso necessário, redirecionar suas estratégias de negócios e investimentos.

Os riscos de acidentes são muito maiores nas empresas que não estejam preocupadas com a variável ambiental ou que não têm um SGA implantado, pois esse sistema tende a facilitar a observação e o diagnóstico dos riscos de acidentes. E, cada acidente custa muito caro, considerando-se as perdas materiais e de vidas humanas. A existência de um sistema de custos ambientais tem a vantagem de demonstrar de forma cabal as despesas envolvidas e as vantagens financeiras resultantes. É interessante ressaltar que começa a ser percebido que as empresas que têm realizado melhorias de seus processos visando ao meio ambiente, com a utilização de equipamentos mais confiáveis, também têm tido uma redução de acidentes de trabalho e doenças ocupacionais, pois os dois aspectos (meio ambiente e saúde ocupacional) são muito interligados. Ao reduzir emissões de particulados e gases venenosos para a atmosfera, reduz-se, consequentemente, a quantidade de doenças respiratórias. Outras doenças como a silicose, a asbestose e a surdez também são minimizadas. O desempenho econômico acaba sendo também afetado pela quantidade de faltas e licenças decorrentes de problemas de saúde e indenizações da empresa. O oposto (um bom ambiente, com a inexistência de problemas ocupacionais) é, por outro lado, um fator de aumento de produtividade.

O levantamento dos Custos da Qualidade Ambiental pode ser utilizado para avaliar e melhorar a posição de competitividade das companhias, com relação aos seus concorrentes. Sobretudo hoje, quando a variável ambiental é um importante elemento de decisão de compra de produtos e serviços, principalmente nos países mais ricos, é possível em certos casos repassar ao consumidor os gastos ambientais realizados na melhoria dos processos, desde que esses valores sejam razoáveis, ou seja, que tenha sido realizada uma administração correta dos gastos ambientais.

2.4 - ESTABELECIMENTO DOS CUSTOS DA QUALIDADE AMBIENTAL

A contabilidade administrativa destina-se, principalmente, à visão interna da empresa (desempenho interno), enquanto a contabilidade financeira destina-se a usuários externos, com os dados montados nas demonstrações contábeis objetivando prover informações aos acionistas, órgãos governamentais e credores. A avaliação do desempenho da empresa é mais fácil quando são utilizados os dados contábeis, quando são vistos os números, já que eles são de compreensão universal, permitindo uma avaliação mais fria e isenta do que simplesmente avaliar de forma qualitativa se a empresa está com um desempenho adequado ou medir a satisfação do cliente, que é uma tarefa de avaliação mais difícil e imprecisa. Além disso, a contabilidade permite uma medida dos resultados e não das intenções (esforço realizado e boas intenções não são considerados, mas sim apenas os resultados numéricos).

A contabilidade ambiental tem como propósitos: identificar, mensurar e registrar os eventos econômicos relativos aos aspectos ambientais da organização. Ela recomenda obter informações dos processos industriais quanto ao uso de materiais, energia, água, atenção particularmente nos resíduos e, também, informações financeiras de custos, benefícios e economias. Visa ao controle do patrimônio, a avaliação de desempenho da organização (com o propósito principal de reduzir custos) e fornecer subsídios importantes para os processos de tomada de decisões.

A Contabilidade fornece, por meio de relatórios, a informação correta, precisa e necessária à pessoa certa e no momento em que ela seja útil, como subsídio à tomada de decisões, sendo imprescindível que os dados sejam utilizados com bom senso, após uma análise. Os relatórios devem ser preparados, com os dados adequados à necessidade de cada setor da empresa, ou seja, os dados fornecidos à Diretoria são mais gerais e abrangentes, enquanto os relatórios ao Gerente Ambiental são mais específicos e detalhados quanto à produção e custo de tratamento de resíduos, por exemplo. Não há grande diferença entre a contabilidade tradicional e a ambiental, ambas visam à coleta de dados, seu processamento e à organização de relatórios. Ambos são elementos úteis à tomada de decisões, por exemplo, se o levantamento contábil indicar que existe um dispêndio elevado em custos relacionados à remoção de resíduos, não se pode visar à obtenção de economia simplesmente reduzindo-se as equipes de limpeza responsáveis pelo trabalho, e sim, modificando-se métodos, utilizando-se os recursos materiais mais apropriados etc.

Assim, define-se:

Função qualidade ambiental – conjunto de todas as atividades que são realizadas na empresa para obter produtos e serviços em conformidade com as especificações, no tocante a reduzir ou evitar agressões ao meio ambiente. Podemos dizer que quase todas as áreas da empresa participam de atividades ligadas à função de obtenção de qualidade ambiental.

Custos da qualidade ambiental – são as quantias despendidas na obtenção da qualidade ambiental, ou para compensar não conformidades de origem ambiental (correções de problemas).

Outra forma, mais sofisticada e provavelmente mais trabalhosa, consiste em definir o custo da qualidade ambiental para um determinado período como sendo a diferença entre os custos e despesas reais de uma organização em uma determinada situação inicial, identificados como sendo destinados exclusivamente à obtenção de melhorias no meio ambiente quanto aos processos, produtos e serviços (antes da implantação de um SGA, início de um exercício financeiro etc.). Além disso, seriam verificados os valores que esses custos e despesas efetivamente representariam se forem implantadas, no período considerado, todas as metas e objetivos ambientais decorrentes da política ambiental, regulamentos legais e outros compromissos assumidos pela empresa. Essa última situação seria aquela 100% livre de defeitos, erros e não conformidades ambientais.

A UNDSD (*United Nations Division for Sustainable Development*), em 2003, identificou quatro técnicas para a identificação e alocação de custos ambientais:

- análise de entradas e saídas de um determinado processo que está sendo avaliado. Trata-se de um balanço de massas e energia, conforme a 1ª Lei da Termodinâmica;

- contabilidade associada aos fluxos de materiais e energia, analisando-se quantidades de materiais e energia envolvidas, seu custo e valor dos produtos. Assim, são computados os materiais, embalagens, componentes adquiridos, água e energia (em suas várias formas) que entram em um processo industrial, avaliando-se as quantidades (volume, peso, unidades) e custo em cada estágio de produção ou estocagem intermediária até a entrega final dos produtos, e computam-se as quantidades e custo de rejeitos e efluentes, custos de seu tratamento e disposição final. Se houver o interesse em obter o levantamento do custo integral, deve-se considerar o custo de externalidades (*full cost*, conforme definido por Tietenberg);

- custo baseado na atividade (método ABC, *Activity Based Costing*, que será mais bem explicado no item 2.10 deste livro);

- custo do ciclo de vida, onde são levantados todos os custos de cada etapa do processo (obtenção da matéria-prima, transporte, armazenagem, processamento industrial, distribuição, uso e destinação final, com a amplitude definida no escopo da análise, se total ou parte da vida, por exemplo, englobando apenas da armazenagem ao uso do produto).

A Figura 2.3, a seguir, mostra a análise de entradas e saídas de materiais e energia em cada etapa do processo industrial.

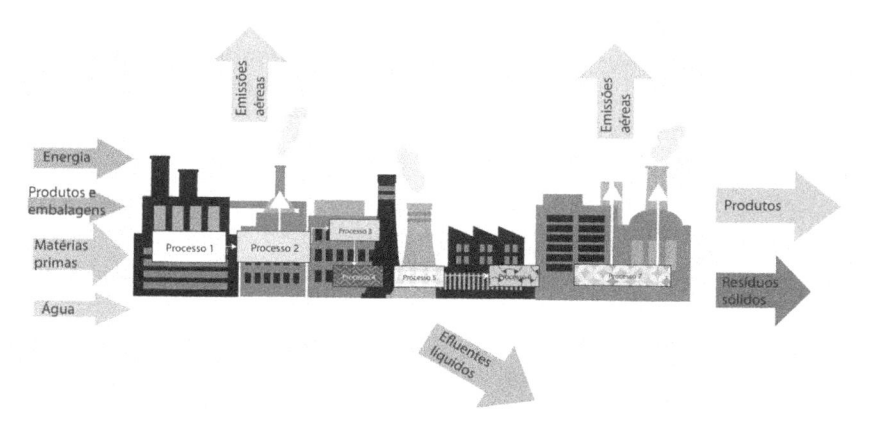

Figura 2.3 – Fluxograma dos processos industriais
(Fonte: autor)

2.5 - ALGUNS CONCEITOS DE CONTABILIDADE DE CUSTOS

A Contabilidade de custos estabelece uma linguagem, uma forma de comunicação e codificação de dados, de forma a que os relatórios apresentados sejam úteis aos usuários aos quais se destinam, influenciando no comportamento da organização e orientando decisões e ações. Assim, serão apresentadas algumas definições, com base no livro "Contabilidade de Custos", de autoria do Prof. Eliseu Martins, que foi referência para o aprendizado destes conceitos. Para informações mais detalhadas em relação a estas apresentadas, sugiro consultar o próprio livro, citado na referência (MARTINS, 2000).

Gastos – são os sacrifícios financeiros suportados pela empresa na obtenção de produto ou serviço, sacrifícios estes representados pela entrega ou promessa de entrega de ativos (normalmente dinheiro). Como exemplos, citamos a compra de equipamentos, de matérias--primas, pagamentos de mão de obra, de honorários da diretoria e de taxas de seguros.

Investimentos – são os gastos realizados com o propósito de obter benefícios futuros, tais como a aquisição de equipamentos mais

155

modernos, treinamentos de mão de obra, gastos com a realização de trabalhos de pesquisa e desenvolvimento de novos produtos e com a implantação de um sistema de gestão ambiental, que colaborarão para um melhor desempenho e aumento dos benefícios e retornos financeiros da empresa.

Custos – são os gastos relativos à produção de um bem ou serviço, que se incorporam ao valor do bem ou serviço. Assim, por exemplo, quando se adquire uma matéria-prima incorre-se em um **gasto**. Essa matéria-prima é vista como um **investimento** enquanto ela permanece no estoque e transforma-se em um **custo** (parcela de custo do produto) assim que ela entra no processo produtivo do bem. O produto acabado, por sua vez, corresponde a um investimento da empresa, até que ele seja vendido. Os gastos ambientais de uma empresa, em sua maioria referem-se a investimentos e custos.

Despesas – são os valores consumidos direta ou indiretamente para a obtenção da receita, como os gastos com financiamentos, publicidade e comissão de vendedores. As despesas reduzem o patrimônio líquido da empresa, porém representam sacrifícios necessários no processo de obtenção de receitas.

Desembolsos – são os pagamentos resultantes da aquisição do bem ou serviço, podendo ocorrer antes, durante ou após o recebimento do bem ou serviço pela empresa, portanto defasados ou não, dos gastos.

Perdas – são os bens ou serviços consumidos de forma anormal e involuntária. Elas caracterizam-se como gastos que não apresentam nenhum retorno financeiro para a empresa. Como exemplos de perdas, podemos citar o valor dos produtos e máquinas perdidos em um incêndio, o material obsoleto que ficou perdido em estoque e que não conseguirá ser vendido, as perdas de mão de obra por greves etc. O valor da matéria-prima perdida em condições normais de um processo produtivo é classificado como "custo" de produção.

Assim sendo, os gastos, normalmente são divididos em investimentos, custos, despesas e perdas.

Lucro – é a remuneração resultante da utilização dos ativos da empresa. Com o emprego das máquinas e instalações da empresa (seus ativos), realizando transformações na matéria-prima, fabricaremos produtos ou prestaremos serviços que, ao serem vendidos, geram lucro à empresa.

Os custos, em uma contabilidade de custos industriais, são usualmente subdivididos em diretos e indiretos.

Custos diretos – são aqueles que podem ser diretamente apropriados ao produto ou serviço, a um processo ou a uma unidade produtiva. Como exemplos, temos os custos da matéria-prima empregada, da mão de obra dos projetistas, da mão de obra do operário que efetivamente trabalhou diretamente na fabricação (custo das horas), das embalagens utilizadas e da energia elétrica consumida efetivamente no processo produtivo (kWh).

Custos indiretos – são aqueles custos que, embora sejam necessários à obtenção do produto ou serviço, não são facilmente correlacionados a estes através de medidas objetivas, sendo sua apropriação realizada por rateio entre vários produtos ou serviços, proporcionalmente à participação estimada em cada um deles. São custos que não estão diretamente apropriados a um processo específico. Como exemplos desses custos, podemos citar os aluguéis, salários de pessoal de gerência, administração, almoxarifado, energia elétrica (se não houver medidores que permitam calcular a energia aplicada exclusivamente no produto considerado, situação que configuraria um custo direto), contratos de manutenção de bens móveis e imóveis, custos de monitoramento na gestão da qualidade da água, do ar e dos resíduos, gestão de produtos perigosos e treinamentos.

O Balanço de uma empresa apresenta, de uma forma sintética, a lista dos ativos (edifícios, máquinas, matérias-primas etc.) da empresa e de suas dívidas (com os acionistas, através do capital e dividendos a distribuir, e com seus credores – fornecedores, financiadores etc.). Associado ao balanço, quase sempre é apresentado o "Demonstrativo de Lucros e Perdas", ou "Resultados do exercício" daquele determinado período de tempo (exercício financeiro), mostrando os resultados operacionais da empresa. Mais adiante, apresentaremos algumas ideias sobre como utilizar o balanço para avaliar a rentabilidade de investimentos ambientais.

Preparar um Balanço Social é uma ideia interessante e moderna, de importância crescente. Visa apresentar à sociedade os aspectos negativos da organização do ponto de vista social (desemprego de funcionários, poluição) e, por outro lado contribuições e benefícios proporcionados pela empresa. A variável ambiental é um dos fatores mais significativos do balanço social, com benefícios refletidos em apoios a programas de educação ambiental, adoção de limpeza e jardinagem de praças, melhorias ambientais internas, programas de reciclagem, entre outros exemplos. A Usiminas e a Natura, por exemplo, publicaram em jornais de grande circulação e pela internet o seu Balanço Social, onde elas evidenciam os gastos realizados com salários e impostos, treinamento de colaboradores e investimentos ambientais, bem como todos os benefícios observados.

2.6 - CONTABILIDADE AMBIENTAL

A Contabilidade realiza a identificação, coleta, organização, apresentação e interpretação dos dados de gastos e receitas, ou seja, de todos os eventos econômicos da organização.

Outra definição, apresentada por M. S. Ribeiro, conceitua que **Contabilidade ambiental** é uma segmentação da contabilidade tradicional, onde seu objetivo **é identificar, mensurar e esclarecer** os eventos contábeis relacionados com a preservação, proteção e recuperação do ambiente. Como será visto mais adiante, nossa proposta de classificar os custos ambientais segue rigidamente esta definição (RIBEIRO, 2003).

Segundo definição da IFAC (*The International Federation of Accountants*), em 2005, a **Contabilidade de Custos Ambientais** consiste no "gerenciamento dos desempenhos ambiental e econômico, por meio do desenvolvimento e implementação de um sistema apropriado de contabilidade, relacionado ao meio ambiente e suas práticas. Envolve o custo do ciclo de vida, contabilidade do custo integral, avaliação de benefícios e planejamento estratégico para o gerenciamento ambiental e, em muitas empresas, registra o custo de relatórios e auditorias ambientais."[10].

---

[10] https://www.ifac.org/publications-resources/international-guidance-document-environmental-management-accounting, consultado em 21.03.23.

Para realizar essa contabilidade procura-se levantar as informações dos processos industriais quanto ao uso de materiais: matérias-primas, água, outros produtos e energia, verificando-se os fluxos existentes, com atenção no uso para os produtos. Também se calcula o material que é transformado em resíduos, procurando obter as informações financeiras de custos e benefícios financeiros. Essa análise auxilia a identificar as economias obtidas, com a redução dos desperdícios e o aumento da eficiência dos processos. O balanço desses materiais e energia (entradas e saídas) visa permitir a otimização dos processos, obtenção de um melhor desempenho, o controle do patrimônio da empresa e, ao mesmo tempo, fornece subsídios aos gerentes para a tomada de decisões quanto aos investimentos em melhorias dos equipamentos, escolha de matérias-primas que produzam menor quantidade de resíduos, poluentes e um menor risco, bem como à preparação e gerenciamento do pessoal da empresa envolvido nesses processos.

Neste livro, o nosso objetivo foi discutir a possibilidade de implantação de uma contabilidade ambiental administrativa, interna à empresa, como ferramenta de auxílio às gerências na tomada de decisões. Neste tipo de análise levantam-se os custos para cumprimento da legislação ambiental e regras de autorregulamentação adotadas pela organização (por exemplo, a ISO 14.001), horas de trabalho, a redução de custos obtida com programas de uso racional da água, de energia e o melhor controle de materiais para evitar desperdícios e perdas (ecoeficiência), os investimentos ambientais realizados e também a identificação e o controle dos custos para garantir um posicionamento competitivo da empresa a longo prazo (posicionamento estratégico). Mas a análise pode ser voltada também a um público externo, mais interessado em receber informações padronizadas de aspectos financeiros da gestão ambiental, em uma contabilidade designada como "financeira". Esse público externo, designado como "partes interessadas" englobaria, por exemplo: as autoridades públicas; os órgãos ambientais da cidade, estado ou país; os acionistas; os agentes de crédito, como bancos, financiadores; os credores da empresa; organizações não-governamentais da região, comunidade vizinha etc., que estariam interessados em verificar os gastos incorridos em programas de preservação ou recuperação ambiental, resultados obtidos em termos de benefícios, resultados de auditorias ambientais, entre outras informações.

Ao longo do tempo, a partir do início dos anos 2000, houve uma evolução da forma em se avaliar os custos ambientais, iniciando-se pela avaliação e custos de controle e disposição de resíduos e efluentes na tecnologia *"end-of-pipe"*, ou seja, o controle ao final do último processo industrial, até os dias de hoje, em que se realiza a atividade industrial de forma economicamente sustentável (aspectos ambientais e aspectos econômicos). A Figura 2.4, a seguir, sintetiza a evolução da forma de contabilizar os custos ambientais, sendo baseada no documento *"Guide to Corporate Environmental Cost Management"*, preparado pelo *German Federal Environment Ministry and Federal Environmental Agency.*

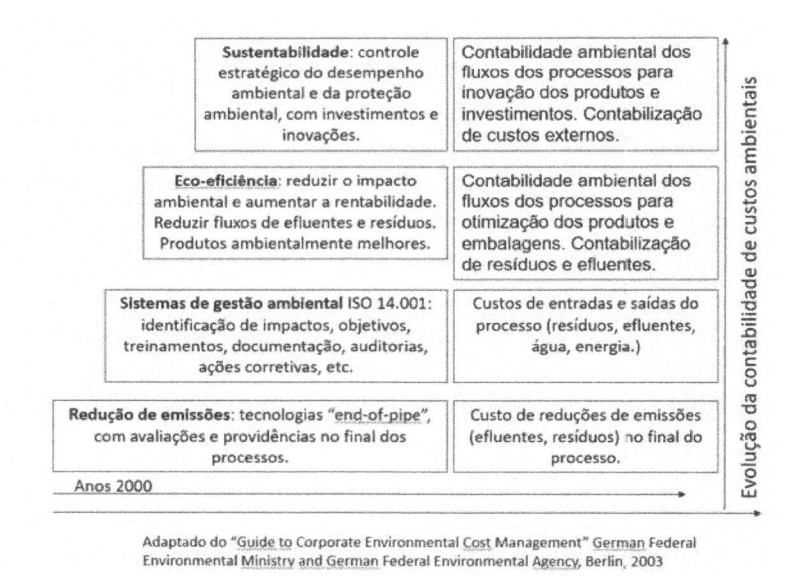

Adaptado do "Guide to Corporate Environmental Cost Management" German Federal Environmental Ministry and German Federal Environmental Agency, Berlin, 2003

Figura 2.4 – Evolução do cálculo de custos ambientais

Também é possível a realização de uma contabilidade ambiental financeira de um país ou região geográfica definida. Neste caso, estaríamos levantando dados de recursos naturais, estatísticas sobre o estoque e o consumo destes recursos (renováveis e exauríveis), bem como o seu valor.

Entre outros, podemos mencionar os seguintes benefícios em se desenvolver uma contabilidade ambiental em uma organização:

- Melhorar os processos produtivos: por meio da identificação de desperdícios de matérias-primas e outros produtos que são usados como insumos, embalagens, água e energia. O levantamento desses gastos permitirá aprimorar os processos produtivos, substituir equipamentos obsoletos e mudar o processo, visando aumentar o lucro da empresa;
- Reduzir a geração de rejeitos, obtendo-se ganhos resultantes de menores custos para disposição final em aterros, redução de eventuais multas resultantes de poluição;
- Redução de geração de efluentes aéreos (gases), que poderão resultar em multas ou taxas (por exemplo, tendência existente de cobrança para gases causadores do efeito estufa, como o CO_2 e o metano);
- Aprimorar os processos de aquisição: atuando na cadeia de suprimentos, como consequência da identificação de matérias-primas e insumos que produzam quantidades não aceitáveis de resíduos e poluentes, pode-se substituir esses materiais, forçar o fornecedor a modificá-los, ou mesmo substituir o fornecedor;
- Desenvolver produtos ou serviços "verdes": o mercado, atualmente, é muito receptivo a produtos que produzam menor quantidade de resíduos e poluentes, por ocasião de seu uso ou destinação final. A empresa, ao perceber esse interesse do consumidor e levantar os custos, pode decidir-se a mudar seus produtos, ou lançar produtos novos, aumentando sua participação no mercado;
- Otimizar o uso da água que, em muitos casos, é paga duas vezes: pela captação ou compra de empresa externa concessionária, e pela emissão de parte da água como um efluente. Analisar todos os custos;
- Fazer uso racional da energia, identificando usuários, tipo de energia (se poluente ou não), ineficiências nos processos in-

dustriais (operação abaixo do desejável em termos de uso de materiais e energia) e custos da energia em cada situação;

- Analisar as formas de transporte utilizadas pela empresa (e seus custos), em relação aos seus insumos (matérias-primas) e seus produtos na entrega aos clientes;
- Implantar e manter de forma eficiente seu sistema de gestão ambiental: a empresa, ao agregar um sistema contábil com foco nas ações ambientais ao seu sistema de gestão ambiental estará fazendo um melhor gerenciamento e proporcionando melhores resultados financeiros.

Nota: segundo a Lei nº 12.305, de 2 de agosto de 2010, que instituiu a Política Nacional de Resíduos Sólidos, a diferença entre resíduo e rejeito é a seguinte: o resíduo é o resultado de um processo de produção que eventualmente pode ser reprocessado, reciclado ou usado pela empresa para produzir energia. Os rejeitos, por sua vez, são resíduos sólidos que, depois de esgotadas todas as possibilidades de tratamento e recuperação por processos tecnológicos disponíveis e economicamente viáveis, não apresentem outra possibilidade que não a disposição final ambientalmente adequada, e precisam ser objeto de uma destinação final, como o envio para um aterro industrial ou incineração.

2.6.1. Norma Brasileira de Contabilidade Técnica NBC T15

O Conselho Federal de Contabilidade (CFC), por intermédio da Resolução nº 1.003/04 de 19.08.2004, aprovou a Norma Brasileira de Contabilidade Técnica NBC T 15 – Informações de Natureza Social e Ambiental. Esta Resolução entrou em vigor a partir de 1º de janeiro de 2006.

Esta norma estabeleceu procedimentos para evidenciação de informações de natureza social e ambiental, com o objetivo de demonstrar à sociedade a participação e a responsabilidade social da entidade (organização ou empresa). As informações de natureza social e ambiental consideradas são:

a) a geração e a distribuição de riqueza;
b) os recursos humanos;
c) a interação da entidade com o ambiente externo;
d) a interação com o meio ambiente.

Em seu capítulo 15.2.4 – Interação com o Meio Ambiente, ela estabelece que nas informações relativas à interação da entidade com o meio ambiente, devem ser evidenciados:

a) investimentos e gastos com manutenção nos processos operacionais para a melhoria do meio ambiente;
b) investimentos e gastos com a preservação e/ou recuperação de ambientes degradados;
c) investimentos e gastos com a educação ambiental para empregados, terceirizados, autônomos e administradores da entidade;
d) investimentos e gastos com educação ambiental para a comunidade;
e) investimentos e gastos com outros projetos ambientais;
f) quantidade de processos ambientais, administrativos e judiciais movidos contra a entidade;
g) valor das multas e das indenizações relativas à matéria ambiental, determinadas administrativa e/ou judicialmente;
h) passivos e contingências ambientais.

O Instituto dos Auditores Independentes do Brasil – IBRACON conceituou *Passivo Ambiental* como toda agressão que se praticou/pratica contra o meio ambiente e consiste no valor dos investimentos necessários para reabilitá-lo, bem como multas e indenizações em potencial. O Passivo Ambiental refere-se a gastos ambientais referentes a períodos anteriores que não foram realizados (obrigações da empresa) e ficaram para o futuro (período atual ou gastos que ainda virão a se efetivar, ou seja, contingências). Para se avaliar o passivo ambiental de um empreendimento, é necessário identificar os impactos ambientais existentes como resultado das construções e atividades de operações e de manutenção de uma organização, caracterizar e quantificar os gastos para remediação desses locais e produtos armazenados. Consiste no valor dos investimentos necessários para reabilitá-lo, bem como multas e indenizações em potencial. Uma empresa tem passivo ambiental quando ela agride de algum modo ou ação o meio ambiente e não dispõe de nenhum projeto para sua recuperação aprovado oficialmente ou de sua própria decisão." (Norma e Procedimento de Auditoria NPA 11)

O documento *"An Introduction to Environmental Accounting as a Business Management Tool – Key Concepts and Terms"*, emitido pela Agência Ambiental dos Estados Unidos – EPA, em 1995, contêm diretrizes muito interessantes para orientar a preparação de uma contabilidade ambiental.[11]

2.7 - CLASSIFICAÇÃO DOS CUSTOS AMBIENTAIS

Sistema de Custos da Qualidade Ambiental – é um conjunto de procedimentos e atividades devidamente estruturados que visa organizar a coleta de dados e permitir a determinação dos custos da qualidade ambiental.

O objetivo principal do sistema de custos da qualidade ambiental é agregar em relatórios específicos esses custos, com foco especificamente na sua apropriação e análise, informações que, ou não eram antes identificadas e levantadas, ou que poderiam estar dispersas em outros documentos.

Identificar e relatar estes custos às gerências e à alta direção pode ser um bom caminho para resolver o problema ambiental e reduzir esse tipo de custos (colaboração da contabilidade para o meio ambiente), pois ajuda os gerentes e dirigentes a perceberem as implicações financeiras da qualidade ambiental. Ao conhecerem os custos e os problemas que geram esses custos elevados, os gerentes poderão planejar melhor as ações para reduzir desperdícios de materiais, água, energia, reduzir a poluição e direcionarem suas ações para o uso mais eficiente do capital da empresa (instalações, pessoal especializado, processos modernos) e para a geração de valor.

Quando os custos ultrapassam os limites do departamento, os gerentes eventualmente não conseguem ter um controle sobre estes cus-

---

[11]   https://www.epa.gov/sites/production/files/2014-01/documents/busmgt.pdf, consultado em 21.03.2023.

tos, pois fica penoso rastrear e acumular os gastos, dificultando a sua visualização. Com a contabilidade de custos fica mais fácil obter esses dados. O volume de dispêndios, ao ser observado pela primeira vez, pode até causar surpresa a alguns gerentes. Porém, com o tempo, esse susto pode ser benéfico, levando-os a pensar em melhorias de desempenho. O levantamento dos custos ajuda a definição da prioridade em investimentos e melhorias (escolher as áreas onde as perdas financeiras ou os riscos são maiores).

A contabilidade ambiental auxilia na determinação do "custo integral", conforme proposto por Tietenberg. Ela permite levantar todos os custos de produção de um determinado bem e incorporar, a estes, os custos ambientais, incluindo o custo das externalidades.

A identificação e o registro dos custos ambientais não resolvem os problemas de qualidade ambiental. A solução dos problemas é facilitada pela existência de um Sistema de Gestão Ambiental bem administrado, usando o diagrama de *Ishikawa* para identificar as causas de problemas, um plano de ação para orientar as atividades, um Sistema de Informações Gerenciais bem estruturado, que proporcione dados para orientar decisões visando correções de problemas ambientais e reduções de custos, entre outros procedimentos.

Os relatórios contábeis não identificam claramente as origens dos problemas: os números somente identificam onde ocorrem os gastos, tendo-se às vezes um trabalho muito grande para se descobrir as causas desses problemas.

A medida desses custos é um elemento essencial nos sistemas contábeis das empresas. Identificar e quantificar os dispêndios relacionados à qualidade ambiental é, hoje, tão importante quanto conhecer os custos com mão de obra, custos de materiais, de vendas, custos da qualidade etc., pois essas informações subsidiam importantes decisões da alta administração, com relação aos investimentos e aplicações de recursos materiais e humanos da empresa.

Imagine, por exemplo, uma empresa que fabrica vários tipos de sabão em pó e está interessada em levantar todos os custos ambientais como subsídio para decidir se continua ou não a produção de um determinado tipo (ou marca). Ela precisa levantar, então, todos os custos dos produtos que entram na composição daquele sabão por unidade produzida, observar as massas (peso) de entrada, as massas de saída, o quanto da matéria-prima que entrou se transformou em produto e quanto foi perdido como resíduos, quanto se empregou de mão de obra (custos), quanto de energia e de água, qual foi o custo da embalagem comprada de algum fornecedor. Além disso, será preciso levantar se os resíduos podem ser reaproveitados (ou se transformam em rejeitos a serem descartados da empresa), quanto de embalagens pode ser reciclada. Feitos os cálculos, aquela empresa poderá conhecer melhor todos os custos, incluindo parte dos custos ambientais. Um sistema contábil bem estruturado poderá agregar outros custos, como os custos de monitoramento, auditorias ambientais, manutenção do sistema de gestão ambiental, por rateio entre todos os beneficiados por essas atividades, obtendo-se, então, uma visão completa dos custos, que auxiliariam na decisão de manter, ou não, aquela linha específica de produção, ao se verificar a receita obtida com a venda, descontados todos os impostos, comissões de vendedores e outros gastos.

Os custos vinculados à qualidade ambiental podem, eventualmente, estar situados em níveis muito elevados para a empresa, resultando em benefícios não muito expressivos. Eles podem estar distribuídos em muitos elementos de custos difíceis de discriminar. Normalmente são custos subestimados. A falta de visibilidade e de indicadores financeiros dificulta a cobrança de resultados por parte da alta administração. Dessa forma, às vezes, é difícil responder qual o custo real da qualidade ambiental da organização.

É importante saber quanto custa melhorar e manter a qualidade ambiental desejada, prevista a partir da política ambiental e dos objetivos e metas da empresa, o que tem que ser respondido por um Sistema de Custos de Qualidade Ambiental da empresa.

O objetivo desse sistema é fornecer dados que permitam, em paralelo à identificação dos aspectos e impactos ambientais, identificar áreas a serem estudadas para reduzir os custos totais da qualidade ambiental.

O que são Custos Operativos da Qualidade Ambiental

São os custos relacionados à existência de um sistema da qualidade ambiental, que incluem os custos de controle e os custos de falhas (ou falta de) de controle.

São custos associados com a definição, criação e controle da qualidade ambiental, bem como da avaliação de conformidade com os objetivos e metas derivados da política ambiental, de normas legais e outros compromissos assumidos pela organização, além de outros custos associados com as consequências de falhas ambientais, acidentes e incidentes.

A administração da qualidade ambiental deve, em muitos casos, envolver todo o ciclo de vida do produto, desde a matéria-prima, passando pelas fases de fabricação, uso e descarte final. Todos esses custos, incluindo aqueles referentes às medidas de minimização de resíduos, custos da reciclagem e outros, devem ser computados, pois há uma tendência natural (incorreta) de classificar esses custos após o descarte como sendo um custo social, fora da responsabilidade da empresa.

A classificação de custos pode ser feita de diversas formas, a critério da empresa, desde a separação mais simples e direta entre custos diretos e indiretos, usada na contabilidade clássica, até outras formas mais detalhadas e específicas ao caso em questão. O importante é que, antes de iniciar o longo processo de classificação e identificação dos custos, seja estudado e adotado um determinado método, permanecendo-se nele por um longo tempo, pois qualquer mudança no meio do processo resulta em confusão e perda de dados.

Tendo em vista que ainda não existe um sistema único, universal, para a classificação dos custos ambientais em uma organização, apresentaremos alguns sistemas existentes, para que o leitor possa escolher um deles, caso deseje implantar uma contabilidade de custos ambientais em sua organização. Adicionalmente, proporemos um sistema, a nosso ver mais adaptado ao Brasil, pela sua semelhança com a classificação de custos da qualidade.

2.7.1. Classificação de custos ambientais da GEMI – *Global Environmental Management Initiative*

A GEMI, *Global Environmental Management Initiative*, entidade voltada à formação de lideranças empresariais visando à sustentabilidade, prevê a seguinte divisão para os custos ambientais:

a) **Custos diretos** (*direct costs*): são aqueles que são diretamente ligados a um projeto, produto ou processo. Subdividem-se em:

a1) Gastos de capital e depreciação, tais como em construções, equipamentos, projetos de engenharia etc.;

a2) Gastos com operação e manutenção, tais como mão de obra, materiais, utilidades (água, energia elétrica, vapor, ar comprimido).

b) **Custos ocultos** (*hidden costs*): são custos que não são diretamente visíveis e associados ao produto, processo ou serviço, sendo frequentemente englobados em seu montante total. Como exemplos, temos os custos de treinamento, monitoração e gerenciamento de resíduos.

c) **Custos de responsabilidade por eventos** (*contingent liability costs*): são os custos decorrentes de responsabilidades da empresa por problemas ambientais, tais como aqueles decorrentes de acidentes com liberação de poluentes, ações de recuperação ambiental, multas e indenizações.

d) **Custos menos tangíveis** (*less tangible costs*): são aqueles cuja quantificação é bastante difícil de ser realizada, porém sendo fácil perceber a sua existência, tais como o desgaste de uma marca em decorrência de problemas ambientais, má vontade da comunidade e órgãos do governo para liberar licenças, entre outros exemplos.

2.7.2. Classificação de custos ambientais da *Environmental Protection Agency* (EPA) dos Estados Unidos

A Agência Ambiental dos Estados Unidos (EPA), em 1998, estabeleceu as seguintes classificações para os custos ambientais:

Custos convencionais *(conventional costs)*: são os gastos incorridos com matérias-primas e energia (com relevância ambiental);

Custos potencialmente ocultos *(potentially hidden costs)*: são os gastos que usualmente ficam mascarados em outros custos (perdem a sua identidade);

Custos contingentes *(contingent costs)*: são os gastos que não são realizados na data atual, mas que ocorrerão no futuro (por exemplo, os gastos de descontaminação de uma área);

Custos de imagem e relacionados *(image and relationship costs)*: são os gastos intangíveis, de difícil avaliação e quantificação, requeridos, por exemplo, para a recuperação de imagem de uma organização que tenha gerado um acidente ambiental. Como custo relacionado, podem ser incluídos os custos de preparação de relatórios ambientais.

2.7.3. Classificação de custos ambientais da *United Nations Division of Sustainable Development* - UNDSD

A Divisão de Nações Unidas para o Desenvolvimento Sustentável (*United Nations Division of Sustainable Development – UNDSD*), em 2003, estabeleceu que os custos ambientais são os custos de proteção ambiental (tratamento das emissões e prevenção da poluição), mais os custos resultantes de desperdícios (ineficiências no uso) de materiais, mais os custos de desperdícios de capital e de trabalho (mão de obra). A entidade avalia que os desperdícios de materiais representam de 40 a 90% dos custos ambientais. A UNDSD identificou algumas técnicas contábeis que são úteis para a identificação e alocação dos custos ambientais: análise de entradas e saídas com a preparação de uma contabilidade de custos de fluxo, custo baseado na atividade (método ABC – *activity based costing*) e custo do ciclo de vida.

Detalhando um pouco mais esta classificação, apresentada no documento "*Environmental Management Accounting Procedures and Principles*", de 2001, derivada do "*Integrated Environmental and Economic Accounting: Handbook of National Accounting (SEEA – System of Integrated Environmental and Economic Accounting)*", observamos a possibilidade de avaliar os custos ambientais conforme será proposto mais adiante, e mais na frente, ao pretendermos detalhá-los com mais precisão, considerar as seguintes classes:

- Proteção do ar ambiente e clima;
- Gerenciamento de águas residuais;
- Gerenciamento de resíduos;
- Proteção do solo e águas subterrâneas;
- Redução de ruído e de vibrações;
- Proteção da biodiversidade e da paisagem;
- Proteção contra radiações;
- Pesquisa e desenvolvimento;
- Outras atividades de proteção ambiental.

Essas classes irão agrupar e consolidar custos e despesas ambientais dos grandes grupos listados a seguir:

- Tratamento de emissões e de resíduos;
- Prevenção e Gestão Ambiental;
- Valor de compra dos materiais que geraram não produtos (resíduos, efluentes, emissões);
- Custos de processamento de não-produtos (resíduos, efluentes, emissões gasosas).

O documento ainda sugere a construção de uma matriz para consolidação desses custos, conforme apresentado na Tabela 3.1.

Tabela 3.1 – Matriz para consolidação de custos ambientais

Classes ambientais \ Grupos	Ar / Clima	Águas residuais	Resíduos	Solo / águas subterrâneas	Ruídos / vibrações	Biodiversidade / paisagem	Radiação	Outros	Total
Tratamento de emissões e resíduos									
Prevenção e gestão ambiental									
Custo de materiais que geraram não-produtos									
Custo de processamento de não-produtos									
Totais									

O mesmo documento sugere, também, que sejam identificados e registrados os custos ambientais anuais separados pelas categorias antes citadas:

171

Tabela 3.2 – Custos e receitas ambientais anuais

Classes ambientais \ Grupos	Ar / Clima	Águas residuais	Resíduos	Solo / águas subterrâneas	Ruídos / vibrações	Biodiversidade / paisagem	Radiação	Outros	Total
1. Tratamento de emissões e resíduos:									
1.1 Depreciação dos equipamentos									
1.2 Materiais e serviços para operação e manutenção									
1.3 Gastos com pessoal									
1.4 Tributos, taxas e impostos									
1.5 Multas e penalidades									
1.6 Seguros para responsabilidades ambientais									
1.7 Reservas para gastos com descontaminação e remediação									
2. Prevenção e Gestão Ambiental									
2.1 Serviços externos para Gestão Ambiental									
2.2 Pessoal para atividades gerais de gestão ambiental									
2.3 Pesquisa e desenvolvimento									
2.4 Gastos extras com tecnologias limpas									
2.5 Outros custos com gestão ambiental									

Classes ambientais \ Grupos	Ar / Clima	Águas residuais	Resíduos	Solo / águas subterrâneas	Ruídos / vibrações	Biodiversidade / paisagem	Radiação	Outros	Total
3. Custos de materiais que geraram não-produtos									
3.1 Matérias-primas									
3.2 Embalagens									
3.3 Materiais auxiliares									
3.4 Materiais de operação									
3.5 Energia									
3.6 Água									
4. Custos de processamento de não-produtos									
Soma dos gastos ambientais									
5. Receitas ambientais									
5.1 Subsídios e prêmios									
5.2 Outros ganhos									
Soma das receitas ambientais									

2.7.4. Método de análise de entradas e saídas do processo

O método de análise de entradas e saídas do processo é baseado em um balanço de massas e energia, tal como previsto no 1º Princípio da Termodinâmica ou Equação da Continuidade. O fluxo ou vazão de materiais, água e energia que entram em um processo refere-se a quanto fica armazenado (se transforma) ou sai do processo, sendo feito um balanço dessas massas e energia, tudo sendo transformado em valores monetários. Essa pesquisa deve se concentrar principalmente nos resíduos, para atingir os objetivos da contabilidade ambiental.

A contabilidade dos custos de fluxos de materiais e energia implica no gerenciamento do processo e associa as informações técnicas de cada estágio do processo industrial e estágios de estocagens de produtos intermediários e estocagem final. Também considera os estágios de coleta e tratamento de resíduos e efluentes e estágio de disposição final de rejeitos e descarte de efluentes para a natureza. Em cada estágio, além de quantidades (pesos, volumes etc.) são coletadas e analisadas as informações de custos, obtendo-se os custos totais de produção, ou seja, os custos que incluem os desperdícios e perdas de material e energia, além de contar a depreciação (perda do valor dos equipamentos). Além disso, podem ser identificados custos externos à produção, como os custos de transporte e disposição de rejeitos. Também, além do volume de emissões (ou massa), deve ser avaliada a toxicidade dos elementos componentes, impacto ambiental adicionado ao ambiente e custos referentes aos tratamentos necessários ao efluente ou rejeito. A Figura 2.5 representa essa técnica.

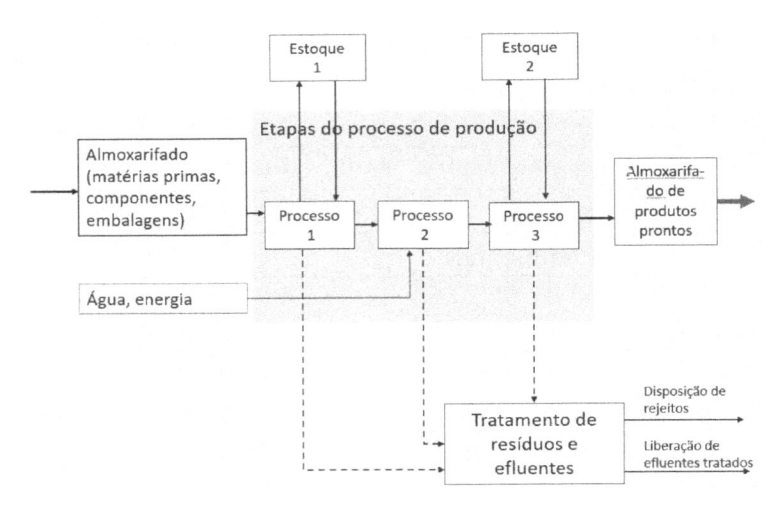

Figura 2.5 – Processo dos custos baseados em fluxos em cada etapa do processo industrial.
(baseada em *"Guide to Corporate Environmental Cost Management"*, German Ministry of Environment, Berlim, 2003)

2.7.5. Método ABC – Custos baseados em atividades e Custos do Ciclo de vida

O método chamado de "custos baseados nas atividades" (ABC em inglês – *Activity Based Costing*), a ser mais bem discutido no capítulo 3, prevê a alocação de todos os custos internos a centros de custos vinculados às atividades que geram aqueles custos, incluindo os custos ambientais. As atividades podem estar integralmente ligadas a aspectos ambientais, como a operação de incineradores, estação de tratamento de efluentes, operação do sistema de gestão ambiental, mas também pode existir a situação de avaliação dos custos de processos produtivos e outras atividades administrativas em que parte dos custos seja referente a aspectos ambientais. Nesse caso, essa parcela do custo deve ser identificada e gerenciada, referindo-se aos custos ambientais (desperdícios de recursos, quantidade anormal de resíduos, uso de mão de obra ineficiente) de outras atividades produtivas.

O método relacionado à avaliação dos custos do ciclo de vida dos produtos implica em avaliar não somente os custos ambientais referentes à atividade produtiva da organização, mas aqueles correspondentes aos impactos causados nas atividades precedentes e subsequentes ao processo industrial. Conforme o escopo definido de análise do ciclo de vida, a abrangência dessa análise pode cobrir desde a extração de matérias-primas, sua estocagem, transporte e, também, em relação ao produto final, seu transporte ao distribuidor ou cliente, uso e descarte final, reciclagem ou recuperação, ou abranger apenas parte dessas etapas, conforme o escopo definido de análise.

2.7.6. Classificação de custos ambientais de acordo com a IFAC – *International Federation of Accountants*

A IFAC – *International Federation of Accountants*, em seu documento "*Environmental Management Accounting*", de agosto de 2005, estabelece a seguinte classificação:

Categoria 1 – Custo de materiais dos produtos. Inclui os custos de compra de recursos naturais, tais como água e outros materiais que são convertidos em produtos, subprodutos e embalagens.

Categoria 2 – Custo de materiais de não-produtos. Inclui os custos de compra (ou algumas vezes, de processamento) de energia, água e outros materiais que se transformarão em "não-produtos", que são os resíduos e emissões. Em atividades de fabricação, nesta categoria são incluídos os custos do processamento dos materiais (proporcionalidade ou rateio em relação ao produto) que se transformarão em resíduos e efluentes, tais como a depreciação dos equipamentos e a mão de obra que foram usadas e se transformaram em resíduos e efluentes.

Categoria 3 – Custos de controle de resíduos e emissões. Inclui os custos de manuseio, tratamento e disposição de resíduos e emissões, custos de remediação e compensação por danos ambientais, e custos de controle relacionados ao cumprimento de leis e regulamentos.

Categoria 4 – Custos de prevenção e outros custos de gerenciamento ambiental. Inclui os custos de atividades preventivas relacionadas ao gerenciamento ambiental (por exemplo, a compra de materiais "mais limpos" ou "verdes") e projetos de produção mais limpa por meio do gerenciamento da cadeia de suprimentos (com enfoque ambiental, atribuindo responsabilidades ao fornecedor). Inclui também os custos de outras atividades de gestão ambiental, tais como o planejamento ambiental e implantação e manutenção do sistema de gestão, medições ambientais (por exemplo, monitoramento e auditorias de desempenho ambiental), comunicação ambiental (por exemplo, reuniões com a comunidade de entorno, atuação junto a órgãos governamentais, relatórios ambientais) e outras atividades importantes (por exemplo, apoio financeiro para projetos ambientais da comunidade vizinha).

Categoria 5 – Custos de Pesquisa e Desenvolvimento. Inclui os custos de projetos de pesquisa e desenvolvimento relacionados a assuntos ambientais. Como exemplos, podem ser citados os custos para o desenvolvimento de produtos mais eficientes quanto ao uso de energia (refrigeradores, computadores, lâmpadas etc.), os custos com pesquisas sobre a toxicidade de matérias-primas (procurando reduzi-la), aumento da eficiência no uso de materiais em um determinado produto da empresa.

Categoria 6 – Custos Menos Tangíveis. Os custos menos tangíveis são aqueles difíceis de serem quantificados, que não são normalmente capturados pelos sistemas contábeis das empresas, embora se perceba sua existência e possam ser significativos. Inclui os custos internos e externos relacionados a aspectos menos tangíveis. Como exemplos, os custos de responsabilidade ou obrigações referentes a condenações judiciais por danos a recursos naturais, futuras regulações ou leis (por exemplo, custos futuros decorrentes de regulamentos sobre limites de emissões de gases causadores do efeito estufa), produtividade (por exemplo, absenteísmo de empregados em razão de doenças causadas pela poluição), perdas financeiras decorrentes de boicotes de consumidores em vista de problemas ambientais, imagem da organização, relacionamento com as partes interessadas (*stakeholders*) e externalidades.

A vantagem observada com essa classificação é avaliar, nas duas primeiras categorias, o aproveitamento efetivo das matérias-primas e outros materiais adquiridos pela empresa, pois esses custos estarão relacionados ao fluxo (volume) dos produtos, subprodutos e rejeitos e efluentes, traduzidos em forma de custos. Nem sempre se consegue reduzir a geração de resíduos e efluentes, pelas dificuldades tecnológicas, porém um indicativo de custos altos mostra seguramente uma ineficiência do processo, requerendo uma melhor análise das matérias-primas empregadas e do próprio processo de fabricação, com maior atuação em ações preventivas.

2.7.7. Classificação segundo a ISO 14.051:2011 – *Environmental Management – Material flow cost accounting – General Framework*

A própria Organização Internacional de Normalização estabeleceu uma norma, a ISO 14.051:2011, denominada *Environmental Management – Material flow cost accounting – General Framework*, que define uma estrutura geral para a contabilidade de custos ambientais dos fluxos de materiais e energia nos processos. Os fluxos (vazões) de materiais, água e energia que participam do processo são quantificados como unidades físicas (volumes, massas), avaliando-se os custos associados com essas vazões. As informações coletadas podem atuar como motivadoras para que as organizações analisem as oportunidades para gerar, ao mesmo tempo, reduções de impactos ambientais e também benefícios financeiros. Esse método, que é o mais moderno de gestão de custos, já foi exposto anteriormente.

2.7.8. Classificação proposta para custos ambientais

Uma forma possível de classificação de custos ambientais é apresentada, a seguir, na qual os gastos são divididos apenas como "custos" ou "despesas", além de considerar também as "perdas".

Esta forma de classificar os gastos leva em conta rigidamente os conceitos de contabilidade de custos, conforme apresentados no item 2.5.

Naquele capítulo, comentamos que os custos "se incorporam" aos bens ou serviços, ou seja, referem-se às áreas de produção desses bens ou serviços. Por outro lado, as despesas se constituem em gastos necessários para permitirem a obtenção de receitas, referindo-se então aos gastos nas áreas comercial e administrativa da organização.

Os investimentos também se constituem em "custos", quando forem realizados para aumentar o patrimônio da empresa nas áreas produtivas (patrimônio físico, intelectual etc.) e "despesas" quando aumentarem o patrimônio nas áreas comercial e administrativa.

As "perdas" referem-se a gastos que não acarretam nenhum benefício à organização, conforme comentado anteriormente.

Assim, esta classificação prevê:

- • Gastos:
- – Custos (nas áreas de produção e de serviços)
- – Despesas (nas áreas comercial e administrativa)
- – Investimentos:
  - ✓ Custos (nas áreas de produção e de serviços)
  - ✓ Despesas (nas áreas comercial e administrativa)
- – Perdas

Essa classificação é totalmente aderente aos conceitos clássicos de contabilidade de custos, sendo bem fácil de ser implementada, porém preferimos não sugerir o seu uso, pois ela não auxilia tanto na análise posterior dos gastos ambientais em proporcionar uma visão mais claras dos pontos onde os gerentes devem atuar para melhorar a gestão ambiental e reduzir os gastos ambientais. Então, a proposta a seguir não faz uma distinção clara entre "custos" e "despesas", tratando tudo como "custos", mas ajudará posteriormente nas tomadas de decisões empresariais, como veremos, a seguir.

Esta forma de classificação é apresentada, a seguir, com mais detalhes. Preferimos adotar esta forma de enquadramento dos custos ambientais para ficarmos mais próximos à maneira usual de enquadrar os custos da qualidade no Brasil. Em uma primeira divisão, podemos dizer que existem custos de controle da qualidade ambiental e custos decorrentes da falta de controle.

Figura 2.6 – Classificação de custos ambientais

Custos de controle: são os custos incorridos pela organização para eliminar ou reduzir seus impactos ambientais, controlando-os de forma satisfatória. Podem ser subdivididos em:

a) **Custos de prevenção** (*prevention costs*) – são os custos das atividades que visam **prevenir** (evitar) problemas ambientais (geração de impactos fora dos níveis aceitáveis ou potencial elevado de riscos de acidentes ambientais) nos processos de produção e nos produtos e serviços da empresa. São incluídos nesta categoria os gastos que resultam em ativos que contribuem para evitar ou reduzir danos ambientais, evitar a ocorrência de defeitos ou problemas ambientais ao longo do ciclo de vida do produto e custos em implantar e manter a engenharia da qualidade ambiental. São também enquadrados como custos de prevenção:

a1) **Custo das pesquisas para substituição de matérias-primas poluentes**: incluem custos dos estudos, consultorias, testes ambientais realizados no desenvolvimento de produtos (por exemplo, novas substâncias químicas no produto com foco em biodegradabilidade e ecotoxicidade), horas de trabalho em reuniões dos gerentes de produtos e de qualificação, com o propósito de desenvolver novas matérias-primas, para substituição daquelas que são utilizadas, porém causam impactos ambientais significativos, apresentam características tóxicas, apresentam um grau de risco elevado ou produzem resíduos em grande escala.

a2) **Custos de desenvolvimento de produtos ambientalmente melhores**: desenvolvimento de produtos que possuam desempenho ambiental melhores que os anteriormente ofertados, em termos de resíduos gerados ao longo de seu ciclo de vida, consumo de energia, e outros atributos.

a3) **Custos das melhorias nos sistemas (processos), de forma a evitar penalidades**.

a4) **Custos de estudos sobre melhorias no controle de processos (monitoração)**: verificando condições operacionais para o bom desempenho ambiental.

a5) **Custos de gerenciamento de resíduos e efluentes líquidos, tratamento e acondicionamento, para evitar e reduzir emissões**: custos da administração desse processo, do tratamento e do correto acondicionamento dos resíduos em embalagens adequadas, mantidas em depósitos protegidos (eventualmente cobertos), até que seja dado o destino final adequado, com o propósito de evitar problemas ambientais.

a6) Custos de destinação de rejeitos: custo de destinação dos rejeitos, para envio à destinação final adequada (aterros, incineração e outras formas).

a7) Custos dos programas de implantação de melhorias sugeridas e ações preventivas: investimentos visando prevenir a poluição, realizados em cumprimento a um Plano de Ação, elaborado em atendimento aos objetivos e metas ambientais definidas para a obtenção de melhoria de desempenho ambiental da empresa.

a8) Custos de treinamentos dos colaboradores em questões ambientais: visando ao conhecimento da Política Ambiental, dos procedimentos e instruções de trabalho para obtenção de conformidades, além de outros elementos do Sistema de Gestão Ambiental.

a9) Custos da participação de pessoas (facilitadores) em Grupos de Trabalho visando à melhoria da qualidade ambiental: custos correspondentes às horas dedicadas a Grupos de Trabalho constituídos para discutir e sugerir uma linha de conduta para a organização, seus objetivos, metas e definição dos indicadores de desempenho. Além do custo das horas dedicadas a reuniões e trabalhos específicos, devem ser computados os gastos eventuais com viagens, hospedagens, material utilizado e outros correlacionados à atividade.

a10) Custos de licenciamento ambiental: custo de licenças ambientais, custo de estudos de impacto ambiental, custos de estudos de monitoramento e relatórios, atividades consideradas como importante ferramenta de prevenção da poluição.

a11) Custos de certificação ambiental: por exemplo, custos com a obtenção de certificação ISO 14.001.

a12) Custos de descomissionamento: refere-se à parte ambiental dos custos em atividades de descomissionamento.

a13) Custos de participação em entidades ambientalistas: CBEDS, Atuação Responsável da ABIQUIM etc.).

a14) Custos de pessoal responsável por atividades ambientais: inclui escritórios, computadores, softwares etc.

a15) Custos de proteção da biodiversidade.

a16) Custos de proteção do solo e águas do subsolo: por exemplo, custos de prevenção de infiltração de rejeitos no solo, custos de proteção dos solos contra a erosão.

a17) Investimentos em reciclagem.

a18) Investimentos em energia renovável para substituição de energia de origem fóssil: custos com os estudos, projetos e equipamentos requeridos para a troca do tipo de energia, visando à menor emissão de gases poluentes e contribuintes para o aquecimento global.

a19) Investimentos em educação ambiental para a comunidade.

a20) Custos de programas para redução de ruídos.

b) **Custos de avaliação** (*appraisal costs*) – são os custos para manter os níveis de qualidade ambiental da empresa, por meio de avaliações formais do sistema de gestão ambiental. São levantados os custos com inspeções, testes, auditorias da qualidade ambiental e despesas similares. Esses custos estão associados à comparação de resultados reais com os indicadores de desempenho ambiental estabelecidos pela empresa. Além desses, cabe lembrar outras situações:

b1) Gastos com auditorias ambientais: engloba todos os custos incorridos em auditorias internas e externas (horas de pessoal empregado, eventuais consultores e auditores, empresas contratadas, recursos materiais, transportes etc.).

b2) Custo de avaliação de novos processos. Corresponde aos custos com testes de novos processos ou novos produtos, que estão sendo alterados para melhorar o desempenho ambiental (uso de tecnologias mais limpas, por exemplo). Englobam custos com testes de emissões de poluentes, testes dos novos processos de produção e testes com novas embalagens (que resultem em descartes menos impactantes ao meio ambiente).

b3) Custo da avaliação ambiental de fornecedores. São incluídos nesta categoria os custos com auditorias ambientais em fornecedores, com o objetivo de avaliar o seu desempenho e troca de informações e experiências. Lembramos que muitas empresas colocam em suas políticas ambientais intenções relacionadas ao apoio prestado aos fornecedores e cobranças para que estes realizem melhorias em seu desempenho ambiental.

b4) Custo da monitoração ambiental na produção. São os custos referentes à realização de medidas de vazões, massas e determinação das características físico-químicas e biológicas dos efluentes lançados na atmosfera, em cursos d'água, além de quantificação dos resíduos sólidos resultantes das atividades produtivas. Esses custos quantificam as análises realizadas antes e após a passagem dos resíduos por estações de tratamento.

b5) Monitoração ambiental na expedição. Corresponde aos custos referentes à monitoração e análise nas áreas de carregamento e expedição de produtos (necessárias principalmente para embarques a granel, onde ocorrem com maior frequência as emissões fugitivas).

b6) Custos de manutenção e aferição de equipamentos e instrumentos de testes para inspeções e monitoração ambiental. São os custos referentes à obtenção de confiabilidade metrológica das análises e testes realizados nos laboratórios da empresa na própria planta industrial, ou em laboratórios contratados para realizar essas atividades.

b7) Custos de avaliação de passivo ambiental. Custo das avaliações para determinar a extensão dos danos causados por contaminações do solo, de águas (aquíferos) e determinação dos volumes e características dos resíduos estocados, computando-se os custos referentes à descontaminação e destinação correta desses resíduos e efluentes.

b8) Custos de teste de novos produtos: referem-se aos custos de testes realizados em novos produtos, realizados por razões ambientais.

b9) Custos de avaliação de conformidade: referem-se aos custos incorridos para garantir o cumprimento de leis e outras normas voluntariamente assumidas pela organização.

Custos de falhas de controle: são os custos incorridos pela organização quando ela não conseguiu controlar os seus impactos ambientais e, consequentemente, é obrigada a gastar recursos para remediar ou corrigir problemas ambientais resultantes. Podem ser subdivididos em:

c) **Custos de falhas internas e de recuperação ambiental** – é o primeiro dos custos decorrentes das falhas (ou falta) de controle. Esses custos resultam de ações internas na empresa, tais como correções de problemas ambientais e recuperação de áreas internas degradadas, desperdícios de material, de energia, de água e outros recursos naturais, além de tempos parados de máquinas, como resultado de problemas ambientais (interdições) e retrabalhos com peças, também resultantes de não conformidades ambientais. Incluem todos os custos incorridos pelo não atendimento de normas, padrões, procedimentos operacionais explícitos de gestão ambiental e correções de não conformidades.

c1) **Correção de não conformidades ambientais**: custos com a detecção, registro, avaliação e investigação da não conformidade ambiental, com a sua correção e implantação de medidas de controle para evitar a sua recorrência.

c2) **Problemas de saúde ocupacional**: custos referentes a tratamentos médicos e ausências de funcionários ao trabalho, como resultado de eventos ligados à saúde ocupacional, resultantes de condições ambientais inadequadas.

c3) **Disposição de efluentes e resíduos**: custos com o transporte e disposição externa de resíduos e efluentes, que não puderam ser eliminados ou tratados na própria empresa, gerados em condições anormais. Cabe lembrar que os resíduos gerados em condições normais inerentes ao próprio processo produtivo, nas quantidades e condições especificadas pelo processo, não são enquadrados como "custo de falhas" e seu custo de disposição seria enquadrado como um "custo de prevenção", realizado com técnica adequada para evitar problemas ambientais. O custo da disposição dos efluentes e resíduos, gerado em condições anormais e eventuais, precisa ser computado e poderia ser considerado como um custo de prevenção, porém com a ótica de procurar reduzi-lo, é proposto seu enquadramento como um custo de falhas internas.

c4) Remediação de passivos internos à empresa: trata-se de custos referentes à correção (eliminação) de passivos ambientais internos à área da empresa, tais como resíduos sólidos estocados ou dispostos no terreno, contaminação de águas do subsolo, entre outros.

c5) Custos de desperdício de material, mão de obra e de uso desnecessário de máquinas (ineficiências): referem-se aos gastos com uso desses recursos em excesso, fora de limites considerados razoáveis e normais.

c6) Custos de adicional de periculosidade pelo uso de produtos perigosos: o uso de produtos perigosos implica no pagamento de adicional de periculosidade aos colaboradores envolvidos. Assim, procurando-se reduzir o uso desses materiais resultará em benefícios ambientais. Uma das formas de estimular esse processo de substituição desses materiais por outros de menor risco é realizar a contabilidade desses custos.

c7) Custos relacionados à toxicidade de um produto: custos referentes ao adicional de manutenção na empresa e da destinação final de produtos tóxicos, por exemplo, quando se manipula arsênio, TCDD e urânio.

c8) Custo de transporte de rejeitos: enquadra-se nesta categoria o custo de transporte de rejeitos gerados em condições anormais (excesso).

c9) Custos adicionais de limpeza de equipamentos devido a propriedades de produtos perigosos: sua contabilidade deve ser realizada de modo a evidenciar os valores, eventualmente elevados, de forma a estimular a substituição desses produtos, quando tecnicamente viável.

c10) Custos de desmobilização da planta industrial (parte em rateio), referente a demolições, limpeza e destinação final: custos ambientais dessas atividades.

c11) Custos de correção de vazamentos em redes de distribuição de água.

c12) Perdas de solo agrícola por erosão (fazendas).

c13) Perdas de solo por contaminação (incluindo salinização).

c14) Gastos com incineração de rejeitos: custos de incineração de rejeitos gerados forma dos limites normais aceitáveis e tecnologicamente usuais.

c15) Valor da depreciação de equipamentos de controle da poluição.

c16) Modificação (perda) de valor de mercado da empresa como resultado de contaminações ou degradações ambientais.

c17) Taxas ambientais por emissões: custo de taxas ambientais pagas pela empresa, referentes a emissões de CO_2 (tendência mundial com o Acordo de Paris), de enxofre (hoje em vigor nos Estados Unidos, na Suécia e em outros países) e de NOx.

d) **Custos de falhas externas e de ações externas de recuperação ambiental** – compreendem os custos de qualidade ambiental insatisfatória e não conformidades fora dos limites da empresa, como resultado de uma gestão ambiental inadequada. Incluem os custos decorrentes de queixas ambientais de consumidores, levando à existência de despesas de correção, recuperação de áreas externas degradadas ou contaminadas pela atividade da empresa, multas aplicadas por órgãos ambientais de controle, ações legais resultantes da disposição inadequada de resíduos, acidentes no transporte de produtos tóxicos, inflamáveis, corrosivos, campanhas publicitárias para explicar acidentes e problemas, demandas trabalhistas decorrentes de acidentes ambientais, entre outras.

d1) Custos de solução de reclamações das partes interessadas: custos relacionados ao atendimento de reclamações de vizinhos, clientes e outros, relacionadas ao desempenho ambiental da empresa. Devem ser computados os custos referentes ao tempo das pessoas designadas para realizar o atendimento das partes interessadas (reuniões, respostas a correspondências etc.), à investigação da procedência da reclamação, às ações corretivas tomadas e ações para evitar a reincidência do evento.

d2) Remediação de passivos externos à empresa: trata-se de custos referentes à correção (eliminação) de passivos ambientais externos à área da empresa, tais como: resíduos sólidos dispostos inadequadamente, contaminação de águas do subsolo etc.

d3) Recuperação da imagem da empresa. Custos relacionados à recuperação da imagem da empresa, após um evento ambiental anormal que provocou um desgaste nessa imagem.

d4) Custos da logística reversa: custos denominados em inglês como *take back costs*, (referentes aos custos de materiais e produtos vendidos pela empresa e que precisam ser recolhidos, por força de determinações legais ou por decisão da empresa, como, por exemplo, ocorre com as pilhas, baterias, garrafas, embalagens de agrotóxicos, outras embalagens, entre outros.

d5) Custos de degradação de florestas.

d6) Custos por danos ambientais e seguro para reparação.

d7) Custos para recuperar recursos esgotáveis degradados: por exemplo, custos de reflorestamentos.

d8) Custos de repovoamento de rios com peixes: custos decorrentes de danos ambientais provocados pela empresa nos rios, exigindo-se o seu repovoamento.

d9) Perdas de terreno e patrimônio natural (uso da terra) devido a desastres naturais (alagamentos, fogo etc.).

d10) Custos decorrentes da poluição do ar por veículos: custos de emissões avaliadas como estando fora de limites da normalidade.

d11) Custos de descontaminação de solos: referentes a contaminações provocadas pela empresa, sendo ela obrigada a corrigir os problemas (voluntariamente ou por determinação legal).

e) **Custos intangíveis** – são aqueles com alto grau de dificuldade para serem quantificados, embora a sua existência seja percebida com clareza. Com frequência, tais custos não podem ser diretamente associados a um produto ou processo. Eles são identificados pela associação de um resultado a uma medida de prevenção adotada. Como exemplos, citamos a perda de valor da empresa (ou das ações) como resultado de desempenho ambiental insatisfatório, baixa produtividade dos colaboradores como resultado de um ambiente poluído, contaminado ou inseguro, dificuldades e aumento de tempo (e custos) na obtenção do licenciamento ambiental como resultado de multas e problemas anteriormente constatados. Também podemos incluir nesta categoria as perdas de faturamento decorrentes de boicotes de consumidores, como exemplo a situação de boicotes de consumidores à Shell na Europa, insatisfeitos com o destino dado pela empresa à plataforma tipo boia chamada Brent Spar, para armazenagem de petróleo.

Os clientes, ou em termos mais genéricos a Sociedade, representada pelos órgãos ambientais e pelo Ministério Público, não têm uma preocupação maior com os custos da empresa. O que se deseja é que a empresa se coloque, em relação aos seus processos industriais, produtos e serviços, dentro de limites aceitáveis principalmente no tocante à produção de poluentes e resíduos. Constitui-se em um problema interno da administração da empresa conciliar os custos de controle com os custos decorrentes da falta de controle para que o preço cobrado em seus produtos e serviços esteja situado em patamares compatíveis com a concorrência.

2.8 - CUSTOS DA QUALIDADE – A PROCURA DO MÍNIMO CUSTO TOTAL

Foi mostrada, no item anterior, uma possível classificação das parcelas que compõem o custo da qualidade ambiental. O que se deseja é que, para a empresa, o custo total se aproxime do valor mínimo. Esses custos variam muito de indústria para indústria, dependendo de sua atualização tecnológica, com relação a equipamentos que produzam menos resíduos e poluentes, do tipo de produto fabricado, da matéria-prima empregada, da condição de motivação e treinamento dos funcionários sobre a postura com relação aos problemas ambientais etc. De um modo geral, pode-se dizer que os dois tipos de custos ambientais (custos de controle e custos decorrentes da falta de controle) compõem duas curvas com números antagônicos. Se gastarmos muito em controle (prevenção e avaliação), em princípio deveríamos estar gastando muito pouco com o custo de falhas e vice-versa. Essas curvas mostram uma situação do tipo:

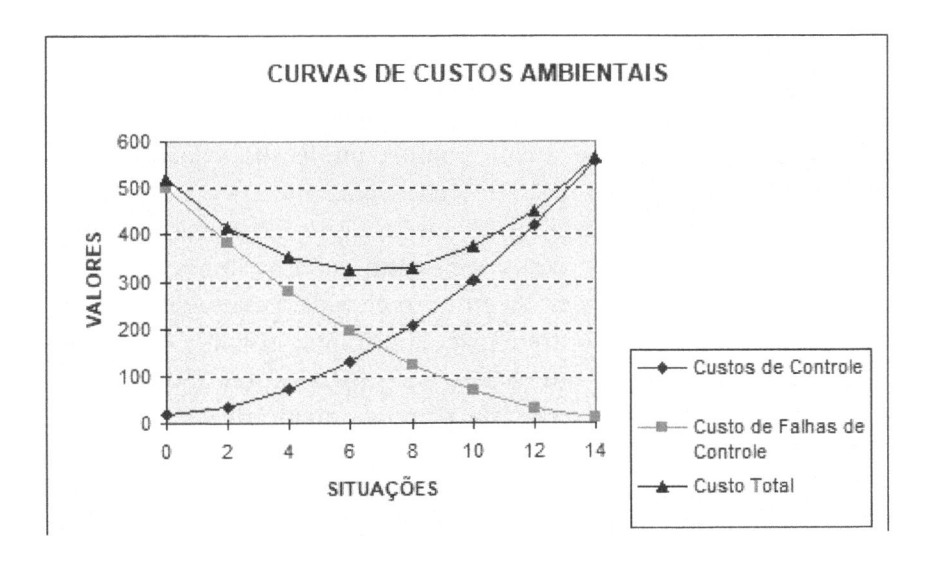

Figura 2.7 – A procura do mínimo custo total

O que nos interessa é o custo global, que é obtido pela soma das curvas de custos de controle, com os custos de falhas de controle, conseguindo-se definir as situações em que os custos sejam **mínimos**, desde que se consiga obter um desempenho ambiental mínimo nestas condições, compatível com as exigências da legislação e com os objetivos e metas da empresa.

A região mais à esquerda no gráfico (situações 0 a 2, em que os custos totais são muito altos como decorrência dos altos custos de falhas) é chamada de "região de melhoria", pois se deve investir primordialmente em prevenção e avaliação, para reduzir os custos de falhas. A região à direita, pelo contrário (situações 12 a 14), com custo total elevado como consequência de custos altos de prevenção e avaliação é chamada de "região de perfeccionismo". O ponto ideal seria atingirmos a região entre as situações 7 e 8, de custo mínimo global.

É interessante realizar uma análise em particular do efeito do custo, quando se realiza uma melhoria do processo. Por exemplo, queremos implantar uma instalação que faça o tratamento de resíduos (filtragem etc.). O gráfico abaixo, representando no eixo das abcissas (X) uma determinada redução na quantidade de resíduos (por exemplo, g/m^3 de efluentes) e no eixo das ordenadas (Y) o custo adicional para se conseguir aquela determinada redução, mostra aquilo que geralmente acontece nestes casos (é importante lembrar que cada processo tem um comportamento diferente, portanto curvas diferentes). O que se obtém é uma parábola quadrática que se torna às vezes uma parábola cúbica, ou seja, para se conseguir certa melhoria x, quando a quantidade de resíduos ainda é muito elevada, geralmente é muito fácil, gastando-se y. Em outra região, já fica mais difícil (e mais caro), pois para conseguirmos remover os mesmos x de resíduos, teremos que gastar o dobro (2y, região da parábola quadrática) e, em outro trecho (parábola cúbica ou mais ainda), para remover os mesmos x teremos que gastar 3y, 4y etc. Essa visão mostra que, quando se atinge a região de perfeccionismo, os custos podem se tornar inviáveis, cabendo ao administrador público examinar com cuidado esses aspectos de custo para não fixar limites legais desse tipo, e aos gerentes da empresa, escolher com cuidado as metas, de modo a não onerarem a empresa com sistemas muito caros, correspondendo a um pequeno aumento dos benefícios. A região de trabalho indicada (se neste caso o limite legal estiver sendo atendido com alguma margem) pode ser próxima ao ponto de transição da parábola quadrática para a cúbica ou de nível ainda mais alto.

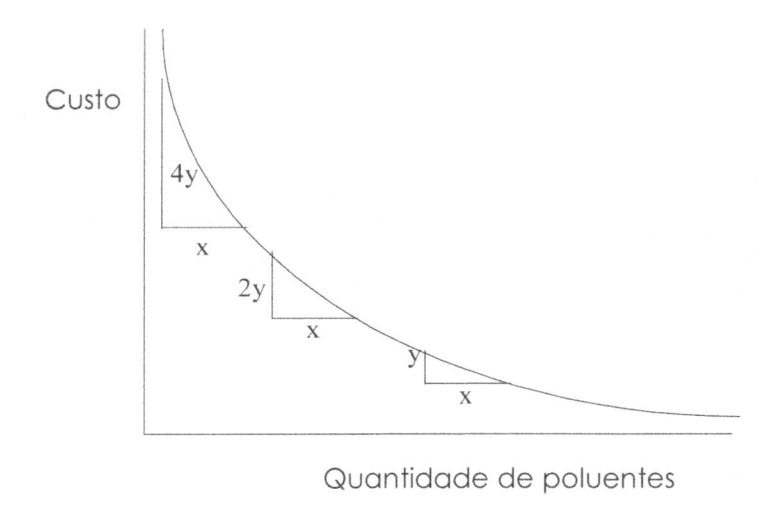

Figura 2.8 – Crescimento do custo quando se aumenta o requisito de redução de poluente

Não dispomos, até o presente, de dados que reflitam os custos da qualidade ambiental conforme foi acima classificado. Esses valores dependem do tipo de indústria (siderúrgica, alimentícia, de serviços), das matérias-primas envolvidas (produtos "limpos" ou de alto risco ambiental), dos tipos de energia utilizados (energia elétrica, óleo combustível pesado, gás natural etc.), do grau de atualização tecnológica dos equipamentos empregados no processo industrial. Como informação, *Juran* registra que para indústrias que fabricam materiais mais grosseiros, com pouco conteúdo tecnológico, os custos da qualidade situam-se próximos a 2%. Quando se trata de indústrias de alta precisão e confiabilidade, os custos podem representar 25% das vendas.

A avaliação das parcelas de custos de controle e falhas de controle pode ser feita para cada processo (analisando-se os efluentes e resíduos produzidos em cada processo industrial, ou em cada produto, conforme seja possível obter dados de custos), ou para um determinado processo ou produto ao longo do tempo. Esta última forma é mais efetiva para demonstrar as melhorias obtidas ao longo do tempo, permitindo-se julgar a validade, ou não, da realização dos investimentos e o desempenho do gerenciamento ambiental. Os gráficos podem permitir conclusões sobre quanto se economizou, como ficaram os custos em relação às vendas e outras análises que orientem o planejamento estratégico da empresa na área ambiental. Apresentaremos algumas simulações, como exemplos da proposta.

Os quadros apresentados, a seguir, simulam exemplos numéricos de custos, classificados pelo método proposto, e que permitem chegar a algumas conclusões sobre as possíveis ações a serem tomadas pelos gerentes visando reduzir os custos ambientais.

Quadro 2.1 – Custos ambientais totais por processo

	Processo A	Processo B	Processo C	Processo D	Processo E
PREVEN-ÇÃO	126	134	46	92	35
AVALIAÇÃO	112	172	84	250	81
FALHAS IN-TERNAS	77	105	37	92	105
FALHAS EXTERNAS	35	67	53	76	49
Totais	350	478	220	510	270

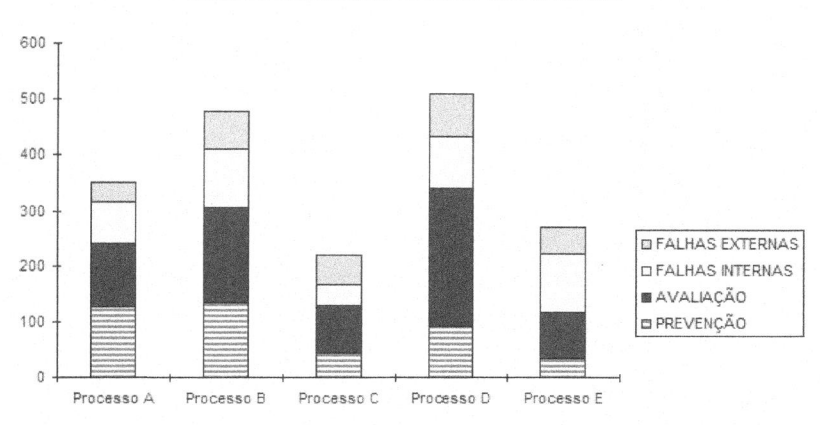

CUSTOS AMBIENTAIS TOTAIS POR PROCESSO

Figura 2.9 - Custos dos processos

Conclusões da análise:

O processo D é aquele onde ocorrem os maiores gastos, ou seja, deverá ser o primeiro a se tentar analisar, em profundidade, quais os possíveis ganhos. Aparentemente, nesse processo gasta-se muito com avaliação e talvez pouco em prevenção.

O segundo processo em importância de dispêndios é o processo B, muito próximo do D.

Seria importante realizar, para esses dois processos, uma análise temporal e uma simulação sobre o que ocorreria quando se procurasse reduzir os custos de avaliação. Para o processo D uma primeira investigação seria modelar por simulação o aumento de investimentos em prevenção e avaliar quais seriam os demais custos.

Quadro 2.2 – Distribuição percentual de custos por processo

	Processo A	Processo B	Processo C	Processo D	Processo E
PREVEN-ÇÃO	36	28	21	18	13
AVALIA-ÇÃO	32	36	38	49	30
FALHAS INTER-NAS	22	22	17	18	39
FALHAS EXTER-NAS	10	14	24	15	18
Totais	100	100	100	100	100

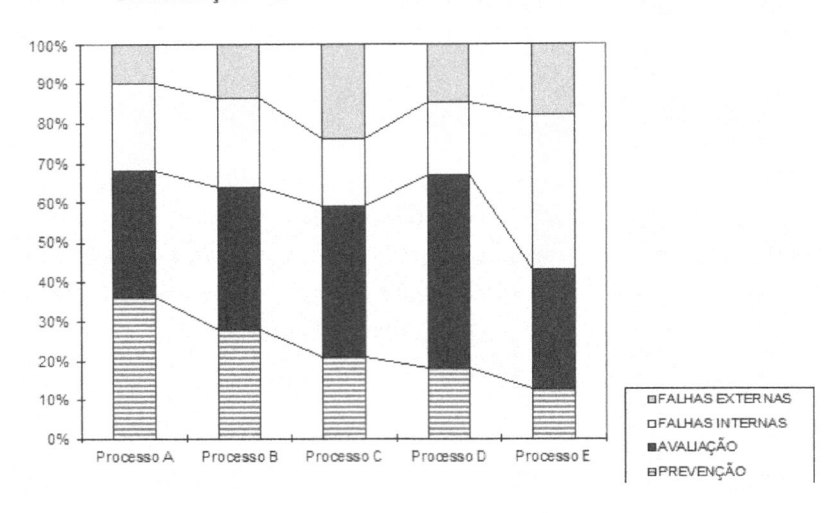

Figura 2.10 – Custos percentuais dos processos

Conclusões da análise:

a) O processo A é o mais equilibrado. Mesmo assim, constatamos que os dispêndios somados em prevenção e avaliação estão elevados, da ordem de 68%, quando deveríamos estar situados em valores da ordem de 50%.

b) Os processos B, C e D também estão consumindo muitos recursos em prevenção e, sobretudo, em avaliação.

c) Fica visível que o processo D tem um problema de excesso de gastos com avaliação, sendo necessária uma análise em profundidade desse problema, com o auxílio de um Plano de Ação.

d) O processo E parece estar mais equilibrado, embora seja desejável reduzir custos com falhas internas. Devem ser investigados os benefícios de se aumentar os investimentos em prevenção, que parecem baixos.

Quadro 2.3 – Dispêndios para um mesmo processo ao longo dos anos

	ANO 1	ANO 2	ANO 3	ANO 4
PREVENÇÃO	73,8	94,6	121,6	126
AVALIAÇÃO	82	129	95	112
FALHAS INTERNAS	151,7	120,4	98,8	77
FALHAS EXTERNAS	102,5	86	64,6	35
Totais	410	430	380	350

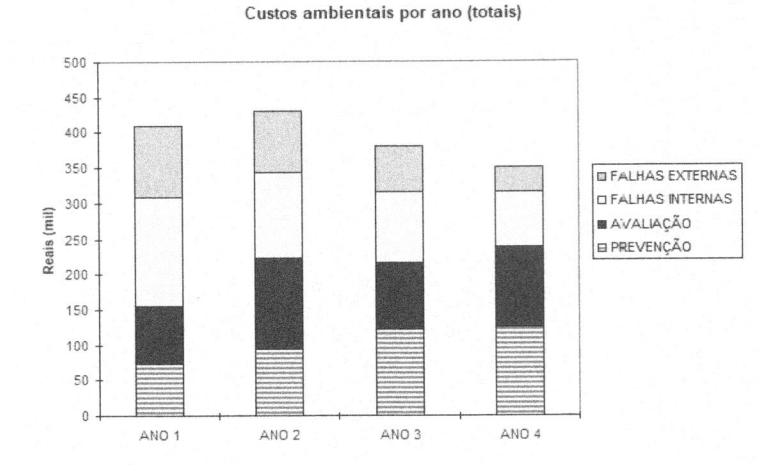

Figura 2.11 – Custos de um processo ao longo dos anos

Conclusões da análise:

a) Constata-se que houve benefícios em aumentar os investimentos em prevenção, pois o custo ambiental global reduziu-se a partir dos anos 3 e 4.

O efeito de aumento de investimentos, sobretudo em avaliação, não produziu resultados imediatos no ano 2, conforme esperado, sentindo-se os efeitos no ano 3.

Quadro 2.4 – Gastos percentuais ao longo dos anos para um determinado processo ou produto

	ANO 1	ANO 2	ANO 3	ANO 4
PREVENÇÃO	18	22	32	36
AVALIAÇÃO	20	30	25	32
FALHAS INTERNAS	37	28	26	22
FALHAS EXTERNAS	25	20	17	10
Totais	100	100	100	100

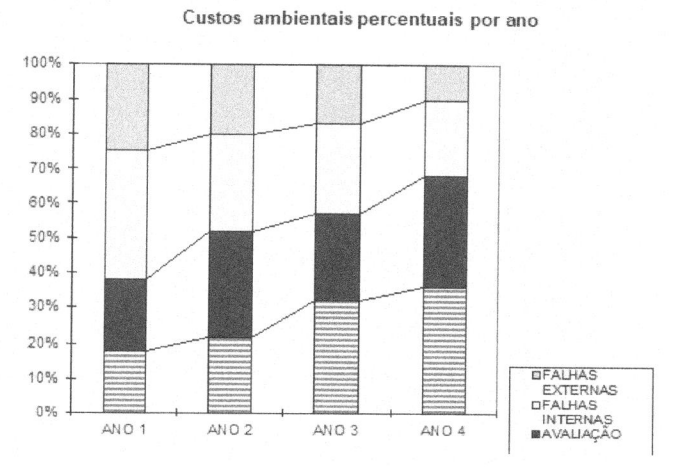

Figura 2.12 – Custos percentuais de um processo ao longo dos anos

Conclusão da análise:

Para o futuro, a partir do ano 4, sugere-se avaliar a possibilidade de reduzir os gastos com avaliação, sem que ocorra aumento dos custos de falhas, de forma que a soma de prevenção e avaliação fiquem por volta de 50%.

SUGESTÕES COMO LINHA DE AÇÃO

O emprego do TQC (*Total Quality Control*) pode colaborar com a redução de falhas e, ao mesmo tempo, de despesas com prevenção e avaliação, além de melhorar a qualidade dos produtos e serviços, com redução de custos. Outros fatores que colaboram com a redução de custos são o uso de processos estruturados e bem elaborados de administração, a implementação de um Sistema de Gestão Ambiental, a otimização dos projetos e instalações, gerando-se menor quantidade de poluentes e resíduos (maior economia e menos dispêndios), realizar uma melhor operação da planta gerando mais economia e menos despesas, menor quantidade de resíduos a dispor e a tratar, menor consumo de energia e de recursos.

Ganhos significativos podem ser obtidos com a otimização dos programas de monitoramento, otimização dos programas de gestão da qualidade da água, do ar, dos resíduos e de produtos perigosos, redução dos custos de matérias-primas com a utilização de programas de reciclagem e reutilização de materiais, redução de prêmios de seguros, otimização de programas de treinamento, entre outras ações.

A melhoria da confiabilidade dos equipamentos da planta e de sua segurança, conseguida com a realização de estudos de confiabilidade e análise de riscos, reduz custos ambientais. Uma manutenção dos equipamentos bem realizada também é encarada como medida preventiva à ocorrência de problemas ambientais, que iriam aumentar o custo de falhas.

O grande ganho de custos é obtido pela redução de dois custos usualmente significativos, o custo de falhas internas e o custo de falhas externas e, muitas vezes, no custo de avaliação (por vezes o custo da inspeção e testes, na forma tradicional de trabalho, é elevado), isso à custa de um pequeno aumento nos custos de prevenção.

Conforme comentamos antes, o que nos interessa é a redução do custo global; muitas vezes, é preferível aumentar uma das parcelas, desde que o custo global se reduza.

Muitas vezes, em sistemas da qualidade, o dinheiro está sendo gasto de uma maneira errada: gasta-se muito para corrigir falhas do produto, muito dinheiro gasto em inspeções para garantir que um produto ruim não acabe indo para o cliente e, muito pouco (quase nada) em tecnologias que impeçam a existência do defeito (prevenção).

Historicamente, as falhas e as despesas de avaliação (*appraisal*) sempre caminham juntas. Depois que essas despesas começam a crescer é muito difícil abaixá-las, pois envolvem manter os laboratórios que foram montados, inspetores contratados etc.

Ao implantarmos um sistema de gestão ambiental com enfoque em custos, é necessário um cuidado alto para que não realizemos investimentos que levem a um ciclo de desperdícios, ao invés de benefícios. Quanto mais problemas e não conformidades existirem (mais alto o custo de falhas), teríamos a tendência (resposta tradicional) de realizarmos mais inspeções (custo mais alto de avaliações, sem muito efeito na eliminação de defeitos), sem necessariamente adotarmos soluções preventivas que impeçam a repetição das falhas, uma melhor engenharia dos processos etc.

Uma ideia seria que a empresa, inicialmente, quantifique os quatro tipos de custos e, conhecendo os custos de falhas e de avaliações, financie um aumento conhecido para os custos de prevenção, durante certo tempo (quatro meses, por exemplo, ou mais tempo, dependendo do tempo de maturação e implementação das soluções). Ao fim desse período, todos os ganhos resultantes de reduções dos custos de falhas e avaliações seriam transferidos para o orçamento de prevenção, por mais quatro meses. Ao fim desses quatro meses é que a empresa poderia ganhar no custo total. Mais quatro meses, e haveria logo no primeiro ano um ganho no custo total, representado pela economia nos últimos quatro meses. No ano seguinte recomeçaria o ciclo. Isso seria uma forma de medir e cobrar metas.

Quando se investe em prevenção por meio de melhorias introduzidas nos equipamentos e sistemas de produção, visando à geração de menor quantidade de resíduos e poluentes, diminui o custo de falhas internas e externas, o mesmo ocorrendo com os custos de avaliação. Com menos falhas e problemas, haveria uma menor necessidade de rotinas de inspeção e de atividades de testes. Melhorando-se as práticas de controle da qualidade ambiental e modernizando-se os equipamentos de inspeções e testes operados por colaboradores mais eficientes e mais bem treinados, pode-se, inclusive, chegar a uma redução de operadores e de custos de avaliação. O resultado seria a redução de custos da qualidade ambiental e melhor desempenho, além de um melhor retorno dos investimentos.

Uma forma de avaliação dos custos ambientais, à semelhança de um quadro sugerido por *Feigenbaum* para os custos da qualidade, pode ser feita montando-se tabelas que comparem os custos ambientais, em suas várias categorias (prevenção, avaliação etc.) como uma percentagem do faturamento, ou dos gastos totais de produção, por exemplo. Essa tabela deverá mostrar esse valor para o mês que passou, para o ano em curso, e do ano anterior, mostrando assim a evolução dos números. Esse quadro deverá ser feito para cada área da empresa, como, por exemplo, engenharia, produção, recursos humanos (treinamento) etc.

Quadro 2.5 – Planilha para registro de custos ambientais

Empresa:	Faturamento no mês: Faturamento no ano: Faturamento no ano anterior:		Data:			
Áreas de custo	Área analisada: (Ex.: Engenharia – projeto)					
	No mês R\$	% sobre vendas	Acum. no ano em curso	% sobre vendas	No ano anterior	% sobre vendas
Preven-ção						
Avaliação						
Falha interna						
Falha externa						
Total						

Além do quadro, podem ser feitos gráficos que mostrem os mesmos dados, permitindo uma melhor visualização.

Exemplo: gráfico de custos totais da qualidade ambiental, para cada mês em relação à porcentagem do total de vendas

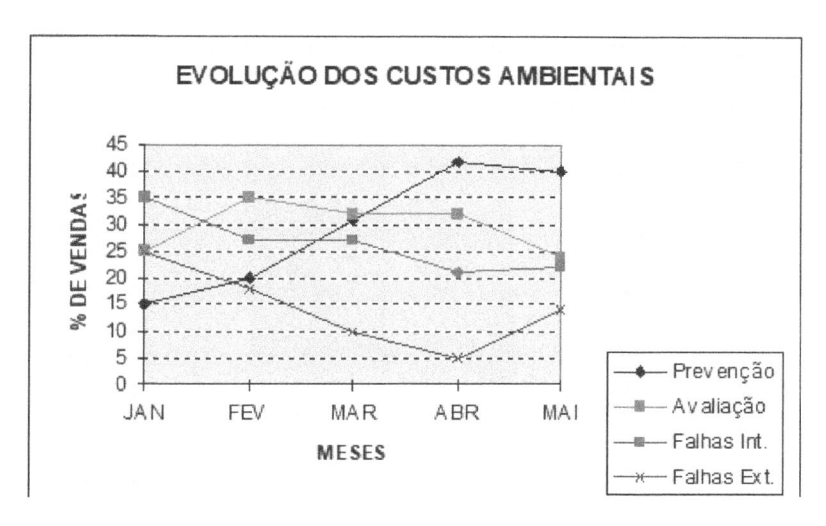

Figura 2.13 – Evolução dos custos ambientais

2.9 - EXERCÍCIO PROPOSTO

A seguir serão apresentados diversos itens de custos sem nenhuma ordenação. Para uma melhor compreensão da contabilidade de custos da empresa, colocamos também alguns custos não diretamente ligados a custos ambientais. Nesses, procure identificar o seu enquadramento em custos diretos, indiretos e despesas. Para os custos classificados em "custos ambientais", realize o enquadramento, conforme apresentado neste texto.

	Custos operacionais gerais			Custos Ambientais				
	Diretos	Indiretos	Despesas	Prevenção	Avaliação	Falhas internas	Falhas externas	Intangíveis
Teste de efluentes em laboratório (composição química)								
Estudos de confiabilidade dos processos quanto a acidentes ambientais								
Gastos com auditorias ambientais								
Gastos com publicidade								
Avaliação de passivo ambiental								
Inspeções de rotina nos sistemas industriais de controle de poluição								
Viagens para participar de congressos								

	Custos operacionais gerais			Custos Ambientais				
	Diretos	Indiretos	Despesas	Prevenção	Avaliação	Falhas internas	Falhas externas	Intangíveis
Retrabalhos decorrentes de queixas de clientes sobre a qualidade ambiental dos produtos								
Solução de reclamações das partes interessadas								
Administração e Planejamento da Qualidade Ambiental								
Custos da logística reversa								
Avaliação de conformidade								
Testes e inspeções de materiais adquiridos quanto à emissão de particulados								
Análise do projeto de um produto quanto à sua reciclagem								

	Custos operacionais gerais			Custos Ambientais				
	Diretos	Indire-tos	Despesas	Preven-ção	Avalia-ção	Falhas internas	Falhas externas	Intan-gíveis
Gerenciamento de resíduos e efluentes líquidos, tratamento e acondicionamento, para evitar e reduzir emissões								
Contribuições e encargos sociais dos empregados da fábrica								
Retrabalhos em produtos por problemas ambientais								
Disposição de efluentes e resíduos								
Custos de viagens de inspetores aos fornecedores para avaliar seu SGA								
Custos de desperdício de material, mão de obra e de uso desnecessário de máquinas (ineficiências)								

	Custos operacionais gerais			Custos Ambientais				
	Diretos	Indiretos	Despesas	Prevenção	Avaliação	Falhas internas	Falhas externas	Intangíveis
Custos financeiros (juros, comissões bancárias)								
Material de limpeza								
Custos de adicional de periculosidade pelo uso de produtos perigosos								
Investimentos em educação ambiental para a comunidade								

	Custos operacionais gerais			Custos Ambientais				
	Diretos	Indiretos	Despesas	Prevenção	Avaliação	Falhas internas	Falhas externas	Intangíveis
Custo dos laboratórios, calibração e reparo de instrumentos usados para medir a composição dos resíduos								
Matérias-primas empregadas na fabricação								
Custos de degradação de florestas								
Investimentos em reciclagem								
Custos com testes externos para corrigir imperfeições decorrentes de queixas								
Treinamento dos operários sobre obtenção de qualidade nos produtos								
Inspeção de efluentes no processo								

	Custos operacionais gerais			Custos Ambientais				
	Diretos	Indi-retos	Despesas	Preven-ção	Avaliação	Falhas internas	Falhas externas	Intan-gíveis
Programas para redução de ru-ídos								
Desperdícios de energia elétrica e de água								
Depreciação das máquinas da produção								
Licenciamento ambiental								
Custos de desmobilização da planta industrial (parte em ra-teio), referente a demolições, limpeza e destinação final								
Custos por danos ambientais e seguro para reparação								
Peças de reposição das máqui-nas								
Custos para recuperar recursos esgotáveis degradados								

	Custos operacionais gerais			Custos Ambientais				
	Diretos	Indiretos	Despesas	Prevenção	Avaliação	Falhas internas	Falhas externas	Intangíveis
Custo de energia elétrica, vapor, óleo, materiais de consumo, utilizados em testes de análise do ciclo de vida do produto								
Mão de obra de pessoal de escritório								
Perdas de solo agrícola por erosão (fazendas)								
Investimentos em energia renovável para substituição de energia de origem fóssil								
Estudos para implantação da ISO 14.001								
Aluguéis								
Repovoamento de rios com peixes								
Controle de vazamentos em redes de distribuição de água								

	Custos operacionais gerais			Custos Ambientais				
	Diretos	Indiretos	Despesas	Prevenção	Avaliação	Falhas internas	Falhas externas	Intangíveis
Perdas de matéria-prima, fora dos limites usuais								
Inspeção de qualidade no processo de produção								
Custos com elaboração do EIA-RIMA								
Proteção do solo e águas do subsolo								
Gastos com mão de obra do pessoal empregado em manuseio de material rejeitado por problemas ambientais								
Mão de obra de operários empregados na fabricação								
Custos decorrentes da poluição do ar por veículos								

	Custos operacionais gerais			Custos ambientais				
	Diretos	Indi-retos	Despesas	Pre-venção	Avalia-ção	Falhas internas	Falhas externas	Intan-gíveis
Gastos com a implantação de sistemas com melhor combustível								
Remediação de áreas internas contaminadas								
Proteção da biodiversidade								
Perda de valor da marca em consequência de um acidente ambiental								
Inspeção de recebimento de material								
Descontaminação de solos								
Elaboração de procedimentos operacionais para operação da ETE								
Transportes e fretes de produtos								
Certificação ambiental								

	Custos operacionais gerais			Custos ambientais				
	Diretos	Indi-retos	Despesas	Pre-venção	Avalia-ção	Falhas internas	Falhas externas	Intan-gíveis
Ações trabalhistas resultantes de condições ambientais inadequadas da empresa								
Conta telefônica da empresa								
Treinamento em procedimentos de minimização de rejeitos								
Participação em entidades ambientalistas								
Seguros								
Gastos com incineração de rejeitos								
Análise de falhas								
Combustíveis e lubrificantes								
Mão de obra despendida no estudo de modificações do processo produtivo visando às melhorias ambientais								

	Custos operacionais gerais			Custos Ambientais				
	Diretos	Indi-retos	Despesas	Pre-venção	Avalia-ção	Falhas internas	Falhas externas	Intan-gíveis
Remediação de áreas externas con-taminadas								
Depreciação dos veículos de entre-ga de produtos								
Valor da depreciação de equipa-mentos de controle da poluição								
Compra de um novo filtro								
Salários da diretoria								
Comissões de vendedores								
Taxas ambientais por emissões								
Modernização de equipamentos do processo para gerar menos resíduos								
Água (conta de consumo de água)								
Recursos legais por problemas am-bientais								
Material de escritório								

	Custos operacionais gerais			Custos Ambientais				
	Diretos	Indi-retos	Despesas	Pre-venção	Avalia-ção	Falhas internas	Falhas externas	Intan-gíveis
Excesso de dispêndios na obtenção de licenciamento								
Depreciações de máquinas de escritório								
Energia elétrica								

Solução possível:

CUSTOS OPERACIONAIS GERAIS:

Custos diretos:

Mão de obra de operários empregados na fabricação;

Matérias-primas empregadas na fabricação;

Contribuições e encargos sociais dos empregados da fábrica;

Depreciação das máquinas da produção.

Custos indiretos:

Material de escritório;

Mão de obra de pessoal de escritório;

Salários da diretoria;

Treinamento dos operários sobre obtenção de qualidade nos produtos;

Combustíveis e lubrificantes;

Peças de reposição das máquinas;

Inspeção de recebimento de material;

Energia elétrica;

Conta telefônica;

Seguros;

Aluguéis;

Material de limpeza;

Água;

Depreciações de máquinas de escritório;

Inspeção de qualidade no processo;

Viagens para participar de congressos.

Despesas:

Comissões de vendedores;

Transportes e fretes de produtos;

Gastos com publicidade;

Depreciação dos veículos de entrega de produtos;

Custos financeiros (juros, comissões bancárias).

CUSTOS AMBIENTAIS:

Custos de prevenção:

Administração e Planejamento da Qualidade Ambiental;

Treinamento em procedimentos de minimização de rejeitos;

Estudos para implantação da ISO 14.001;

Estudos de confiabilidade dos processos quanto a acidentes ambientais;

Elaboração de procedimentos operacionais para operação da ETE;

Compra de um novo filtro;

Modernização de equipamentos do processo para gerar menos resíduos;

Gastos com a implantação de sistemas com melhor combustível;

Mão de obra gasta no estudo de modificações do processo produtivo visando às melhorias ambientais;

Análise do projeto de um produto quanto à sua reciclagem;

Gerenciamento de resíduos e efluentes líquidos, tratamento e acondicionamento, para evitar e reduzir emissões;

Custos com elaboração do EIA-RIMA;

Investimentos em educação ambiental para a comunidade;

Investimentos em reciclagem;

Licenciamento ambiental;

Investimentos em energia renovável para substituição de energia de origem fóssil;

Proteção do solo e águas do subsolo;

Proteção da biodiversidade;

Certificação ambiental;

Participação em entidades ambientalistas;

Análise de falhas.

Custos de avaliação:

Inspeção de efluentes no processo;

Teste de efluentes em laboratório (composição química);

Avaliação de passivo ambiental;

Gastos com auditorias ambientais;

Inspeções de rotina nos sistemas industriais de controle de poluição;

Avaliação de passivo ambiental;

Testes e inspeções de materiais adquiridos quanto à emissão de particulados;

Custos de viagens de inspetores aos fornecedores para avaliar seu SGA;

Custo dos laboratórios, calibração e reparo de instrumentos usados para medir a composição dos resíduos;

Custo de energia elétrica, vapor, óleo, materiais de consumo, utilizados em testes de análise do ciclo de vida do produto.

Custos de falhas internas:

Retrabalhos em produtos por problemas ambientais;

Disposição de efluentes e resíduos;

Custos de desperdício de material, mão de obra e de uso desnecessário de máquinas (ineficiências);

Custos de adicional de periculosidade pelo uso de produtos perigosos;

Custos de desmobilização da planta industrial (parte em rateio), referente a demolições, limpeza e destinação final;

Perdas de solo agrícola por erosão (fazendas);

Controle de vazamentos em redes de distribuição de água;

Gastos com incineração de rejeitos;

Perdas de matéria-prima, fora dos limites usuais;

Valor da depreciação de equipamentos de controle da poluição;

Desperdícios de energia elétrica e de água;

Gastos com mão de obra do pessoal empregado em manuseio de material rejeitado por problemas ambientais;

Remediação de áreas internas contaminadas;

Ações trabalhistas resultantes de condições ambientais inadequadas da empresa;

Taxas ambientais por emissões.

Custos de falhas externas:

Retrabalhos decorrentes de queixas de clientes sobre a qualidade ambiental do produto;

Solução de reclamações das partes interessadas;

Custos da logística reversa;

Custos de degradação de florestas;

Custos com testes externos para corrigir imperfeições decorrentes de queixas;
Custos por danos ambientais e seguro para reparação;
Custos para recuperar recursos esgotáveis degradados;
Repovoamento de rios com peixes;
Custos decorrentes da poluição do ar por veículos;
Remediação de áreas externas contaminadas;
Descontaminação de solos;
Recursos legais por problemas ambientais;
Multas de órgãos ambientais.

Custos intangíveis:
Recall de produtos por problemas ambientais;
Perda de valor da marca em consequência de um acidente ambiental;
Excesso de dispêndios na obtenção de licenciamento.

2.10 - 0 MÉTODO ABC PARA A APROPRIAÇÃO CONTÁBIL DOS CUSTOS AMBIENTAIS

A forma tradicional de apropriação de custos pela contabilidade consiste no chamado "Custeio por Absorção", onde os gastos são acumulados em determinados tipos. Entretanto, existe hoje um método muito mais interessante para apropriação de custos, que agrega muito mais informações para os gerentes, permitindo uma análise mais profunda dos gastos e melhores elementos para a tomada de decisões. Trata-se do chamado "Custeio por Atividades" (em inglês *Activity Based Costing*), ou método ABC. Não é propósito deste livro discorrer em detalhes sobre esse método, existindo muita literatura especializada sobre o assunto, que vale a pena ser consultada. Entretanto, por meio de um exemplo simples, procuraremos mostrar as potencialidades do método.

Imaginemos que a operação de uma Estação de Tratamento de Esgoto apresente, em sua contabilidade tradicional (custeio por absorção), os seguintes resultados:

Quadro 2.6 - Levantamento de custos pela contabilidade tradicional

Tipo de gasto	Valor (R$)
Salários	380.000,00
Manutenção dos equipamentos (sobressalentes)	12.000,00
Material de consumo (insumos)	25.000,00
Energia elétrica	18.000,00
Custos diversos	15.000,00
Total	450.000,00

Um gerente da empresa, recebendo essas informações de custos, provavelmente terá muitas dificuldades em saber se eles estão elevados, e definir onde ele poderia atuar, realizando modificações para reduzi-los e melhorar a eficiência. Se ele receber uma orientação de seus superiores para reduzir custos, provavelmente irá pensar unicamente em dispensar pessoal (custo que se mostra como sendo o mais elevado na planilha do exemplo) como forma de atuação, já que ele dispõe de poucas informações com este sistema contábil.

Vejamos, por outro lado, como seria a apropriação de custos, quando se utiliza o sistema de "Custos das atividades". Nesse caso, teríamos que determinar as atividades principais de uma Estação de Tratamento de Esgoto, e em seguida, identificar o custo de cada uma delas. Por exemplo, sabemos que em um sistema de tratamento de esgoto teremos as atividades relacionadas com o "tratamento primário", onde ocorre a retenção de sólidos grosseiros e sólidos sedimentáveis do esgoto, por meio de grades, caixas de areia e decantadores primários (para remoção de areia, por exemplo). Em seguida, o esgoto passa pelo chamado "tratamento secundário", onde se obtém um líquido final limpo e estável, removendo-se coloides e matéria orgânica, por meio de lodos ativados, filtros biológicos e lagoas de estabilização. Suponhamos que seja possível quebrar essas atividades em outras ainda mais detalhadas (*work breakdown structure*), e determinar seus custos, como operar o sistema, realizar manutenções e treinamento dos operadores, além das atividades específicas de administração da estação.

Suponhamos que os seguintes dados contábeis tenham sido obtidos com esse método.

Quadro 2.7 - Levantamento de custos pelo método ABC

Tipo de gasto	Valor (R$)
Tratamento primário:	
- Operar o sistema...	71.000,00
- Realizar manutenção preventiva............................	18.000,00
- Realizar manutenção corretiva.............................	13.000,00
- Treinar o pessoal de operação..............................	8.000,00
Subtotal	110.000,00
Tratamento secundário:	
- Operar o sistema...	150.000,00
- Realizar manutenção preventiva............................	20.000,00
- Realizar manutenção corretiva.............................	90.000,00
- Treinar o pessoal de operação..............................	20.000,00
Subtotal	280.000,00
Administração da estação:	
- Atendimento ao público......................................	5.000,00
- Preparação de Ordens de Serviço..........................	7.000,00
- Realização de compras..	6.000,00
- Vigilância...	15.000,00
- Limpeza...	15.000,00
- Gerenciamento...	12.000,00
Subtotal	60.000,00
Total..	450.000,00

Com esse tipo de resultado, fica fácil visualizarmos que os custos mais elevados estão na operação do sistema, principalmente no tratamento secundário, local onde deveremos concentrar o foco para identificarmos eventuais problemas. Percebemos, também, que o item de custos "realizar manutenção corretiva" no tratamento secundário está muito elevado, possivelmente sugerindo a existência de graves problemas. Deveríamos, nesse caso, realizar uma análise cuidadosa dessa questão, e possivelmente investirmos mais em manutenção preventiva nesse processo, em que visivelmente estamos gastando pouco dinheiro.

É fácil observar que esse tipo de apropriação contábil dos custos agrega muito mais valor à empresa, proporcionando mais subsídios aos gerentes e tomadores de decisão. E, na sequência, para implementar esse sistema contábil, sugerimos realizar:

- um levantamento cuidadoso das atividades ambientais; por exemplo, fazendo uso de um fluxograma de processo, complementando as observações com uma visita aos locais onde as atividades serão realizadas;
- identificação precisa dos locais da empresa onde todas as atividades ambientais são realizadas;
- descrição sumária (resumida) da atividade e determinação dos seus custos (apropriação do custo de horas trabalhadas e apontadas, valores obtidos em faturas e notas fiscais de materiais, produtos e serviços etc.);
- identificação das pessoas responsáveis por autorizar despesas (responsáveis pelos custos);
- em uma coluna de "observações", caso julgado interessante, comentar sobre as causas geradoras de custos considerados elevados.

Além disso, para melhor atuação nos custos elevados, sugerimos a incorporação de uma coluna de "custos" na lista dos aspectos e impactos ambientais e na lista de requisitos legais e outros regulamentos (verificar quanto custa o cumprimento de uma determinada legislação) e lista com os passivos ambientais da empresa, caso existam (quanto custa para corrigir).

Seria também interessante que fosse verificado qual o custo para adequar a empresa a cumprir os requisitos da ISO 14.001, ou seja, verificar a diferença entre a situação atual da empresa e a situação em que os requisitos seriam cumpridos. Nesse caso, estaríamos verificando quanto custa para melhorar o desempenho ambiental, no padrão proposto pela política ambiental da empresa e seus objetivos e metas.

2.11 - PROCEDIMENTOS EMPRESARIAIS PARA OBTENÇÃO E CLASSIFICAÇÃO DOS CUSTOS AMBIENTAIS

As atividades de identificação, análise e controle dos custos da qualidade ambiental são essenciais na operação de um sistema de qualidade total e de um sistema de gestão ambiental.

Conforme foi exposto nos itens anteriores, não é considerado razoável, hoje em dia, pensar nos custos ambientais da empresa como um todo. É necessário separar por unidades ou por processos, de forma que seja possível identificar onde eles são excessivos e onde se deve atuar no sentido de otimizar a solução.

O custo da qualidade ambiental, em uma visão mais ampla e completa, deve ser visto em todo o ciclo de vida dos produtos, e não apenas nas fases de projeto, de fabricação, inspeção e embarque. Inclui os custos de qualidade ambiental do usuário, dentro de um processo de "internalização das externalidades ambientais".

O CQA deve ser orçamentado por departamentos. Isso permite que seja realizada a avaliação de como os seus responsáveis cumpriram as metas da empresa e como estão utilizando os seus recursos.

O estabelecimento do processo relacionado aos Custos da Qualidade Ambiental pode ser cumprido com os seguintes estágios:

1) Preparação do gerenciamento geral do programa de custos da qualidade

Esta fase tem como propósito a preparação da estrutura gerencial e contábil que irá atuar no programa. Nela, deverão ser elaborados os planos de ação e procedimentos mais importantes relacionados à coleta de dados e avaliação dos resultados. Os conceitos principais do Sistema de Custos da Qualidade Ambiental deverão ser apresentados aos Chefes de Departamento, Gerências e Supervisores, sobretudo como motivação para a realização do trabalho, com os seus objetivos, elementos principais, as categorias de classificação de custos e os Centros de Responsabilidade. Se houver dados e material disponível, devem ser apresentados resumidamente sistemas equivalentes operando em outras empresas.

2) Identificação dos itens de custos da qualidade

Poderão ser adotadas as classificações sugeridas, ou preparada uma nova forma de classificação, conforme julgado conveniente. A classificação citada separa os tipos de custos em custos de prevenção, de avaliação, de falhas internas, de falhas externas e intangíveis. É importante lembrar que, uma vez adotada uma classificação, não se deve introduzir nenhuma modificação no decorrer do processo.

3) Identificação dos centros de responsabilidades (centros de custos)

Identificar os setores onde são realizados custos, criação de centros de investimentos e de custos, onde fiquem claras as autorizações para gastos.

4) Preparação dos formulários de coleta de dados dos custos da qualidade e dos relatórios para análise

Como fonte de dados, deve-se usar, preferencialmente, dados existentes na contabilidade. Outras fontes são as folhas de programação de tarefas, ordens de serviço, relatórios de despesas, ordens de compras, relatórios de retrabalhos, autorizações e memorandos de créditos e débitos. Para os dados não disponíveis, devem-se preparar formulários apropriados à sua obtenção. Os formulários para a coleta de dados devem ser concebidos de maneira que o seu preenchimento seja o mais simples possível, sendo praticamente autoexplicativos, e com dados que facilitem o posterior processamento (tabulação). Se necessário, devem ser preparados procedimentos orientando como preenchê-los. Devem ser previstas as rotinas e mecanismos para acumular os dados de custos da qualidade ambiental. Esses formulários devem ser revistos pelos Chefes de Departamento, Gerentes e Supervisores, antes de sua distribuição para preenchimento.

5) Treinamento das pessoas responsáveis pela obtenção dos dados e do pessoal da contabilidade

Haverá a necessidade de colaboração de muitas pessoas para a coleta de dados, em diferentes setores da empresa. Há a necessidade de designar essas pessoas para esse trabalho e treiná-las, após sua motivação, quanto à sua importância. Deverão ser providos recursos materiais que auxiliem o processamento dos dados, como microcomputadores e *softwares*, caso inexistentes.

6) Levantamento dos custos pelas pessoas responsáveis (coleta de dados)

Obter dados pelo período de um mês e revisá-los com cada departamento, antes de partir para um trabalho muito extenso. Para os preenchimentos iniciais, é interessante que alguém da área ambiental ou da contabilidade acompanhe os funcionários das outras áreas encarregadas da obtenção dos dados, mesmo que estes já tenham sido treinados. Somente a partir dessa experiência de um mês, e com sucesso, é que deverá ser expandida a coleta de dados. O tratamento desses dados deverá ser feito preferencialmente usando programas e recursos de processamento eletrônico de dados.

7) Preparação dos relatórios de análise

Coordenar e distribuir dados de custos ambientais, do modo mais eficiente, para os diversos níveis de gerência e departamentos (a alta, média e gerência de linha) por meio dos relatórios de custos da qualidade ambiental, com relatórios diferentes para cada nível (os interesses são específicos em cada caso). Sugerir às diversas áreas da empresa algumas modificações requeridas para melhorar os custos ambientais e melhorar o seu desempenho. Relatórios à alta gerência devem incluir informações mensais e acumuladas sintéticas como custo da qualidade ambiental (custo total), custos ambientais em relação às vendas, participação do custo ambiental por unidade produzida, explicações sobre as variações ocorridas. Para as médias gerências, para cada responsável por um determinado processo ou produto, devem ser produzidas as mesmas informações acrescidas de gráficos com composição dos custos de falhas internas e externas, diagramas de *Pareto*, e outras informações julgadas importantes.

Quadro 2.8 – Custos ambientais

	Valor	% da participação
Custos de prevenção		
Custos de avaliação		
Custos de falhas internas		
Custos de falhas externas		
Totais		

8) Manutenção do programa, verificando se cada colaborador está desempenhando as atividades previstas, e garantir que o programa não caia no esquecimento e no descrédito. Verificar se os objetivos de redução de custos e de melhoria da qualidade estão sendo atingidos. Supervisionar o processamento de dados do custo da qualidade ambiental, por processamento eletrônico ou manual, do modo que for mais eficiente. Analisar a efetividade das auditorias de custos da qualidade ambiental.

É sempre interessante verificar a situação da empresa com relação aos custos da não conformidade e procurar identificar os custos que serão eliminados com a implantação de um Sistema de Gestão Ambiental e um sistema de contabilidade e controle de custos ambientais (por exemplo, a eliminação de multas, graças à existência de um sistema de controle). É difícil, porém deve-se procurar observar os benefícios intangíveis, que resultam de um plano de ação.

Todos os levantamentos de custos referem-se às despesas e problemas. Os custos intangíveis geralmente não aparecem, mas por outro lado, se houver melhorias da qualidade ambiental, um resultado imediato seria justamente a redução destes custos intangíveis, com uma melhor imagem da empresa, uma maior satisfação dos clientes, o que os relatórios de custos não conseguirão captar. Uma forma de contornar esta dificuldade é receber relatórios do pessoal de *marketing* e vendas, procurando associar os resultados de pesquisas com as modificações nos custos.

A seguir, são comentadas algumas dificuldades esperadas na implantação e gerenciamento de um sistema de apropriação e análise de custos ambientais. Conhecendo essas dificuldades, é recomendável que o Gerente Ambiental adote medidas preventivas para evitar ou mitigar essas possibilidades:

a) Falta de apoio dos gerentes de nível mais alto, para implementar um controle de custos da qualidade ambiental.

Quando as chefias e a alta administração se interessam pelos problemas de qualidade ambiental, os colaboradores dos níveis inferiores tendem a agir de acordo com esse interesse. Nesse sentido, eles devem ter a oportunidade de apresentar ideias e sugestões de melhoria.

A política ambiental da organização, seus objetivos e metas, bem como o programa de identificação e redução de custos ambientais devem ser comunicados a todos os colaboradores, podendo ser feita alguma divulgação dos resultados em *posters*, por meio de textos, figuras e gráficos, ou divulgando um material de interesse pela rede interna de transmissão de dados, ou via *Internet*, atingindo também um público externo à empresa ("*stakeholders*", ou partes interessadas).

b) Dificuldades de comunicação entre os Departamentos Técnicos e a Contabilidade.

Observa-se que os componentes da área ambiental normalmente conhecem bem a questão de resíduos e efluentes, seu tratamento correto e disposição final, assim como as técnicas de gestão ambiental. Os componentes das áreas técnicas dos processos conhecem bem a questão do uso de matérias-primas, os fluxos de materiais e energia e água. Entretanto, essas duas áreas nem sempre estão familiarizadas com custos e como os seus processos se refletem em custos. E vice-versa, o pessoal de contabilidade normalmente tem poucas informações sobre os processos e o lado ambiental. Assim, havendo interesse em se obter e gerenciar os custos ambientais, é importante a troca de informações entre as diferentes áreas, o pessoal da área técnica de processos passando a conhecer os custos de disposição dos rejeitos, e o pessoal de contabilidade preparando colaboradores para que os auxiliem na determinação dos custos ambientais, deixando esses custos mais visíveis e gerenciáveis.

c) Falta de interesse e cooperação dos departamentos na coleta de dados.

Pode ser encarado, em certos casos, que esse trabalho é uma perda de tempo e de dinheiro, sem serem percebidos os benefícios decorrentes. Da mesma forma que ocorre na implantação de um Sistema de Gestão Ambiental, é importante a participação de todas as áreas na solução dos problemas. O gerente de projeto tem um papel relevante nesse trabalho, como animador das equipes. A identificação de custos ambientais elevados em um determinado processo é um indicativo de problemas, sendo necessário que as pessoas responsáveis tomem providências adequadas para resolvê-los, por meio da preparação do diagrama de *Ishikawa* (diagrama de causa e efeitos), MASP (Método de Análise e Solução de Problemas), análise de riscos e confiabilidade de processos industriais, identificação das ações corretivas e preventivas etc. É importante motivar as pessoas para a resolução de problemas, lembrando-se que os problemas da qualidade ambiental não são necessariamente problemas do departamento de produção ou da qualidade, mas sim de todos, podendo estar relacionados a problemas de projeto, problemas de manutenção, treinamento etc. Não se pode aceitar a desculpa de que "sempre foi assim", sem resolver o problema, sendo eventualmente necessário montar um grupo de trabalho com participantes de vários departamentos, para que ocorra um envolvimento necessário.

d) Confusão e mistura de dados.

Os custos da qualidade ambiental são, na realidade, parte dos custos do controle da qualidade, sendo por vezes difícil discriminar a parte exclusivamente ambiental. Também é importante procurar discriminá-los separadamente dos custos normais de produção (diretos, indiretos, despesas), deixando os custos mais visíveis. Não é correto deixar os custos ambientais serem considerados pela produção ou outros setores como sendo "outros custos".

e) Dificuldades no rastreamento de uso de materiais e de energia. Existe a necessidade de uma boa definição dos processos industriais e uma análise cuidadosa das entradas e saídas de cada etapa do processo, não sendo suficiente existir uma única conta de registro do material adquirido pela empresa. Assim, será possível identificar as perdas de material e excesso de consumo de energia e água em cada etapa.

f) Dificuldades na obtenção de indicadores adequados. Os indicadores são úteis para a determinação relativa dos custos da qualidade ambiental, tais como: porcentagem de vendas, custo/unidade produzida, custo de manufatura.

g) Dificuldades em obter dados referentes a perda de mercado, dificuldades em obter financiamentos e seguros, por razões ligadas ao desempenho ambiental insatisfatório. A contabilidade tradicional prepara relatórios registrando eventos passados, sem se preocupar em projetar dados futuros, principalmente dos custos intangíveis. Esses custos, entretanto, podem ser significativos, precisando ser levados em conta nos processos decisórios da empresa.

h) Dificuldades na manutenção do programa. É necessário ter persistência em um trabalho deste tipo, pois os resultados não são evidentes e visíveis para a maioria das pessoas que estão realizando a sua maior parte, existindo uma tendência natural para abandoná-lo, logo que surjam "outras prioridades".

CAPÍTULO 3
CONTROLE DE INVESTIMENTOS

Qualquer empresa tem a necessidade de um Sistema de Controle, sobretudo com relação à sua área financeira, cuja finalidade principal consiste em monitorar os desembolsos financeiros e compromissos assumidos pelas pessoas às quais foram atribuídos níveis de autoridade e responsabilidade no tocante à tomada de decisões que afetem os resultados da organização. Quanto maior a empresa, maior será a necessidade de descentralizar as decisões e delegar autoridade, de modo a garantir a agilidade administrativa necessária para que ela se mantenha competitiva. Os sistemas de controle servem também para medir, de forma objetiva, a eficácia com que as decisões da alta direção se traduzem em resultados.

Essa autoridade é usualmente delegada aos Chefes de Departamento e Gerentes de Projeto, de modo que, fixados os objetivos e as metas, eles possam realizar dispêndios e assumir compromissos com o propósito de atingir essas metas. Essas decisões são tomadas sem a interferência da alta administração. O Sistema de Controle existente deve ser capaz de verificar o desempenho das pessoas, por meio de um acompanhamento físico com "indicadores de desempenho" (situação real dos trabalhos e das obras, produção alcançada, ou seja, resultados alcançados) e, também, apresentar demonstrações contábeis das importâncias despendidas em confronto com aquelas aprovadas pela alta administração.

Assim, mostramos que uma das melhores formas de avaliar essa segunda parte é por meio da contabilidade, pela linguagem universal comum a todas as empresas.

3.1 - CENTROS DE RESPONSABILIDADE

Pela dificuldade que os administradores de nível mais elevado têm em controlar todas as atividades de suas áreas de atuação e a necessidade de descentralizar as tomadas de decisão com delegação de autoridade e responsabilidade para que a empresa tenha agilidade e confiabilidade, constatamos a necessidade da criação dos "Centros de Responsabilidade".

Nesse caso, os administradores têm liberdade e autoridade para tomar decisões naquele nível que foi determinado e delegado pela alta administração, sem a obrigatoriedade de consulta, ficando a direção com o acompanhamento constante dos resultados dessas decisões.

A implantação do Sistema de Controle começa pela definição dos chamados "Centros de Responsabilidade", divididos em três categorias:

a) **Centros de Investimentos**: são contas abertas sob a responsabilidade dos Gerentes de Projeto ou Chefes de Departamentos, dando-lhes o direito de utilizar capital para realizar dispêndios que resultem no aumento do patrimônio da empresa em forma de edifícios, máquinas, sistemas produtivos, projetos e outros. Encerrada a implantação do empreendimento, deve ser feito um balanço, sendo encerradas essas contas, após comprovação financeira e avaliação dos resultados físicos alcançados em relação aos objetivos e metas estabelecidos.

b) **Centros de Custos**: são contas abertas para certos setores da empresa, ligados às atividades produtivas e de serviços (marketing, recursos humanos, qualidade etc.). Cabe aos gerentes dessas contas combinarem os insumos e recursos para realizar uma determinada tarefa. As melhores decisões são aquelas que maximizam a produção com um menor dispêndio de recursos e a minimização de resíduos, de matérias-primas e de energia para uma determinada quantidade produzida. Um único setor da empresa poderá possuir mais de um centro de custos.

c) **Centros de Lucros**: são as contas ligadas à área de vendas, onde os gerentes têm como objetivo maximizar o lucro através de ajustes na quantidade de insumos utilizados, na quantidade produzida e nos preços de venda do produto.

3.2 - RETORNO DOS INVESTIMENTOS

Observamos que as contas mencionadas, embora sejam gerenciadas por pessoas com autonomia, não podem ser vistas de forma isolada. Os responsáveis por elas, embora tenham sua autonomia, precisam atuar em equipe, sob uma coordenação de alguém de nível mais elevado na organização, para evitar riscos de que a empresa incorra em perdas significativas. Por exemplo, com relação aos centros de investimentos, uma das formas de medir refere-se ao retorno do investimento. Os investimentos em melhorias ambientais costumam ter um retorno mais lento e, por vezes é muito mais difícil realizar sua avaliação, enquanto os investimentos que resultem em maior produção têm retorno mais rápido e visível. Para anular isso, deve-se realizar um trabalho de motivação ambiental aliado a uma clara definição da política, dos objetivos e metas.

O retorno de investimentos às vezes é visto apenas através da expressão:

r = Ganho/Investimentos, ou Custo/Benefício. Reduzindo-se o denominador sabe-se que aumentaremos o valor da fração e, a curto e a médio prazo pode-se mascarar a realidade com essa visão puramente numérica. É necessário um cuidado grande na análise de índices puramente financeiros. Deixar de realizar um determinado investimento ambiental, como, por exemplo, a compra de máquinas menos poluentes, pode parecer um bom resultado para o balanço anual da empresa, porém pode deixá-la vulnerável no futuro com relação a multas de órgãos ambientais e pressão dos consumidores. No longo prazo, essa atitude poderá se constituir em um sério fator de perda de competitividade.

Com relação aos centros de custos, dissemos que eles apresentam bons resultados quando minimizam os insumos para uma determinada quantidade de produtos fabricados. Da mesma forma, é preciso ter bastante atenção, pois de nada adianta reduzir custos de manutenção desde que não sejam mantidos os níveis de confiabilidade e disponibilidade pretendidos para os equipamentos, os custos de limpeza à custa de piorar a qualidade do ambiente e reduzir custos de treinamento, sabendo-se que os reflexos disso acarretarão prejuízos futuros. Além disso, sabe-se que, em alguns casos, aumentando-se a quantidade produzida, se ganha em custos unitários, graças à escala de produção. Entretanto, se esse aumento não estiver sendo realizado em comum acordo com os responsáveis pelas vendas, o resultado será o aumento de estoques, com custos significativos para a empresa. Ou seja, pode--se ganhar um pouco de um lado para se perder muito em outro.

3.3 - O ENTENDIMENTO ENTRE OS SETORES

Com os recursos escassos, existe a necessidade de escolher a melhor alternativa para os investimentos. Para isso, é preciso conhecer os dados contábeis. Às vezes, para cumprir um orçamento estabelecido, um determinado setor pode acarretar problemas para os outros, prejudicando o resultado global da empresa. Por exemplo, para cumprir suas metas de custos o pessoal de compras pode comprar uma matéria-prima mais barata, porém que produza uma maior quantidade de resíduos e poluentes. O custo de tratamento desses resíduos vai aparecer nos custos da produção, podendo ocorrer, para a empresa como um todo, um resultado negativo com essa mudança. A contabilidade de custos é que pode identificar uma situação como essa, indicando aos administradores a melhor solução a ser adotada para cada caso.

O risco, como vimos, é de que, em uma análise puramente contábil, cada setor reduza custos através da redução da qualidade (por exemplo, o setor de produção piora o produto, o resultado futuro de queda de vendas sendo refletido sobre a área de vendas). Assim, se a análise for realizada apenas olhando os centros de custos, é necessário que a avaliação de qualidade seja realizada com grande cuidado, por setor independente, porém avaliando-se, ao mesmo tempo, o resultado global.

3.4 - EMPREENDIMENTOS E PROJETOS. ESTRUTURA ANALÍTICA DE EMPREENDIMENTOS

Empreendimento: é o produto do desenvolvimento de um conjunto planejado de atividades multidisciplinares, cujos resultados atendem a um objetivo estabelecido. O empreendimento deve possuir um planejamento, programação, orçamento, coordenação e controle próprios. O empreendimento, dependendo de sua complexidade, pode ser subdividido em Sub-empreendimentos, Grupos, Subgrupos e Elementos.

Centro de Investimentos e de Custos: conforme apresentado, são as contas de registro dos recursos financeiros despendidos para a consecução dos objetivos de um empreendimento ou de atividades de produção e apoio. Essas contas são criadas a partir da definição e definição dos orçamentos dos projetos.

Projeto: é o conjunto harmônico de ações preestabelecidas, definidas e quantificadas no que tange a propósito, necessidade, oportunidade, enquadramento, características, detalhes de execução, meta física, tempo de realização previsto e custo provável, dirigido ao atendimento de uma necessidade específica da empresa.

Os projetos podem ser de dois tipos:

Projeto de Investimento: é aquele de caráter temporário, que modifica qualitativa e quantitativamente o patrimônio da empresa. Por exemplo, a aquisição de uma determinada máquina que fabrique o produto com menor emissão de resíduos é objeto de um projeto de investimento.

Projeto de Atividade: é aquele de caráter permanente, que visa manter a estrutura operativa e administrativa da empresa. São os valores atribuídos no orçamento aos centros de custos para manter a vida diária dos departamentos na compra de matérias-primas, pagamento de funcionários, treinamentos etc.

Estrutura Analítica do Empreendimento: (WBS, do inglês *Work Breakdown Structure*): é uma estrutura que decompõe física e funcionalmente um empreendimento. Por exemplo, poderíamos imaginar que a construção de uma estação de tratamento de efluentes possa ser decomposta da seguinte forma:

Grupo 100 – Construção civil

Grupo 200 – Equipamentos mecânicos

Grupo 300 – Sistemas elétricos

Grupo 400 – Sistemas de fluidos

Grupo 500 – Sistemas de controle

Esses grupos, em um maior detalhamento, podem ser desdobrados em subgrupos 110, 120 etc., e, em mais detalhes, o grupo 110 em 111, 112, e assim por diante.

Estrutura Organizacional (OBS, do inglês *Organizational Breakdown Structure*): é o organograma da empresa, onde se encontram hierarquizadas as Diretorias, Departamentos, Gerências etc.

Estrutura Analítica de Quebra de Custos (*Cost Breakdown Structure* – CBS): é uma estrutura de decomposição dos custos por categorias, de modo que possam ser identificadas as parcelas que compõem o custo global. Em uma análise mais ampla, deve ser considerado o ciclo de vida do produto, ou seja, identificados os custos desde a concepção, escolha da matéria-prima, passando por todas as etapas necessárias do processo produtivo até o destino final. Ao início de cada empreendimento deve ser elaborada a estrutura de quebra de custos, adaptada para aquele empreendimento específico, sendo esta uma importante etapa do planejamento, e da análise do ciclo de vida, permitindo a coleta de dados para futuras análises financeiras e controle de custos. Um exemplo genérico dessa estrutura é apresentado a seguir, relativo a um determinado produto.

100 - Custos de Pesquisas e Desenvolvimento
    110 - Custos gerenciais de Pesquisas e Desenvolvimento
        111 - Mão de obra
        112 - Materiais e instalações
    120 - Pesquisas de Produto (análise do mercado)
        121 - Custos próprios
        122 - Serviços de terceiros
    130 - Projeto do produto
        131 - Estudos de viabilidade
        132 - Projeto básico
        133 - Projeto detalhado
    140 - Projeto do sistema de produção
        141 - Projeto de viabilidade
        142 - Projeto de concepção
        143 - Projeto de contrato
        144 - Projeto detalhado

150 - Testes e avaliações do produto
   151 - Especificações e planejamento de testes
   152 - Ensaios com modelos

200 - Custos de instalações do processo de produção
   210 - Custos gerenciais com instalações
      211 - Mão de obra interna
      212 - Materiais
      213 - Serviços de terceiros
   220 - Obras civis e infraestrutura
   230 - Equipamentos e materiais do sistema
   240 - Testes de aceitação do sistema
   250 - Treinamento
   260 - Apoio logístico

300 - Custos de produção e vendas
   310 - Custos diretos
      311 - Mão de obra
      312 - Materiais
      313 - Outros insumos (água, energia elétrica, gases industriais etc.)
      314 - Embalagens e manuseio
   320 - Custos indiretos
      321 - Gerenciamento da produção
      322 - Custos de PCP
      323 - Treinamento
      324 - Instalações de testes
   330 - Armazenagem e distribuição
      331 - Custos de armazenagem
      332 - Custos de transporte
      333 - Marketing e vendas
   340 - Manutenção
      341 - Mão de obra
      342 - Materiais
      343 - Instalações e ferramentas
   350 - Treinamentos

400 - Custos de destinação de sobras e resíduos
   410 - Custos de gerenciamento
   420 - Custos de recuperação
   430 - Custos de reciclagem
   440 - Custos de descarte em aterros
   450 - Custos de incineração

500 - Custos com Sistemas da Qualidade
   510 - Qualidade do processo e produto
     511 - Custos de prevenção
     512 - Custos de avaliação
     513 - Custos de falhas internas
     514 - Custos de falhas externas
   520 - Qualidade Ambiental
     521 - Custos de prevenção
     522 - Custos de avaliação
     523 - Custos de falhas internas
     524 - Custos de falhas externas

3.5 - ORÇAMENTOS E SUA PREPARAÇÃO

Orçamento: é o documento que reúne as informações e considerações a respeito das necessidades de uma determinada área de atuação e orienta as ações a empreender nos projetos, para a realização das diversas atividades naquela área. O orçamento prevê as despesas e investimentos a serem realizados no futuro pela empresa, estabelecendo os limites de dispêndios de cada área, relativos àquele determinado período de tempo, sendo aprovado pela diretoria. O orçamento pode ser anual (orçamento de 2023, 2024 etc.) ou plurianual (como informação de comprometimento da empresa a longo prazo). O orçamento em investimentos ambientais é, em princípio, preparado pela Comissão do SGA liderada pelo Gerente Ambiental, a partir dos estudos dos vários planos de ação, sendo que determinadas prioridades deverão ser aprovadas pela Diretoria, que autorizará a concessão de créditos.

Existem várias formas de realização de um orçamento. Quando ele é elaborado de baixo para cima, os dados vão subindo dos gerentes de níveis mais baixos, revistos (reconciliados) pelos gerentes de nível mais alto. É o caso de projetos ambientais previstos segundo a metodologia da espiral de projeto, apresentada pouco mais adiante neste texto, válida principalmente para projetos de investimento mais complexos e caros. Esse tipo de orçamento pode ser feito mesmo para outros tipos de atividades ligadas à área ambiental, como propostas de treinamento etc. A vantagem principal desse tipo de preparação do orçamento resulta da maior participação dos funcionários, que ficam mais comprometidos com os objetivos e metas. Muitas vezes essas pessoas possuem um conhecimento mais preciso dos custos, pois estão mais próximas da operação dos sistemas. A desvantagem é que o processo fica muito lento, sendo necessárias muitas revisões e reconciliações, correndo-se o risco de que as revisões e modificações com cortes desestimulem os funcionários que trabalharam na proposta original. Além disso, os dados podem conter muitas imprecisões, pois os funcionários podem introduzir margens muito elevadas (para ter mais garantias do sucesso do empreendimento, ou porque imaginam que fatalmente existirão muitos cortes nos níveis superiores, em relação aos valores apresentados).

Outro tipo é o orçamento definido "de cima para baixo", em que a alta direção divide os recursos com base em sua experiência e segundo prioridades estabelecidas no alto nível da organização, ou com base no orçamento do ano anterior. Uma grande vantagem deste tipo é o ganho de tempo, não são colocadas margens exageradas e o orçamento cumpre uma função de comunicação de decisões da alta direção e planejamento na empresa. Trata-se de uma boa ferramenta de controle do andamento da vida financeira e administrativa (permite verificar se tudo está sendo realizado conforme previsto). Em uma avaliação preliminar, acreditamos que uma composição dos dois tipos seja a melhor solução. Os investimentos maiores seriam estudados em profundidade em um Plano de Ação e com ferramentas do tipo "espiral de projeto", em um orçamento chamado de "base zero" (pois ele não parte de dados anteriores) e os demais dispêndios estabelecidos pela alta administração, a partir de um estudo anual apresentado pelo Gerente Ambiental.

Orçamento de itens de linha: é aquele que permite que os responsáveis pelas decisões gastem apenas uma quantia máxima fixa em itens específicos (um teto fixado). Esse tipo impede gastos excessivos. Ex. orçamentos de organizações governamentais.

Orçamento por exercício limitado: não permite que as verbas atribuídas a um determinado exercício sejam transportadas para o exercício seguinte. Como vantagens: permite um melhor controle dos gerentes, impede que os gerentes "economizem" seus recursos para usar mais tarde do modo que eles queiram. Como desvantagem: no final do exercício, os gerentes podem inventar meios de gastar os recursos a eles atribuídos, sem necessidade real, para não "perdê-los" (por exemplo, comprando novos microcomputadores, sem uma necessidade real). Quase todas as organizações usam este tipo de orçamento.

Orçamento flexível: quando os gerentes trabalham com um planejamento de produção a ser cumprido e, portanto, com um orçamento fixo para gastos, pode ocorrer uma situação de aumento de vendas além do previsto, ou seja, uma demanda maior de produtos. Neste caso, o orçamento passa a ser variável ou flexível. Os gerentes, logicamente, não ficam responsáveis pelo aumento dos custos, pois houve mais vendas.

3.6 - CONTROLE ORÇAMENTÁRIO E CONTROLE FINANCEIRO

Controle Orçamentário: é o tipo de controle que, preparado pelo setor de finanças, indica a todo instante e a todos os envolvidos (Diretoria, Gerente Ambiental, Gerentes de Fábrica, de Processos etc.) a situação de realização do orçamento. Uma ideia de apresentação pode ser:

Ordem de Serviço, Empreendimento ou Projeto (A)	Controlador dos recursos (B)	Valor aprovado para o ano (C)	Valor comprometido (D)	Expectativa de novos comprometimentos (E)	Valor contratado (F)	Saldo para novas contratações (G) = (C) - (D)	Saldo para novos pedidos de compra (H) = (C) - (D) - (E)

Posição Financeira: é um mapa que apresenta a situação de dispêndios efetivos na realização do projeto, ou seja, valores realmente gastos, no momento de seus pagamentos. Uma ideia de apresentação é:

Ordem de Serviço, Empreendimento ou Projeto (A)	Controlador dos recursos (B)	Aprovado para o ano (C)	Créditos provisionados no Centro de Custos (D)	Pagamentos efetuados (E)	Saldo no Centro de Custos (F) = (D) - (E)

3.7 - OS CUSTOS AMBIENTAIS COMO FERRAMENTA DE ORÇAMENTAÇÃO E CONTROLE

Os investimentos ambientais devem ser tratados como qualquer outro investimento da empresa. Seguindo-se os passos estabelecidos na Norma ISO 14.001, inicialmente deve ser estabelecida a Política Ambiental, onde ficarão registradas as intenções da alta administração. O passo seguinte consiste em realizar as atividades de Planejamento, dentro de um ciclo PDCA. Entre estas atividades, situa-se a realização de um diagnóstico ambiental, para se conhecer a situação atual e a identificação dos aspectos e impactos ambientais. De alguma forma, como, por exemplo, preparando-se uma matriz de risco, devem ser definidas as prioridades para investimentos, identificados os objetivos ambientais e, em seguida, preparado um Plano de Ação, onde se define o que vai ser feito (*what*), em que local ou unidade da empresa ou processo (*where*), por que (*why*), quem é o responsável pelo trabalho (*who*), época e prazos de realização (*when*) e como fazer (*how*). Uma das mais importantes respostas do Plano de Ação é o custo daquele empreendimento ou projeto (*How much*), sem o qual nenhum responsável pela decisão irá aprovar a sua realização. Essa previsão de custos deve ser associada aos objetivos, quanto aos limites de custos ambientais, constituindo-se no orçamento para a área ambiental.

Ao serem definidos os objetivos e na elaboração do plano de ação, devem ser identificados os custos diretos associados a cada projeto, sendo separados os custos de capital dos custos operacionais.

Deve-se procurar identificar os custos indiretos associados, mesmo que sua determinação exata não seja possível nesta fase e verificar se haverá acréscimo de atividade e de custos em programas já existentes (por exemplo, disposição de resíduos).

Com relação à estimativa dos custos da qualidade ambiental, para fins de orçamento, sugere-se realizar um trabalho de diagnóstico ambiental da empresa, que irá refletir a situação existente antes de ser iniciada a implantação de um SGA, antes do início do exercício financeiro, chegando-se a um "Balanço Ambiental" em termos de emissão de poluentes e resíduos. A esse diagnóstico associa-se um determinado custo. A partir da Política Ambiental e da fixação de objetivos ambientais, conforme exposto, pode-se preparar um orçamento ambiental, que irá refletir quanto se pretende investir para cumprir aqueles objetivos, no mínimo para manter os níveis atuais além de somar os custos de falhas. A diferença entre o que se gastava e o que se irá gastar será o "custo ambiental" referente ao período considerado, que poderá ser rateado pelos produtos. Esse custo será obtido somando-se os custos de prevenção, custos de falhas internas etc. A partir da construção de um gráfico com simulações pode-se determinar o ponto ótimo para aquele período considerado.

As atividades da empresa quanto à administração referem-se às operações (dia a dia, garantir que o fluxo de caixa consiga suportar as operações da empresa, insumos e produtos), ao planejamento estratégico (olhar o futuro para definir os investimentos) e à administração de risco.

3.8 - A ESPIRAL DE PROJETO

Os valores constantes do orçamento são calculados a partir de projetos semelhantes ou de estudos específicos para um determinado projeto. Esses estudos, dependendo da complexidade e dos valores financeiros envolvidos, podem exigir vários ciclos de análise, no que se denomina uma "espiral de projeto". A partir de requisitos iniciais do "cliente" (que pode ser a Diretoria, interessada em avaliar um determinado investimento) é realizado um "estudo de viabilidade", composto de várias tarefas realizadas sequenciais, por exemplo, aquelas indicadas na figura, a seguir. Desde que os dados resultantes estejam coerentes, passa-se ao segundo ciclo da espiral, na fase denominada de "projeto básico", onde o detalhamento dos resultados já é bem mais elevado, permitindo maior segurança tanto em relação aos aspectos técnicos do projeto quanto em relação aos seus custos. Aprovados estes dois aspectos, ao final deste ciclo é realizada a fase de projeto detalhado ou "projeto de execução", no qual os estudos resultam em desenhos de execução das obras, especificações de compras de materiais e outras informações bastante detalhadas sobre os critérios de projeto e construção. Os resultados deverão ser apresentados aos níveis mais altos de decisão da empresa ao final de cada ciclo da espiral, para que sejam aprovados e "congelados", ou seja, durante a realização de uma fase não se admite que sejam modificadas decisões aprovadas da fase anterior, pois essa atitude de retorno acarretaria desperdícios de tempo e de dinheiro.

ETAPAS DE UM PROJETO

Figura 3.1 – Espiral de projeto

3.9 - AS CURVAS DE COMPROMETIMENTO E DISPÊNDIO DE RECURSOS

Durante a realização do projeto são tomadas uma série de decisões técnicas que afetam os custos finais, relacionadas à escolha de materiais, opções tecnológicas, grau de automatização etc. Assim sendo, é essencial que essas decisões sejam bem acompanhadas e aprovadas. O gráfico, apresentado a seguir mostra como as decisões de projeto irão comprometendo os orçamentos futuros da empresa. Avalia-se que ao final de um projeto detalhado já estarão definidos e, de certa forma comprometidos, cerca de 80% dos dispêndios previstos para aquele projeto, pois a decisão de adotar outra opção qualquer, demandaria outros estudos que poderiam encarecer ainda mais o empreendimento. O dispêndio real, frequentemente segue uma curva diferente, chamada de "curva S", mais ligada aos valores pagos, na medida em que os contratos com fornecedores e empreiteiros vão sendo cumpridos (fornecimentos de equipamentos, material e mão de obra em construções etc.).

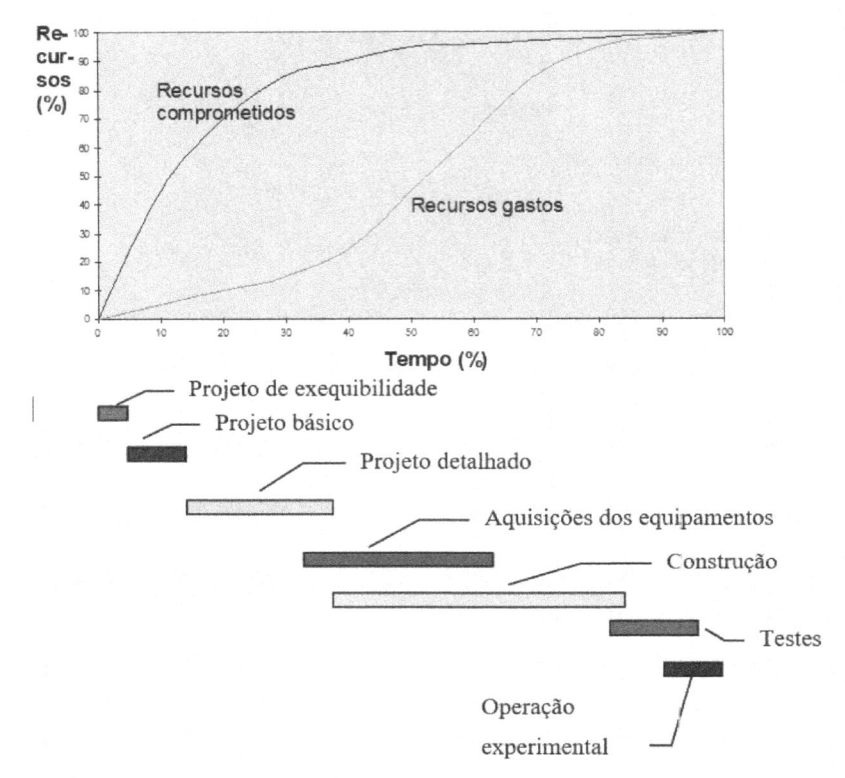

Figura 3.2 – Curvas de comprometimento e dispêndio de recursos

É necessário ter atenção às várias fases do projeto, de modo a evitar retrabalhos e custos desnecessários. É importante que em cada final de fase de projeto seja preparado um documento, no qual sejam "congeladas" as decisões mais importantes, documento esse aprovado pela alta administração. Essas decisões irão se referir aos pontos principais da concepção do empreendimento, às escolhas tecnológicas realizadas e às escolhas e especificações dos principais equipamentos e materiais. Esse "congelamento" de decisões é importante para evitar idas e vindas no projeto, resultado de análises tardias dos resultados de projeto e confusões de autoridade na condução do projeto, implicando em retrabalhos evitáveis, custos desnecessários e o próprio descrédito em relação ao empreendimento. Da mesma forma, sugere-se um acompanhamento dos resultados das fases pela alta direção da empresa, ou de um representante, para que sejam aprovadas as decisões (que resultam na curva de "recursos comprometidos"). Uma análise tardia desses resultados pode não agradar à alta administração (que poderá ser surpreendida com custos eventualmente elevados) gerando "congelamentos de projeto" (que ficará aguardando "tempos melhores" para sua execução) e perdas financeiras correspondentes ao que foi efetivamente gasto na curva "S" (recursos despendidos), além de outras consequências, como a desmotivação do pessoal envolvido em conseguir aquela determinada melhoria ambiental.

Qualquer empresa tem a necessidade de um Sistema de Controle, sobretudo com relação à sua área financeira, cuja finalidade principal consiste em monitorar os desembolsos financeiros e compromissos assumidos pelas pessoas às quais foram atribuídos níveis de autoridade e responsabilidade no tocante à tomada de decisões que afetem os resultados da organização. Quanto maior a empresa, maior será a necessidade de descentralizar as decisões e delegar autoridade, de modo a garantir a agilidade administrativa necessária para que ela se mantenha competitiva. Os sistemas de controle servem também para medir, de forma objetiva, a eficácia com que as decisões da alta direção se traduzem em resultados.

Essa autoridade é usualmente delegada aos Chefes de Departamento e Gerentes de Projeto, de modo que, fixados os objetivos e as metas, eles possam realizar dispêndios e assumir compromissos com o propósito de atingir essas metas. Essas decisões são tomadas sem a interferência da alta administração. O Sistema de Controle existente deve ser capaz de verificar o desempenho das pessoas, por meio de um acompanhamento físico com "indicadores de desempenho" (situação real dos trabalhos e das obras, produção alcançada, ou seja, resultados alcançados) e, também, apresentar demonstrações contábeis das importâncias despendidas em confronto com aquelas aprovadas pela alta administração.

Assim, mostramos que uma das melhores formas de avaliar essa segunda parte é por meio da contabilidade, pela linguagem universal comum a todas as empresas.

CAPÍTULO 4
AVALIAÇÃO DE INVESTIMENTOS

4.1 - O VALOR DO DINHEIRO NO TEMPO

Em todos os problemas relacionados a aplicações financeiras existe a necessidade de levarmos em conta a questão do dinheiro no tempo, ou seja, uma determinada quantia de dinheiro, hoje, não tem o mesmo valor no futuro, tendo em vista a taxa de juros, que sempre está presente na transação envolvida ou a outras possibilidades de uso do dinheiro hoje. Um valor de hoje é *equivalente* a um valor maior no futuro e, também o contrário: um determinado valor a receber no futuro tem um valor menor no presente. A palavra equivalente significa, realmente, *igual valor*, mesmo não sendo o mesmo número.

Para ficarem mais claras as fórmulas (quem já tiver conhecimento de matemática financeira pode saltar esta parte), apresentaremos um exemplo, com a finalidade de mostrar a dedução de juros compostos, ou seja, quanto um determinado valor hoje passará a valer no futuro, sendo considerada uma determinada taxa de juros. Por exemplo, consideremos uma aplicação de R$1,00 e que a taxa de juros anual seja de 9%.

Ano	Renda	Valor acumulado
0		1
1	9/100 x 1 = 0,09 x 1 = 0,09	1 + 0,09 = 1,09 ou 1 x (1 + 0,09) = 1,09

Ano	Renda	Valor acumulado
		1
2	1,09 x 0,09 = 0,098	1,09 + 0,098 = 1,188 ou 1 x (1 + 0,09)x(1+0,09) = 1,188
3	1,188 x 0,09 = 0,107	1,188 + 0,107 = 1,295 ou 1 x (1 + 0,09)x(1 + 0,09)x(1 + 0,09)= 1,295 portanto, a fórmula é: $I \times (1 + i)^n$

Ou, de outra forma, podemos olhar quanto se teria perdido pela não realização da operação financeira considerada. A perda em n anos seria $1x(1,09)^n - 1$, pois devemos olhar o valor acumulado (valor inicial mais juros) e subtrair a parcela investida.

Em 15 anos: 3,642 - 1 = 2,642 (perda que teria em 15 anos, pois o valor de 1 teria se transformado em 3,642).

Portanto:

Do presente para o futuro:

Valor atual: VA

Valor futuro $VF = VA \times (1 + i)^n$

Por exemplo, 1 real em 10 anos, à taxa de 9%: $VF = 1,00 \times (1 + 0,09)^{10} = 2,367$

Do futuro para o presente:

Valor futuro: VF

$$Valor\ atual\ VA = \frac{VF}{(1 + 0,09)^{10}} = \frac{2,367}{2,367} = 1$$

Os dois últimos índices apresentados são aqueles mais significativos para refletir a importância do tempo para o dinheiro. É importante perceber que uma determinada quantia, hoje, vale muito mais do

245

que a mesma quantia no futuro, tendo-se em vista a taxa de juros que se aplica. Acredito que este é o sentido real da frase popular "tempo é dinheiro", e não a ideia de que perder tempo é perder dinheiro.

Para trabalharmos com as diferentes possibilidades, vejamos quais são as fórmulas aplicáveis aos problemas mais comuns, bem como uma representação simplificada:

Definindo-se:

P – valor do dinheiro no presente (Valor **P**resente)

n – número de períodos de tempo, por exemplo, ano, mês etc., conforme o interesse

i – taxa de juros aplicável a cada período

F – valor do dinheiro no final dos n períodos, a partir da data presente. Ele representa o valor de **P** aplicado nos **n** períodos à taxa de juros **i**. **F** simboliza valor **F**inal.

A – valor do pagamento (ou recebimento) ao final de cada período, assumindo-se uma série contínua para os n períodos, equivalente a **P** quando se aplica a taxa de juros **i**. A letra **A** simboliza **A**nuidade.

Conhecendo-se P e desejando-se obter F, representando por:
"<u>Valor de P</u>" (F/P, i%, n)
$F = P (1+i)^n$

Exemplo: P = 10.000; i = 12% ao ano; n = 10 anos
Representação 10.000 (F/P, 12%, 10)
Calculando:
F= 31.058,48
Representação gráfica:

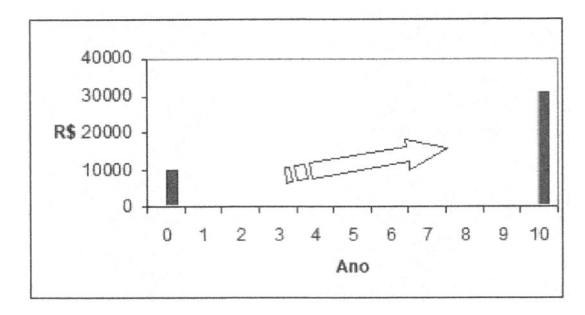

Conhecendo-se F e desejando-se obter P. Representação: "<u>Valor de F</u>" (P/F, i%, n)

$$P = F\left[\frac{1}{(1 + i)^n}\right]$$

Por exemplo, F = 10.000; i = 12% ao ano; n = 10 anos
Representação: 10.000 (P/F, 12%, 10)
Calculando pela fórmula:
P= 3.219,73
Graficamente:

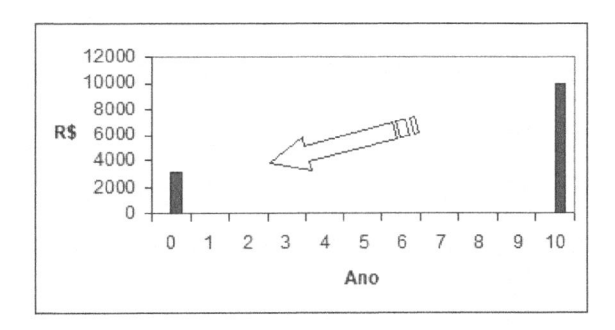

ANUIDADE:

Trata-se de distribuir um valor presente (ou futuro) em parcelas anuais, com o conjunto de parcelas representando o valor único (presente ou futuro, dependendo do caso).

Conhecendo-se F e desejando-se obter A: "<u>Valor de F</u>" (A/F, i%, n)

$$A = F\left[\frac{i}{(1 + i)^n - 1}\right]$$

Nota: quando se fala em anuidades (ou poderiam ser "mensalidades"), considera-se usualmente com os pagamentos ou recebimentos sendo efetuados no fim de cada período (anuidade chamada de "ordinária"). Somente em casos expressamente citados é que se trata de "anuidade vencida", quando os pagamentos são efetuados no início de cada período. Observe que o valor futuro de uma anuidade vencida é maior do que o valor futuro de uma anuidade ordinária, pois terá havido mais tempo de capitalização.

Exemplo (de uma anuidade ordinária: os pagamentos são feitos ao final de cada período): F = 10.000; i = 9% ao ano; n = 8 anos

Representação: 10.000 (A/F, 9%, 8)

A = 906,74

Graficamente:

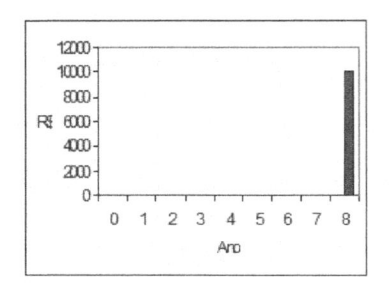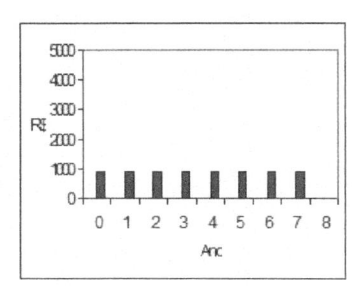

Equivalente

Conhecendo-se P e desejando-se obter A: "Valor de P" (A/P, i%, n)

$$A = P\left[\frac{i(1+i)^n}{(1+i)^n - 1}\right]$$

Exemplo: P = 10.000; i = 10% ao ano; n = 10 anos
Representação: 10.000 (A/P, 10%, 10)
Calculando: A = 1.627,45

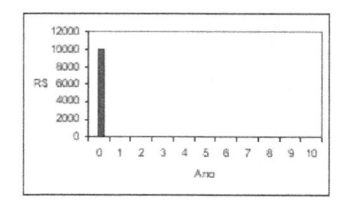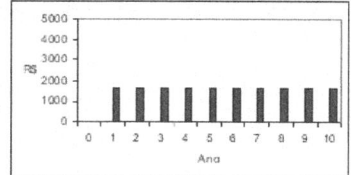

Equivalente

Conhecendo-se A e desejando-se obter F: "Valor de A" (F/A, i%, n)

$$F = A\left[\frac{(1+i)^n - 1}{i}\right]$$

Exemplo: A = 1.000; i = 8% ao ano; n = 10 anos
Representação: 1.000 (F/A, 8%, 10)
F = 14.486,56

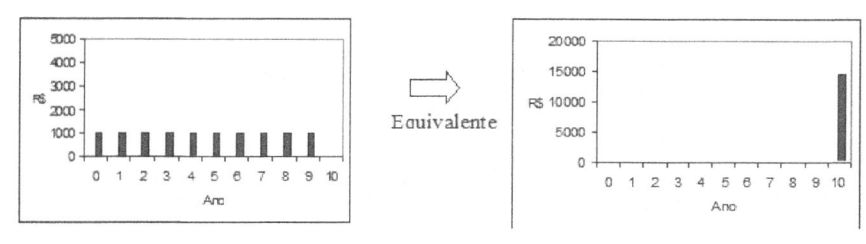

Conhecendo-se A e desejando-se obter P: "Valor de A" (P/A, i%, n)

$$P = A \left[\frac{(1 + i)^n - 1}{i\,(1 + i)^n} \right]$$

Exemplo: A = 1.000; i = 11% ao ano; n = 10 anos
Representação: 1.000 (P/A, 11%, 10)
P = 5.889,23

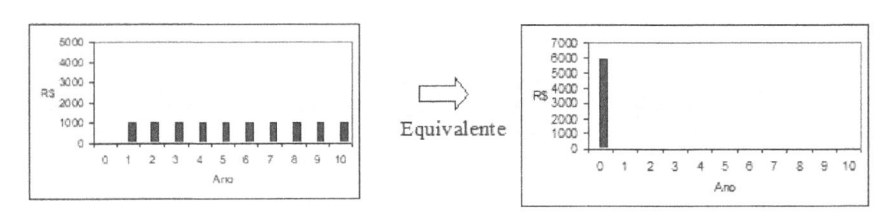

Nota: para calcularmos o valor presente (P) de uma série infinita, dividiremos o valor calculado para a anuidade (para o período considerado) pela taxa de desconto:

$$P_\infty = \frac{A}{i}$$

Demonstração:
Suponhamos que queremos calcular o valor presente de uma série infinita de valores com anuidades iguais a A.

$$P_\infty = \frac{A}{1+i} + \frac{A}{(1+i)^2} + \frac{A}{(1+i)^3} + \ldots$$

Fazendo $\qquad a = \dfrac{A}{1+i}$

$$x = \frac{1}{1+i}$$

e substituindo:

$P_\infty = a + ax + ax^2 + \ldots$ $\qquad$ Equação [1]

Multiplicando os dois termos por x:

$P_\infty x = a\,(x + x^2 + x^3 + \ldots)$ $\quad$ Equação [2]

Subtraindo a Equação [2] da Equação [1]:

$P_\infty - P_\infty x = a + ax + ax^2 + \ldots - ax - ax^2 - \ldots$

$P_\infty - P_\infty x = a$

$P_\infty\,(1-x) = a$

Substituindo x e a pelos seus valores:

$$P_\infty\left(1 - \frac{1}{1+i}\right) = \frac{A}{1+i}$$

$$P_\infty - \frac{P_\infty}{1+i} = \frac{A}{1+i}$$

Multiplicando ambos os lados por (1+i)

$P_\infty\,(1+i) - P_\infty = A$

$P_\infty + P_\infty\,i - P_\infty = A$

$P_\infty\,i = A$

Portanto:

$$P_\infty = \frac{A}{i}$$

Exemplo para aplicação dos conceitos expostos:

Suponhamos uma determinada situação em que estejamos pensando em adquirir um grupo de osmose reversa para realizar a filtragem de um efluente, antes de descartá-lo para um rio, nas imediações da fábrica. O preço desse grupo, com uma capacidade de tratamento de 57 m³/hora, é de US$ 60.000,00, equivalentes (na época de concepção do problema) a R$ 137.000,00. Avaliamos que os custos com energia elétrica, limpeza química, troca de filtros do sistema de pré-filtragem, troca da membrana e adição química, além da mão de obra de operação irão nos gerar custos anuais de R$ 20.000,00 no primeiro ano, R$ 23.000,00 no segundo ano, R$ 25.000,00 no terceiro ano e R$ 27.000,00 no quarto ano. O equipamento duraria cerca de 20 anos, mas para facilitar os cálculos (e como somente é um problema visando mostrar uma metodologia), vamos assumir que ele duraria apenas esses quatro anos, ficando sem nenhum valor ao final desse prazo. A pergunta que se faz é: qual seria o custo médio anual do sistema, assumindo que a taxa de juros considerada pela empresa é de 9% ao ano?

Para solucionar o problema, uma das possibilidades é trazermos todos os custos para o presente e depois dividirmos nos quatro anos, considerando como uma anuidade (todos os custos, desde o investimento inicial até os custos de operação e manutenção).

Por exemplo, mostrando o cálculo de R$23.000,00 do segundo ano trazido ao presente:

$$P = F\left[\frac{1}{(1+i)^n}\right] = 23.000\left[\frac{1}{(1+0,09)^2}\right] = 23.000 * 0,842 = 19.358,63$$

Preparando uma planilha Excel para todos os cálculos e incluindo o investimento inicial, temos:

F	i	n	$(1+i)^n$	P
		0		137.000,00
20.000	0,09	1	1,09	18.348,62
23.000	0,09	2	1,19	19.358,64
25.000	0,09	3	1,30	19.304,59
27.000	0,09	4	1,41	19.127,48
			Soma:	213.139,33

Verificamos, então, que o custo total atualizado, no presente, seria de R$213.139,33.

Repartindo ao longo dos 4 anos (para calcular um custo médio, porém levando em conta o valor do dinheiro no tempo):

$$A = P\left[\frac{i(1+i)^n}{(1+i)^n - 1}\right] = 213.139,33\left[\frac{0,09(1+0,09)^4}{(1+0,09)^4 - 1}\right] = 65.969,22$$

4.2 - FLUXO DE CAIXA

Para a avaliação da viabilidade ou rentabilidade de um empreendimento, por exemplo, a decisão de implantar um processo produtivo, ou o lançamento de um novo produto no mercado, será necessário construirmos um fluxo de caixa desse empreendimento.

Trata-se de um exercício de previsão de receitas (retornos) que resultarão do empreendimento e despesas e investimentos que serão requeridas, ao longo do tempo (normalmente anos).

O ano 0 será considerado como a época atual, em que normalmente haverá uma despesa especial, chamada de "investimento". A definição de investimentos refere-se a gastos incorridos na organização com o propósito de obter benefícios futuros. No nosso caso, os investimentos seriam a construção da instalação requerida para a fabricação de novos produtos, por exemplo.

As despesas seriam os gastos incorridos a cada ano para permitir a produção (matérias-primas, energia, insumos, salários com a mão de obra, remuneração de diretores, comissões de vendedores, impostos etc.)

As receitas seriam os faturamentos da empresa com a venda de produtos.

O "fluxo de caixa" a cada ano seria o valor resultante da subtração de "receitas" menos "despesas".

Assim, seria construída uma tabela que resumisse esses valores (Tabela 4.1) e um gráfico que representasse visualmente essas operações:

Tabela 4.1 – Receitas, despesas e fluxo de caixa

Ano	Fluxo de caixa		
	Receita	Despesa	FC
0		-30.000	-30.000
1	12.000	5.000	7.000
2	8.000	3.000	5.000
3	15.000	7.000	8.000
4	6.000	8.000	-2.000
5	6.000	2.000	4.000
6	8.000	4.000	4.000

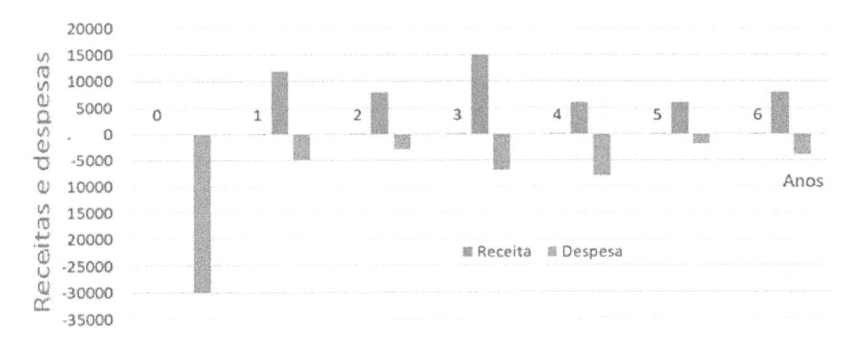

Figura 4.1 – Gráfico de receitas e despesas ao longo dos anos

O Fluxo de caixa (saldo) pode ser representado pela Figura 4.2, no exemplo considerado.

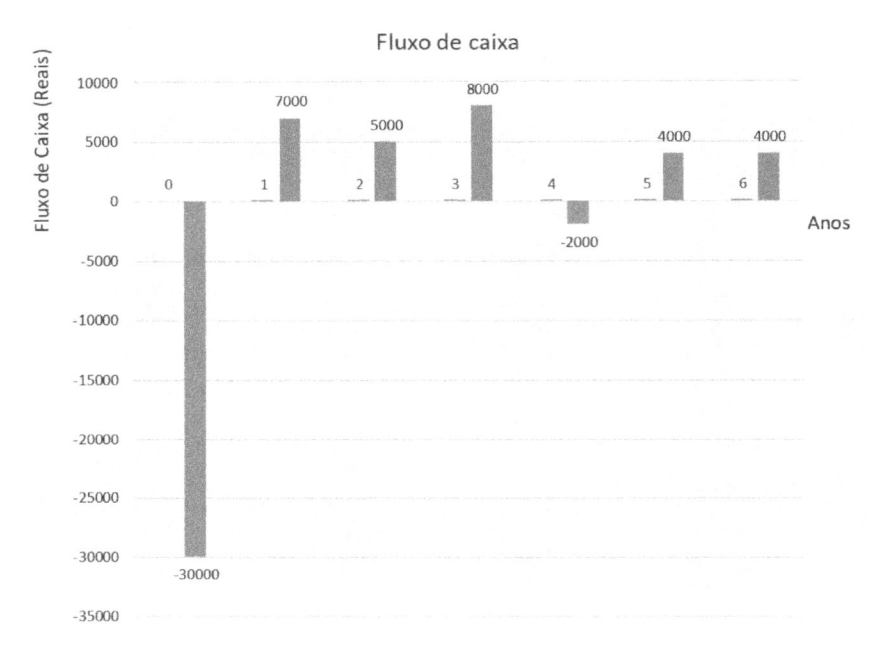

Figura 4.2 – Fluxo de Caixa

O mais usual é a representação somente do fluxo de caixa, na forma de setas

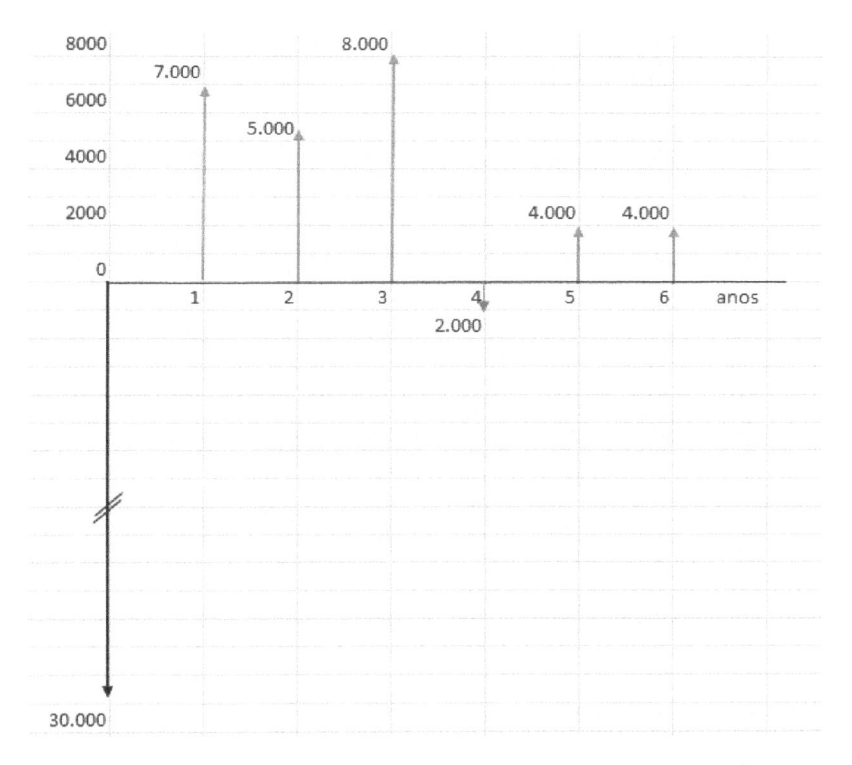

Figura 4.3 - Fluxo de Caixa (representação usual)

Utilizaremos, posteriormente, estes conceitos na avaliação da viabilidade de investimentos.

Nota importante: O fluxo de caixa é estabelecido "antes" da decisão de implantação do empreendimento. Ele é gerado como expectativa de investimentos, receitas e despesas, com base em análises e experiência dos investidores. Mais adiante, ainda neste capítulo, iremos mostrar algumas técnicas de engenharia financeira que irão apoiar o investidor em sua tomada de decisão, de implantar ou não aquele empreendimento.

4.3 - MEDIDAS FINANCEIRAS PARA JULGAMEN-TO DE OPÇÕES DE MELHORIA AMBIENTAL

Para os acionistas e diretores, é importante saber quais áreas da empresa são lucrativas e quais atividades não estão produzindo um retorno correspondente ao investimento, ou seja, situações em que a realização da atividade não valeria a pena. Essas áreas precisam ser identificadas para sabermos se está havendo um problema de administração, ou realmente não compensa realizar os investimentos em razão de uma baixa rentabilidade naquele setor, concorrência acirrada, falta de mercado, ou algum outro motivo.

Na elaboração da Política Financeira, dois aspectos importantes precisam ser considerados, que são o estabelecimento de critérios para os investimentos de capital (em termos financeiros) e o nível de endividamento financeiro aceitável. Os critérios precisam levar em conta o grau de risco do projeto ou empreendimento (aqui, considerando o risco de dar prejuízo), taxa de retorno para os acionistas e prazo para obter o retorno do investimento.

A função financeira precisa garantir a flexibilidade operacional (garantir o dinheiro para os investimentos e para assegurar a vida da empresa, na obtenção de insumos e outros gastos), ao mesmo tempo em que procura maximizar o lucro dos acionistas. Ou seja, identificarmos qual valor os acionistas poderiam obter se investissem o seu dinheiro em outros empreendimentos, ou mesmo em outras empresas, com o mesmo grau de risco. O gerente ambiental precisa estar constantemente em contato com os responsáveis pela função financeira, defendendo os investimentos em melhorias ambientais, levando em conta estes argumentos. Os critérios financeiros deverão ser sempre considerados ao se escolher os investimentos e ao se defender os interesses dos acionistas (a área financeira é a mais próxima desse papel). Uma das atividades nas quais o gerente ambiental pode colaborar é indicar as melhorias que a empresa estiver obtendo em qualidade ambiental e relacioná-las com o desempenho financeiro da empresa. A equipe de qualidade ambiental precisa demonstrar que as melhorias ambientais obtidas pela empresa, como resultados de dispêndios realizados, estão trazendo o retorno financeiro esperado, sobretudo no tocante às economias, aumento de produtividade, redução de multas e de prejuízos decorrentes de falhas atribuídas ao desempenho ambiental da empresa.

Uma forma bastante simplificada para avaliar esse retorno financeiro seria quantificar prejuízos como sucata, refugos e multas recebidas de órgãos ambientais, que são itens fáceis de serem extraídos do sistema contábil atual das empresas. Outra forma mais precisa e que irá fornecer melhores resultados para avaliação é montar um sistema de apropriação de custos da qualidade ambiental, por exemplo, aquele sugerido na parte inicial deste trabalho.

Usualmente, espera-se uma taxa de retorno na faixa de 10 a 20% ao ano. Em investimentos normais (não temos dados suficientes para investimentos ambientais) a taxa pode ficar próxima de 20% (os riscos são maiores, portanto expor-se a eles exige uma compensação maior), enquanto os títulos de governos, sobretudo de países ricos, considerados como investimentos de baixo risco remuneram na faixa de 7% a 10% ao ano. A taxa de retorno exigida para as aplicações é igual à taxa de desconto (que remunera as aplicações isentas de risco) mais a remuneração pelo risco.

Na realização de investimentos ambientais (como também é o caso da maioria de investimentos da empresa), o grande problema é a falta de capital e, para obtê-lo, as empresas normalmente recorrem a bancos. No caso ambiental, além dos bancos, existem alguns órgãos de fomento específicos para estimular esse tipo de investimento, a juros menores e maior prazo de carência. Entretanto, quando se procura esse tipo de apoio, os órgãos financiadores realizam avaliações para verificar se o financiamento solicitado enquadra-se nos objetivos do programa (análise da conveniência da concessão) e se a empresa tem condições de honrar os pagamentos (capacidade de pagamento), verificando-se qual a rentabilidade do investimento. É necessário provar a solidez, a consistência e o mérito do projeto.

Na análise do mérito do projeto, verifica-se a relação custo/benefício e alternativas para obter resultados melhores com os mesmos custos, em outros projetos.

Mesmo antes de apresentar o projeto aos bancos, é necessário analisar várias opções de investimentos ambientais e identificar aquelas que trazem o melhor retorno. Uma das formas é realizar uma projeção de custos ambientais resultantes ao longo dos anos e fazer a escolha, ou verificar a rentabilidade com índices, como comentaremos mais adiante.

Em um projeto normal olham-se os lucros. Aqui, existe ainda a necessidade de avaliar os benefícios ambientais (que estão relacionados com custos de falhas e intangíveis) e as melhorias em sistemas decorrentes de requisitos legais e cumprimento da Política Ambiental da empresa (nem tanto visando ganhos financeiros ou receitas). Em economia, os projetos são comparados entre si através da aplicação de alguns índices. Continua válida esta ideia nos projetos ambientais, sobretudo para se comparar alternativas de engenharia que levem a resultados semelhantes, neste caso os índices, auxiliando-nos a obter as soluções de menor custo.

Neste capítulo apresentaremos as principais ferramentas (índices) com utilidade na tomada de decisão, ou seja, como realizar as melhores escolhas (do ponto de vista econômico) entre os possíveis projetos apresentados.

- Índice de custo / benefício
- Rentabilidade simples
- Período de retorno do capital *(payback)*
- Período de retorno de capital atualizado
- Valor Presente Líquido
- Taxa Interna de Retorno (TIR)

4.4 - ÍNDICE DE CUSTO / BENEFÍCIO

Conforme foi exposto no capítulo 1, este índice indica, em uma comparação de possibilidades, qual deve ser a opção mais vantajosa. Medir os custos de uma determinada instalação que proporcione uma melhoria ambiental constitui-se em uma tarefa relativamente fácil, somando-se os custos de projeto, da compra de equipamentos e sistemas, de obras civis, de montagem, testes, manutenção, gerenciamento etc. Conforme comentamos anteriormente, medir os benefícios é uma tarefa bastante mais difícil, onde se avaliam quais os prejuízos que seriam resultantes da não implantação da instalação em questão. Por exemplo, gastos com recuperação da saúde das pessoas, "custo" das vidas humanas, gastos com a recuperação de água contaminada para ser utilizada. Ou, de outra forma mais simples, interpretarmos como "benefício" o valor dos produtos e serviços resultantes da atividade, em uma análise econômica mais tradicional, nem tanto adaptada ao termo "benefício ambiental". Para estas análises, podem ser feitos gráficos que mostrem os custos e os benefícios, observando-se que para se obter um índice de 100% de redução de poluentes, os custos seriam quase sempre proibitivos. Assim, deve-se trabalhar na região em que as distâncias entre as curvas de custos e de benefícios sejam mais elevadas, desde que esta determinada emissão de poluentes esteja dentro dos limites aceitos pela legislação, pelas normas internas da empresa ou dentro dos limites estabelecidos nos objetivos e metas.

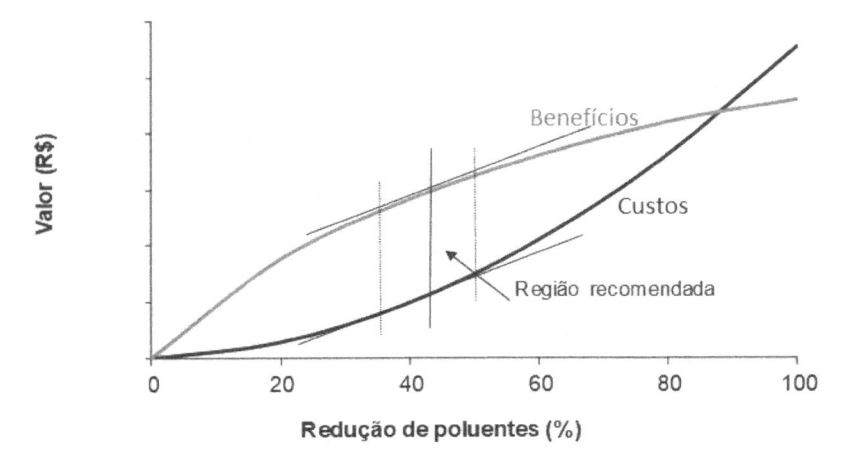

Figura 4.4 – Curva de custos e benefícios da redução de poluente

Deve-se, também, analisar os gradientes das curvas. Um gradiente (inclinação) elevado na curva de benefícios indica que se deve avançar mais na busca de melhorias, enquanto o gradiente elevado na curva de custos mostra que o investimento, somente deverá ser realizado, se a contrapartida de benefícios justificar os gastos maiores.

4.5 - RENTABILIDADE SIMPLES E PERÍODO DE RETORNO DO CAPITAL

4.5.1. Rentabilidade simples

Também chamada de Taxa de Retorno Contábil, é a razão entre o Lucro Líquido Anual (LLA) e o Investimento Realizado. O lucro líquido anual é quanto sobrou de dinheiro quando se considera todas as receitas (ganhos) e se subtraem todas as despesas (gastos).

Por exemplo, realiza-se um investimento de R$2.000.000,00 e obtém-se, em um determinado ano um lucro líquido (receitas menos despesas) de R$300.000,00.

Então, a rentabilidade simples é:

$$r = \frac{LLA}{I} = \frac{300.000}{2.000.000} = 0,15 = 15\% \ ao \ ano$$

A definição de rentabilidade simples não prevê a atualização dos valores financeiros no tempo.

4.5.2. Período de retorno do capital

Período de retorno do capital, ou tempo de retorno do capital, ou período de recuperação, é um número, também conhecido pelo nome em inglês *payback period*, e indica o tempo necessário de operação do sistema até que a empresa recupere o capital investido. Se o fluxo de caixa é regular, esse período é equivalente ao inverso da rentabilidade simples.

Exemplo: Um investimento de 500,00 que proporciona um lucro médio anual de 100,00 apresenta:

- Rentabilidade simples: r = LLA / I = 100 / 500 = 0,2 ou 20% ao ano;
- Período de recuperação ou período de retorno: t = I / L = 500 / 100 = 5 anos

Nos exercícios iremos mostrar uma forma muito simples de calcular o período de retorno do capital, apenas verificando quanto se recupera a cada ano.

Exemplo 2:

Suponhamos três opções de projeto (projetos $\underline{A}$, $\underline{B}$ e $\underline{C}$), apresentando os fluxos de caixa indicados. O custo do capital (juros são de 10% ao ano. Nota: neste tipo de índice é irrelevante). Indicar os períodos de retorno:

Projetos	Fluxos de caixa (Reais)				
	Investimento inicial	Receitas			
	C_0	C_1	C_2	C_3	C_4
Projeto $\underline{A}$	1.000	1.000	1.000	1.000	1.000
Projeto $\underline{B}$	5.000	0	2.500	2.500	2.500
Projeto $\underline{C}$	10.000	5.000	5.000	0	30.000

Respostas:

Período de recuperação do Projeto $\underline{A}$: 1 ano (logo ao final do 1º ano foi recuperado o investimento de R$1.000,00)

Período de recuperação do Projeto $\underline{B}$: 3 anos (no 1º ano não recuperou nada, no 2º ano recuperou 2.500 e no terceiro ano recuperou os outros 2.500, totalizando os R$5.000,00 que foram investidos).

Período de recuperação do Projeto $\underline{C}$: 2 anos.

Observações: apesar de utilizado por muitas empresas, o período de retorno do capital não é um índice que proporciona uma boa decisão, quando visto de forma isolada. Seu principal defeito é não levar em conta o valor do dinheiro no tempo e, em segundo lugar, ele somente considera os fluxos até o instante de recuperação. Intencionalmente colocamos no Projeto $\underline{C}$ um valor de entrada elevado no quarto ano (R$30.000,00), sendo que o índice não levou em conta essa informação. Além disso, o julgamento, com base apenas nesse índice, faria com que houvesse uma prioridade na empresa pelos projetos de mais curta duração (retorno mais rápido), principalmente quando houvesse um critério puro e simples de aceitação de projetos com certo retorno máximo.

4.5.3. Período de retorno atualizado

Período de retorno atualizado: indica o tempo necessário de operação do sistema até que a empresa recupere o capital investido, porém levando-se em conta o valor do dinheiro no tempo, ou seja, atualizando-se os valores pela taxa de juros (taxa de retorno).

Nota: nas empresas, é muito comum o uso do período de retorno simples, ou seja, não se atualizam os valores. A vantagem é tratar-se de um método muito fácil de avaliar os investimentos, embora saibamos que ele é impreciso, em vista de não levar em conta o valor do dinheiro no tempo, principalmente quando a taxa de juros é elevada. Portanto, quando nada se diz, o *payback* refere-se ao *payback* simples.

4.6 - VALOR PRESENTE LÍQUIDO E TAXA INTERNA DE RETORNO

O critério do **Valor Presente Líquido (VPL)** é uma das formas mais empregadas para a realização da análise sobre a viabilidade de empreendimentos. É feito um cálculo para trazer todos os valores dos fluxos de caixa futuros para o presente, considerando a taxa de juros vigente (taxa de retorno, ou taxa de desconto). Assim, consideraremos o valor inicial do investimento (com sinal negativo), outras parcelas de investimento a serem pagas no futuro e receitas (com valor positivo) e despesas, trazendo tudo para o presente, considerando o tempo e a taxa de juros.

A fórmula para o VPL, quando apenas tivermos o investimento inicial e os custos, é:

$$VPL = -\,Investimento\ atual\ +\ \sum_{j=1}^{n} \frac{C_j}{(1+i)^j}$$

$$VPL = -\,I_0 + \frac{C_1}{(1+i)} + \frac{C_2}{(1+i)^2} + \frac{C_3}{(1+i)^3} + \ldots\ldots + \frac{C_n}{(1+i)^n}$$

A fórmula mais completa, quando considerarmos diversas parcelas de investimentos (I), diversas parcelas de Receitas (R) e diversas parcelas de Custos (C) é:

$$VPL = \sum_{j=0}^{n} \left[\frac{R_j - C_j}{(1+i)^j} - \frac{I_j}{(1+i)^j} \right]$$

Nota: nas primeiras fórmulas apresentadas, C_j indicava genericamente um determinado valor associado ao fluxo de caixa (*Cashflow*), as entradas de dinheiro representadas por um sinal positivo e as saídas (ou pagamentos) representadas por um sinal negativo. Nesta última fórmula, ao detalharmos um pouco mais, indicamos as receitas por R_j e os custos por C_j.

É **muito importante** nos lembrarmos de que, quando realizarmos a análise de investimentos, o que nos interessa é o fluxo real de dinheiro que entra e que sai (dinheiro em caixa e bancos) e não os ganhos contábeis. Por exemplo, se tivermos uma venda realizada hoje, com o pagamento sendo feito somente daqui a um ano, então a entrada efetiva para o cálculo de C será feita somente daqui a um ano.

Como critério de investimento verificamos que se o VPL de um investimento resultar em um número positivo será válida a realização desse investimento. Se houver duas ou mais opções, valerá a pena realizar o investimento com VPL mais elevado.

A **TAXA INTERNA DE RETORNO** é a taxa **i** que é obtida quando o VPL é igual a zero. Para calcular a TIR, utilizamos a mesma fórmula do VPL, com uma particularidade: igualamos o VPL a zero e neste caso a variável a ser calculada é o i, a taxa de desconto, que neste caso (igualando o VPL a zero) ela <u>muda de nome</u>, passando a ser chamada de "Taxa Interna de Retorno". Ela identifica qual a taxa a ser aplicada ao fluxo de investimentos de modo que, trazidos aos valores atuais, os investimentos, custos e despesas se igualem ao valor das receitas (também trazidos ao valor atual).

$$VPL = -I_0 + \frac{C_1}{(1+i)} + \frac{C_2}{(1+i)^2} + \frac{C_3}{(1+i)^3} + \ldots + \frac{C_n}{(1+i)^n} = 0$$

Quanto maior a Taxa Interna de Retorno, melhor o investimento em termos de rentabilidade.

4.7 - CUSTO DE OPORTUNIDADE DO CAPITAL

Um conceito importante na realização de qualquer análise financeira é o de **Custo de Oportunidade do Capital** (COC), definido como sendo a maior rentabilidade que poderá ser obtida com um determinado capital, caso não seja investido no projeto em consideração, e sim em outro projeto qualquer, **assumindo-se o mesmo nível de risco**. Trata-se de um custo financeiro equivalente à perda que o capital investido sofre por estar aplicado ao projeto e não poder estar aplicado em nenhum outro projeto ou aplicação de mercado (caderneta de poupança, prazo fixo etc.).

Como existe uma dificuldade em se avaliar o COC assume-se que ele se situa próximo à taxa de juros do sistema bancário (taxa SELIC, por exemplo).

Uma avaliação que pode ser feita para julgarmos se um determinado investimento ambiental é válido (do ponto de vista exclusivamente financeiro) é compararmos a TIR com o COC. Normalmente, se a TIR for menor que o COC, o projeto deverá ser rejeitado, e se a TIR for maior que o COC, o projeto é considerado vantajoso, sendo aceito.

Essa análise, conforme dissemos, reflete tão somente o ponto de vista financeiro, pois pode ser que aquele determinado investimento seja uma necessidade para atender à legislação, o lado político de relacionamentos da empresa, mesmo não sendo a melhor aplicação financeira. Além disso, os órgãos governamentais podem olhar a rentabilidade econômica e a própria TIR de outra forma, ou seja, verificando os benefícios sociais do projeto (criação de empregos, melhorias ambientais para a população) e as deseconomias (poluir um rio, por exemplo, é chamado de uma "deseconomia").

Um exemplo que poderíamos comentar seria relacionado ao programa "Produtor de água", estimulado pela Agência Nacional de Águas (ANA), por meio do qual o produtor rural recebe uma remuneração por preservar e proteger nascentes. Nessas áreas que ele protegeu e manteve como vegetação nativa, o produtor renuncia à prática agropecuária, não colocando seu gado. Então, para ele, trata-se de um "custo de oportunidade", essa receita que ele deixa de ter com o gado, e passa ter a receita com o programa "Produtor de Água". Cabe lembrar que, além dessa receita, o produtor passa a ter água de qualidade na sua propriedade, e colabora com a sociedade ao liberar essa água para a formação de córregos, rios e reservatórios.

4.8 - EXEMPLOS DE CÁLCULO DO VALOR PRESENTE LÍQUIDO

1º problema:

Consideremos um investimento de R\$30.000,00 e o seguinte fluxo de caixa:

Anos	Fluxo de Caixa (C_n)
1	$C_1 = 10.000$
2	$C_2 = 15.000$
3	8.000
4	20.000

Pede-se: calcular o Valor Presente Líquido, considerando uma taxa de desconto de 10% ao ano.

Solução:

$$VPL = -I_0 + \frac{C_1}{(1+i)} + \frac{C_2}{(1+i)^2} + \frac{C_3}{(1+i)^3} + \ldots\ldots + \frac{C_n}{(1+i)^n}$$

$$VPL = -30.000 + \frac{10.000}{(1+0,01)} + \frac{15.000}{(1+0,1)^2} + \frac{8.000}{(1+0,1)^3} + \frac{20.000}{(1+0,1)^4}$$

VPL = -30.000 + 9.090,31 + 12.396,69 + 6.010,52 + 13.660,27 = 11.158,39

Nota: se estivéssemos julgando esse empreendimento, existindo isoladamente, sem outro para compararmos, diríamos que é vantajoso, pois o VPL é positivo. Investimos 30.000 e recuperamos nesses 4 anos o investimento e ainda com um ganho (corrigido pela taxa de desconto) de R$11.158,39 (valores trazidos ao presente).

2º Problema (utilizando também cálculo de anuidade);

Suponha que você quer realizar um empreendimento que requer investimento de R$30.000,00 (o mesmo do exercício anterior), porém você precisa de um empréstimo bancário, com taxa de juros de 15% ao ano, pagos em 3 anos. Suponha que o empreendedor queira avaliar se vale a pena o investimento, considerando uma taxa de desconto de 20% ao ano.

O fluxo de caixa do seu empreendimento é previsto como sendo:

	Investimento	C_1	C_2	C_3	C_4
Projeto A	30.000	25.000	25.000	22.000	20.000

Proposta de solução:

Inicialmente, vamos calcular os valores pagos ao banco. Sem considerar eventuais tarifas adicionais, o valor emprestado é corrigido pelos juros de 15% ao ano, sendo calculado aplicando-se a fórmula da anuidade:

$$A = P \left[\frac{i(1+i)^n}{(1+i)^n - 1} \right]$$

A = 13.139,31

Podemos, então, montar a seguinte tabela, para descontarmos do fluxo de caixa do nosso empreendimento, os valores pagos ao banco como amortização do empréstimo:

	Investimento	C_1	C_2	C_3	C_4
Projeto A	R$30.000,00	R$25.000,00	R$25.000,00	R$22.000,00	R$20.000,00
Pagamentos ao Banco		R$13.139,31	R$13.139,31	R$13.139,31	0
Saldo após o pagamento		R$11.860,69	R$11.860,69	R$8.860,69	R$20.000,00

Avaliação do investimento:

$$VPL = -I_0 + \frac{C_1}{(1+i)} + \frac{C_2}{(1+i)^2} + \frac{C_3}{(1+i)^3} + \ldots + \frac{C_n}{(1+i)^n}$$

$$VPL = -I_0 + \frac{11.860,69}{(1+0,2)} + \frac{11.860,69}{(1+0,2)^2} + \frac{8.860,69}{(1+0,2)^3} + \frac{20.000}{(1+0,2)^4}$$

Fazendo os cálculos, obtemos:

VPL = 2.893,27

Comentário: como o VPL foi positivo, a conclusão é de que vale a pena realizar o empreendimento, mesmo pagando-se o empréstimo bancário. Observe, porém, que o fluxo de caixa foi bem superior ao do primeiro problema. Com aqueles valores, certamente obteríamos um valor negativo para o VPL, não valendo a pena realizar o empreendimento.

4.9 - EXEMPLO DE CÁLCULO COM DEPRECIAÇÃO

No problema apresentado, logo a seguir, utilizaremos o conceito de depreciação, e como ele não é muito conhecido pelos não-especialistas em contabilidade, faremos um pequeno resumo sobre esse conceito, antes de utilizá-lo em nosso problema.

Depreciação é um conceito contábil usado para compensar a perda de valor de certos ativos ao longo do tempo. Os gastos de aquisição dos bens necessários à realização da atividade da empresa (incluindo aqueles relativos a instalações, transporte, seguros de transporte) são incluídos nos balanços das empresas na categoria de "Imobilizados".

Como exemplo desses bens, temos as máquinas de produção, veículos, móveis, utensílios e equipamentos de informática, entre outros.

Com o passar do tempo, esses bens sofrem desgastes naturais resultantes de seu uso, sendo irreal considerar que seu valor seria o mesmo ao longo dos balanços da empresa nos anos posteriores à aquisição. Dessa forma, calcula-se um valor como "depreciação" do bem, como forma de considerar o desgaste econômico, para efeitos contábeis. Trata-se de um mecanismo puramente contábil, não significando uma movimentação de dinheiro ou desembolso, porém sendo vantajoso para a empresa, pois ele permite reduzir o valor de pagamento do Imposto de Renda, já que ele reduz o valor do lucro apurado, para resultar no lucro tributável.

A legislação contábil brasileira (Instrução Normativa RFB nº 1.700, de 2017) estabelece os seguintes percentuais máximos, para considerar a depreciação:
- veículos em geral: 25% ao ano;
- equipamentos de informática: 20% ao ano;
- móveis e utensílios: 10% ao ano;
- máquinas e equipamentos: 10% ao ano;
- prédios e construções: 4% ao ano.

A depreciação é uma despesa não desembolsável, portanto ela não pode ser considerada no fluxo de caixa. Então, para calcularmos o "Lucro Operacional", iremos subtrair o valor da depreciação, "como se ela fosse uma despesa", mas após calcularmos o Imposto de Renda e chegarmos ao Resultado Líquido, iremos "devolver" esse valor da Depreciação, já que ele não representou a saída de dinheiro. Vejamos o exemplo do problema proposto.

Problema:
Suponhamos que uma empresa realizou um investimento de R$250.000,00 para melhorar seu processo produtivo (máquinas e equipamentos) do ponto de vista ambiental, e que prevê como retorno o seguinte fluxo de caixa:

	Valores em Reais				
	Ano 1	Ano 2	Ano 3	Ano 4	Ano 5
Receita de vendas	300.000	200.000	280.000	310.000	250.000
Custo dos produtos vendidos (diretos e indiretos)	90.000	70.000	82.000	92.000	80.000
Despesas com vendas	70.000	50.000	70.000	60.000	50.000
Despesas financeiras	10.000	8.000	10.000	5.000	6.000

Considerando a depreciação, e uma incidência do Imposto de Renda de 25%, calcule:

a) o Fluxo de Caixa de cada ano;

b) o Valor Presente, correspondente a esse fluxo de caixa, assumindo que a empresa considera uma taxa de desconto de 12% ao ano;

c) qual seria uma anuidade equivalente, nos 5 anos, obtida a partir do Valor Presente calculado no item acima, considerando a mesma taxa de desconto (12% ao ano).

Solução proposta:

Solução:

a) Fluxo de caixa:

	Valores em Reais				
	Ano 1	Ano 2	Ano 3	Ano 4	Ano 5
Receita de vendas	300.000	200.000	280.000	310.000	250.000
(-) Custo dos produtos vendidos	90.000	70.000	82.000	92.000	80.000
Lucro bruto	210.000	130.000	198.000	218.000	170.000
(-) Despesas com vendas	70.000	50.000	70.000	60.000	50.000
(-) Depreciação (10% de 250.000)	25.000	25.000	25.000	25.000	25.000
Lucro operacional	115.000	55.000	103.000	133.000	95.000

	Valores em Reais				
	Ano 1	Ano 2	Ano 3	Ano 4	Ano 5
(-) Despesas financeiras	10.000	8.000	10.000	5.000	6.000
Resultado bruto	105.000	47.000	93.000	128.000	89.000
(-) Imposto de renda	26.250	11.750	23.250	32.000	22.250
Resultado líquido	78.750	35.250	69.750	96.000	66.750
Resultado para o Fluxo de Caixa	103.750	60.250	94.750	121.000	91.750
Resultado descontado	92.633,93	48.030,93	67.441,18	76.897,69	52.061,41

Notas explicativas:

Veja o Ano 1, por exemplo. Sempre foram feitas subtrações, a partir da Receita de Vendas, até chegarmos ao Resultado Bruto. Nesse ponto, calculamos o valor do Imposto de Renda (25% de 105.000) e chegamos ao Resultado Líquido. Então, "devolvemos" o valor da Depreciação (25.000) para chegarmos ao Resultado para o Fluxo de Caixa. E, agora, como esse valor ocorre no final do ano 1, precisaremos trazê-lo ao presente, usando a fórmula:

$$P = F\left[\frac{1}{(1 + i)^n}\right]$$

$$P = 103.750\left[\frac{1}{(1 + 0,12)^1}\right] = 92.633,92$$

De forma análoga, para o Ano 2:

$$P = 60.250\left[\frac{1}{(1 + 0,12)^2}\right] = 48.030,93$$

b) Valor presente (somente das parcelas recebidas):
   VP = 92.633,93+48.030,93+67.441,18+76.897,69+52.061,41
   = 337.065,10

Computando o valor investido de 250.000,00
VPL = -250.000+92.634+48.031+67.441+76.898+52.061
VPL = 87.065

c) Anuidade equivalente (dos valores recebidos):

$$A = P\left[\frac{i(1+i)^n}{(1+i)^n-1}\right] = 337.065,10\left[\frac{0,12(1+0,12)^5}{(1+0,12)^5-1}\right] = 337.065,10 * 0,247409 = 93.505,14$$

Anuidade equivalente computando o investimento inicial:

$$A = 87.065\left[\frac{0,12(1+0,12)^5}{(1+0,12)^5-1}\right] = 87065\left[\frac{0,12(1+0,12)^5}{(1+0,12)^5-1}\right] = 87065\left[\frac{0,2115}{0,7623}\right] = 24.154,00$$

4.10 - TAXA INTERNA DE RETORNO ECONÔMICO

Na TIRE (taxa interna de retorno econômico) o projeto é analisado do ponto de vista de toda a economia. Pode ser que o empresário esteja esgotando um determinado recurso natural em 30 anos, por exemplo, sem se importar, o que não pode acontecer com o governo, que necessariamente tem que levar em conta os efeitos, a longo prazo, sobre a sociedade. O problema da avaliação econômica é transformar o orçamento de custos e receitas do projeto, de seus valores privados (da empresa) em valores e preços, em custos **econômicos** (orçamento da coletividade e não da empresa). Um exemplo disso seria a construção de uma usina hidrelétrica por um empresário. O valor, para ele, será a construção da barragem, os investimentos e máquinas, o valor da terra, indenizações a donos de terras alagadas. Porém podem existir outros benefícios ambientais que não serão do empresário (regularização da vazão do rio, água para irrigação de terras antes secas que ficavam longe do rio) e prejuízos ambientais (mudança do regime fluvial para lacustre, perdas de espécies, proliferação de mosquitos, mudança do clima etc.). De alguma forma, o governo, sobretudo os organismos de financiamento, devem criar índices que permitam avaliar as taxas de retorno, não só para a empresa (verificando a rentabilidade, o retorno), mas também do ponto de vista social. A ideia do "Balanço Social" poderá vir a ser uma das formas dessa avaliação.

4.11 - BENEFÍCIOS EM PRESERVAR ECOSSISTEMAS

Conforme comentamos, na análise de custos e benefícios, é mais fácil calcularmos os custos e mais difícil avaliarmos os benefícios ambientais. Em muitos casos, seremos obrigados a avaliar os benefícios de uma forma inversa, ou melhor, determinando quais seriam os prejuízos resultantes da "não realização" dos investimentos que evitariam os prejuízos, ou seja, este será o benefício considerado.

Apesar da dificuldade em avaliar "benefícios ambientais", alguns pesquisadores desenvolveram técnicas a respeito de como realizar essa quantificação de valor do "capital natural", como é o caso de Robert Costanza, expostas na revista *Nature*, nº 387, de 1997.

Outro estudo muito interessante foi apresentado na revista *Science*, de 9.8.2002 vol. 297, com o título *"Economic Reasons for Conserving Wild Nature"*, de Andrew Balmford e outros. Comentaremos alguns resultados e conclusões dos autores.

O trabalho de Robert Costanza e outros relata alguns casos estudados no mundo, mostrando os benefícios ambientais existentes, em termos monetários, no sentido de serem mantidos os ecossistemas intactos, ao invés de alterá-los para algum uso econômico (exploração). Os autores estudaram cerca de 300 casos e se concentraram em cinco deles, bem caracterizados quanto aos benefícios obtidos nas duas situações (preservar ou explorar). Os valores apresentados referem-se ao Valor Presente Líquido (VPL) em dólares do ano 2000, sendo aplicada, em cada caso, uma taxa de retorno específica, conforme indicada mais adiante.

Em geral, quando se trata da exploração dos recursos, modificando-se o ecossistema, foi avaliado como benefício o valor monetário dos produtos explorados: madeira, fibras vegetais, combustíveis, alimentos produzidos; por outro lado, quando se preserva o ecossistema, foi avaliado o valor monetário da regulação do clima, controle de erosão do solo, reciclagem de nutrientes, e outros serviços ambientais, conforme mostraremos em cada caso.

Os cinco casos estudados em detalhe foram:

Caso 1: Uso não sustentável de uma floresta em Sengalor, na Malásia (retirada de madeira);

Caso 2: Uso não sustentável de madeira de uma floresta em Monte Camarões, República dos Camarões, usando-se posteriormente a terra para agricultura familiar;

Caso 3: Conversão de um manguezal na Tailândia, para aquicultura (criação de camarões em cativeiro);

Caso 4: Drenagem de um pântano, no Canadá, para transformar a área em fazendas para produção agrícola;

Caso 5: Exploração de uma área de recifes, nas Filipinas, para pesca, por meio de explosões (destruindo os recifes).

Foi possível observar que, em todos os casos, havia sempre benefícios privados. Algumas pessoas e empresas se beneficiavam da atividade, após a destruição do ecossistema. Porém, em todos esses casos, verificamos que os benefícios ambientais em preservar não são usualmente capturados pela economia convencional, baseada nas leis de mercado. Os pesquisadores atribuíram valores aos bens e serviços ambientais, em cada caso, segundo critérios de Robert Costanza (Revista *Nature* nº 253, de 1997) e outros critérios, e concluíram que em todas as situações, os benefícios calculados, quando fossem mantidos os ecossistemas relativamente intactos, sempre superaram aqueles obtidos com sua transformação para uso pelo homem.

Construímos uma tabela para tentar deixar claros os valores apresentados no artigo:

Caso 1: Uso não sustentável de uma floresta da Malásia (retirada de madeira), em Sengalor.	Valores econômicos totais VPL com taxa de retorno de 10% ao ano, em 100 anos		% de ganho em manter
Benefícios econômicos em explorar a floresta: valor das madeiras e fibras. Valores em preservar: suprimento de água, regulação do clima, recreação, manutenção de estoques de carbono e espécies ameaçadas de extinção.	Ao explorar: US$11.200/ha	Com gestão ambiental: aprox. US$13.000/ha	14%
Caso 2: Uso não sustentável de madeira de uma floresta em Monte Camarões, República dos Camarões, usando-se posteriormente a terra para agricultura familiar.	Valores econômicos totais VPL com taxa de retorno de 10% ao ano, em 32 anos		% de ganho em manter
Benefícios econômicos em explorar: valores das madeiras, fibras e alimentos produzidos; Benefícios em preservar: controle de sedimentos, prevenção de inundações na região, fixação de carbono, regulação do clima, valor de existência da floresta.	Agricultura familiar: US$2.110/ha	Manter a floresta intacta US$2.570/ha	18%

Caso 3: Conversão de um manguezal na Tailândia, para aquicultura (criação de camarões em cativeiro); Benefícios econômicos em construir o viveiro: valor do camarão criado; Benefícios em manter o manguezal: madeira coletada, carvão, sequestro de carbono, regulação do clima, proteção da costa quanto a tempestades no mar.	Valores econômicos totais VPL com taxa de retorno de 6% ao ano, em 30 anos		% de ganho em manter
	Transformar para aquicultura: US$16.700/ha	Manter o manguezal US$60.400/ha	70%
Caso 4: Drenagem de um pântano, no Canadá, para transformar em área de produção agrícola; Benefícios econômicos em drenar o pântano: valor dos produtos agrícolas obtidos; Benefícios em manter o pântano: caça sustentável, madeira coletada, carvão, sequestro de carbono, regulação do clima, proteção das casas quanto a tempestades.	Valores econômicos totais VPL com taxa de retorno de 4% ao ano, durante 50 anos		% de ganho em manter
	Transformar em área agrícola: US$3.700/ha	Manter o pântano US$8.000/ha	54%

Caso 5: Exploração de uma área de recifes, nas Filipinas, para pesca, por meio de explosões (destruindo os recifes). Benefícios econômicos em explorar a pesca: valor dos peixes; Benefícios em manter o recife: proteção da costa quanto a tempestades, valor turístico.	Valores econômicos totais VPL com taxa de retorno de 6% ao ano, em 30 anos		% de ganho em manter
	Transformar para aquicultura: US$870/ha	Manter o recife US$3.300/ha	74%

Verificamos que, nos casos estudados, os valores econômicos totais (VPL), ao se preservar os sistemas, ultrapassam os benefícios obtidos ao se destruir os sistemas para exploração comercial.

O artigo observa, com muita propriedade que, no passado, com a falta de áreas agrícolas, houve a necessidade de desmatar florestas para plantar e produzir alimentos, mas que hoje, existindo muitas áreas agrícolas com alta produtividade, é muito mais importante manter áreas preservadas, do ponto de vista de sustentabilidade global. Entretanto, quando pensamos que essas áreas frequentemente ficam localizadas em regiões pobres e em países em desenvolvimento, existe uma necessidade real de que as pessoas dessas regiões possuam condições de sobrevivência, o que muitas vezes somente é conseguido explorando-se aqueles recursos de forma não sustentável. Elas, em geral, não irão atribuir nenhum valor aos bens ambientais, que, na verdade, irão beneficiar a humanidade como um todo em sua preservação. É necessário, portanto, que existam mecanismos de compensação pela preservação, permitindo condições de vida adequadas às populações das áreas.

4.12 - EXEMPLOS NUMÉRICOS DE AVALIAÇÃO DE INVESTIMENTOS

Exemplo 1: Suponhamos que, para cumprir uma determinada meta ambiental, estejamos precisando melhorar um determinado processo industrial. Suponha que a empresa receba propostas de dois fornecedores (A e B), com resultados técnicos semelhantes e que apresentem os seguintes fluxos de caixa (C_0 é o investimento inicial e os C_j são as entradas de dinheiro como retorno (ou ganhos decorrentes da não existência de problemas ambientais):

Projetos	Fluxos de caixa (Reais)	
	Investimento inicial	Receitas
	C_0	C_j
Proposta A	50.000	Receitas de R$12.000,00 durante os próximos 7 anos
Proposta B	40.000	Receitas de R$8.000,00 durante os próximos 10 anos

O custo de oportunidade é de 10% ao ano.

Solicita-se responder:

- qual a melhor proposta, assumindo-se o critério do Valor Presente Líquido?
- quais os períodos de recuperação dos dois projetos?
- Quais os períodos de recuperação atualizados?
- Qual a melhor proposta, assumindo-se o critério da TIR?

Solução:

$$VPL = -I_0 + \frac{C_1}{(1+i)} + \frac{C_2}{(1+i)^2} + \frac{C_3}{(1+i)^3} + \ldots\ldots + \frac{C_n}{(1+i)^n}$$

$$VPL_A = -50000 + \frac{12000}{(1+0,1)} + \frac{12000}{(1+0,1)^2} + \frac{12000}{(1+0,1)^3} + \ldots.. + \frac{12000}{(1+i)^7} =$$

$=-5000 + 010909,09 + 9917,36 + 9015,78 + 8196,16 + 7451,06 + 6773,69 + 6157,90 = 8421,03$

$$VPL_B = -40000 + \frac{8000}{(1+0,1)} + \frac{8000}{(1+0,1)^2} + \frac{8000}{(1+0,1)^3} + \dots + \frac{8000}{(1+i)^{10}} =$$

$=-40000 + 7272,73 + 6611,57 + 3010,52 + 5464,11 + 4967,37 + 4515,79 + \dots + 3084,35 = 9156,54$

Portanto, a proposta B é vantajosa para a empresa sob o ponto de vista do VPL.

Cálculo dos períodos de recuperação (Nota: são períodos simples):

$$t_A = \frac{I}{R} = \frac{50000}{12000} = 4,16 \text{ anos} = 4 \text{ anos } 1 \text{ mês e } 27 \text{ dias}$$

$$t_B = \frac{I}{R} = \frac{40000}{8000} = 5 \text{ anos}$$

Períodos de recuperação atualizados:

O período de recuperação atualizado refere-se ao retorno do investimento (que ocorreu no tempo zero) por meio das parcelas de receitas anuais, trazidas ao presente. Assim sendo, trata-se da mesma fórmula do VPL igualada à zero, na qual a incógnita é o tempo t. A solução pode ser obtida de forma gráfica, já que calculamos as parcelas atualizadas das receitas. Neste caso, iremos contar o investimento como positivo e iremos abatendo os valores recuperados em cada ano (como se estivéssemos "quitando" uma dívida), para verificarmos quanto tempo levará para recuperarmos o investimento inicial.

Ano	Fluxo de caixa	Valor atualizado	Saldo (investimento – retornos)
0	50.000	50.000,00	50.000,00
1	12.000	10.909,09	39.090,91
2	12.000	9.917,36	29.173,55
3	12.000	9.015,78	20.157,77
4	12.000	8.196,16	11.961,61

Ano	Fluxo de caixa	Valor atualizado	Saldo (investimento – retornos)
5	12.000	7.451,06	4.150,55
6	12.000	6.773,69	-2.263,14
7	12.000	6.157,90	-8.421,03

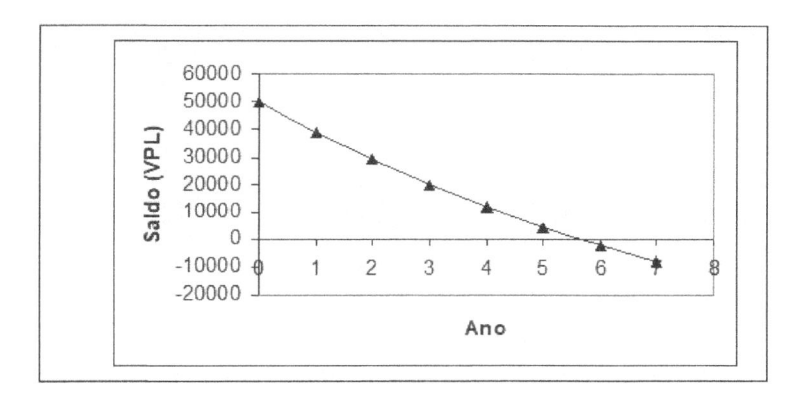

Portanto, o projeto A seria recuperado em 5 anos e 8 meses (assumindo uma linearidade entre o 5º e 6º anos).

Projeto B: fazendo os cálculos e o gráfico, de forma análoga, e assumindo uma linearidade no último ano, a resposta seria 7 anos, 3 meses e 11 dias.

Exemplo 2: Uma empresa produtora de bebidas utiliza três tipos de matérias-primas (xarope, açúcar e gás carbônico), além de água e energia elétrica. Também devem ser consideradas, no processo, entradas como embalagens plásticas e óleo para uma caldeira. No decorrer da fabricação são empregados vários processos, tais como a mistura das matérias-primas, fervura, pasteurização, lavagem e esterilização de embalagens retornáveis, engarrafamento, adição do gás, embalagem de garrafas e latas, refrigeração etc. Desses processos resultam resíduos como particulados e gases da caldeira, efluentes líquidos e resíduos sólidos.

A primeira parte do problema consiste em identificar e registrar os vários tipos de custos ambientais, para cada tipo de descarga. Supondo números e o seu enquadramento para cada tipo de custos ambientais, temos:

TOTAL DE DESPESAS EM 1996

DESPESAS	PRE-VEN-ÇÃO	AVALIA-ÇÃO	FALHAS INTER-NAS	FALHAS EXTER-NAS	INTAN-GÍVEIS	TO-TAL
EFLUENTES LÍQUIDOS:					?	
Tratamento de efluentes (custos diretos)	110					
Tratamento de efluentes (custos indiretos)	40					
Coletas de amostras e testes de qualidade		50				
Perdas de água			260			
Custos com pessoal de Gestão Ambiental	20	10				
Custos com treinamento de pessoal de operação	30					
Multas por poluição do rio				60		
Auditorias		40				
EMISSÕES AT-MOSFÉRICAS					?	
Operação e manutenção de filtros de gases de combustão e outros	30					
Gases perdidos por vazamentos			30			
Custos com pessoal de Gestão Ambiental	20	5				

DESPESAS	PRE-VEN-ÇÃO	AVALIA-ÇÃO	FALHAS INTER-NAS	FALHAS EXTER-NAS	INTAN-GÍVEIS	TO-TAL
Custos com treinamento de pessoal	10	5				
Multas por po-luição do ar				20		
RESÍDUOS SÓLIDOS					?	
Custos de transporte para aterros	40					
Taxas de uso de aterros	30					
Custos de inspe-ções e testes de amostras		15				
Perdas de emba-lagens (vidros, plásticos, engra-dados e papelão)			130			
Custos de pes-soal de Gestão Ambiental	10	5				
Auditorias de Gestão Ambiental		30				
TOTAL	340	160	420	80	?	1.000

Identificados os custos e feito o seu enquadramento, percebe-se que a principal área onde se pode atuar será relativa à economia de insumos, ou seja, água, gases e embalagens (falhas internas, responsáveis por 42% dos custos). Visando obter melhorias, constata-se que seria desejável realizar mais investimentos no sistema de gestão ambiental, realizar uma melhor escolha de matérias-primas e do óleo combustível da caldeira, possibilitando uma menor quantidade de emissões atmosféricas (embora o custo explícito não indique a existência de problemas, sabe-se que os vizinhos têm reclamado muito desse aspecto, tornando-o um custo intangível elevado). Após a elaboração dos objetivos e metas e a preparação de um Plano de Ação, seguido de um orçamento detalhado, a Diretoria decidiu investir 2 milhões. O Gerente Ambiental, com base em dados obtidos e extrapolações, chegou às seguintes conclusões (despesas por ano):

- Aumento no custo do óleo combustível (de melhor qualidade): 30.000
- Aumento no custo das matérias-primas (que geram menos poluentes): 150.000
- Aumento nas despesas com produtos químicos necessários ao novo processo: 80.000
- Redução de despesas com o tratamento de efluentes líquidos: 100.000
- Redução de despesas com o tratamento de efluentes gasosos: 40.000
- Aumento de despesas com o tratamento de resíduos sólidos: 60.000
- Aumento de despesas com Gestão Ambiental: 40.000
- Redução de despesas com o consumo de água: 120.000
- Economia de embalagens: 100.000
- Economia de energia elétrica: 80.000
- Multas provavelmente evitadas: 40.000

Para os anos subsequentes, avalia-se que os valores irão sofrer pequenas modificações, graças ao aprimoramento do processo e pequenas variações do custo de matérias-primas. O quadro, a seguir, mostra os valores.

ANÁLISE FINANCEIRA:
Custo do Investimento: 2 milhões
Economias Líquidas / (ou Custos e Despesas):

	1º Ano	2º Ano	3º Ano	Demais anos
(1) Óleo combustível	(30)	(30)	(30)	(30)
(2) Matérias-primas	(150)	(140)	(120)	(120)
(3) Produtos químicos	(80)	(70)	(70)	(70)
(4) Tratamento de efluentes líquidos	100	120	130	140
(5) Tratamento de efluentes gasosos	40	45	50	50
(6) Tratamento de resíduos sólidos	(60)	(55)	(50)	(50)
(7) Gestão Ambiental	(40)	(40)	(40)	(40)
(8) Consumo de água	120	130	140	140
(9) Embalagens	100	120	140	140
(10) Energia elétrica	80	90	90	90
(11) Multas evitadas	40	50	50	50
Saldos	120	220	290	300

Nota: por convenção, os valores colocados entre parêntesis referem-se a custos e despesas.

Fazendo um balanço, constatamos que, realizando as modificações, teremos uma economia anual de 480.000 e um custo adicional e despesas de 360.000. A pergunta que se faz, então, é: vale a pena realizar esse investimento de 2 milhões?

Constatamos, então, um saldo a favor da economia de 120.000. Sabemos, por outro lado, que existem custos intangíveis que não somos capazes de avaliar, ou seja, a economia real é superior a 120.000.

A primeira forma que temos para calcular a validade desse investimento é calcular o Valor Presente Líquido (VPL) e, se não tivermos uma calculadora financeira disponível, por tentativa, chegarmos à taxa de juros (TIR).

A fórmula para o VPL é:

$$VPL = \sum_{j=0}^{n} \left[\frac{R_j - C_j}{(1+i)^j} - \frac{I_j}{(1+i)^j} \right]$$

Assumindo-se que a taxa de juros anual é de 10%, iremos avaliar ao longo de cada ano qual o valor atualizado do investimento (considerado com sinal negativo) e dos benefícios resultantes para a empresa. Sabe-se que enquanto o VPL estiver negativo, não terá ainda havido recuperação do investimento. O prazo de retorno (atualizado) ocorre quando o VPL = 0.

$$VPL = -I_0 + \frac{C_1}{(1+i)} + \frac{C_2}{(1+i)^2} + \frac{C_3}{(1+i)^3} + \ldots + \frac{C_n}{(1+i)^n}$$

Considerando o 1º Ano:

$$VPL = -2000 + \frac{120}{(1+0,1)^1} = -2000 + 109,99 = -1.890,91$$

Para os demais anos, por tentativa, tem-se:
n = 10:

$$VPL = -2000 + \frac{120}{(1+0,1)^1} + \frac{220}{(1+0,1)^2} + \frac{290}{(1+0,1)^3} + \frac{300}{(1+0,1)^4} + \ldots + \frac{300}{(1+0,1)^{10}}$$

VPL = -378,43 (valor negativo), ou seja, em 10 anos ainda não seria recuperado o investimento, a essa taxa de juros.
Em 12 anos:
VPL = -178,03 (ainda não amortizou)
Em 14 anos:
VPL = -12,43
Em 15 anos:
VPL = + 59,27 (ou seja, já ultrapassou o ponto de equilíbrio).

Para se determinar com uma maior precisão, pode-se interpolar os resultados, graficamente:

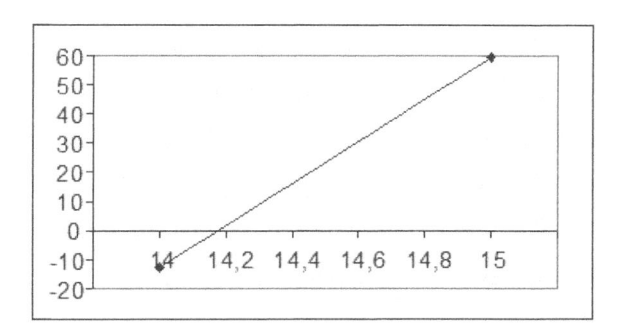

$$\frac{59,27+12,43}{1}=\frac{12,43}{x}$$

x = 0,173 do ano, ou seja, 2 meses.

Portanto, a amortização se dá com 14 anos e 2 meses após o investimento.

A avaliação que deve ser feita consiste em comparar esse resultado com outras opções que a empresa disponha, ou outras possibilidades de investimento para comparar a rentabilidade (custo de oportunidade, ou seja, quanto a empresa lucraria com outra aplicação financeira daquela quantia em um projeto com a mesma taxa de risco, a bolsa de valores, por exemplo). Quanto menor o tempo de retorno, em geral, trata-se da melhor aplicação para a empresa, do ponto de vista estritamente econômico.

Podemos também calcular a rentabilidade do projeto, a cada ano, através da fórmula:

$$r=\frac{Receita-Custos}{Investimentos}$$

Portanto, no primeiro ano:

$$r=\frac{Receita-Custos}{Investimentos}=6\%$$

A rigor, o cálculo acima deveria ser feito com os valores trazidos ao valor atual, que seria:

$$r = \frac{\dfrac{120}{(1+0,1)^1}}{2000} = 5,4\%$$

Como exercício, apresenta-se o seguinte problema, para cálculo da "Taxa Interna de Retorno".

Suponhamos que a empresa queira se lançar à fabricação de um novo tipo de bebida, com apelo ecológico à base de sucos naturais sem aditivos químicos e, para testar o mercado e definir o processo, decidiu-se construir uma planta piloto, prevista para operar por três anos. De qualquer forma, deseja-se calcular a Taxa Interna de Retorno desse investimento, considerando ainda os custos e as receitas. O quadro, a seguir, mostra o investimento de R$700.000,00 (ano 0) e para os três anos seguintes, as receitas e custos (inclusive os ambientais).

	Ano 0	Ano 1	Ano 2	Ano 3	Totais
Investimento e Custos	(700)	(100)	(100)	(100)	(1.000)
Receitas		400	400	400	1.200

Para resolver de forma simples a equação, o método mais fácil é adotar um processo de tentativa e aproximações sucessivas (exige apenas uma calculadora simples).

Adota-se, então, uma taxa de **10%** e prepara-se uma tabela com os valores de custos e receitas trazidos para o valor atual.

	Ano 0	Ano 1	Ano 2	Ano 3	Totais
Investimento e Custos	(700)	(90,9)	(82,6)	(75,1)	(948,6)
Receitas		363,6	330,6	300,5	994,7
					46,1

O resultado do balanço total mostra 46,1, ou seja, um número positivo. Isso indica que a taxa de desconto é superior a 10%. Vamos tentar, então, a taxa de 15%.

	Ano 0	Ano 1	Ano 2	Ano 3	Totais
Investimento e Custos	(700)	(87)	(75,6)	(65,8)	(928,4)
Receitas		347,8	302,5	263	913,3
					- 15,1

Agora, como ficou negativo, significa que ela é inferior a 15%. Faremos, então, uma interpolação por regra de três para chegarmos mais próximos da taxa real.

10% -----------+ 46,1
15% ------------- 15,1
ou seja, 5--------61,2
         x------- 46,1

x = 3,8, ou seja, a taxa seria de 13,8%.

Para termos mais certeza quanto ao valor, repetiremos a atualização de valores à taxa de 13,8%:

	Ano 0	Ano 1	Ano 2	Ano 3	Totais
Investimento e Custos	(700)	(87,9)	(77,2)	(67,9)	(933)
Receitas		351,5	308,9	271,4	931,8
					- 1,2

O valor já chegou muito próximo de zero, porém se quisermos uma aproximação ainda maior, poderemos fazer uma interpolação entre 10% e 13,8%. Encontraríamos, daí, o valor calculado para a **Taxa Interna de Retorno** igual a **13,7%**.

Exemplo 3
Nota: Este problema 70 foi apresentado na Prova da Agência Nacional de Águas (ANA), em novembro de 2002 para o cargo de "Regulador", (Problema 70).
Uma empresa de distribuição de água potável fornece 200.000 m³ de água por ano para uma determinada localidade ao preço unitário de $6. O custo variável unitário é igual a $4 e os custos fixos anuais

são iguais a $80.000 e a depreciação anual é igual a $120.000. A alíquota do imposto de renda é de 25%.

O ponto de equilíbrio contábil de fornecimento de água para essa empresa é:

a) 80.000 m³/ano
b) 100.000 m³/ano
c) 120.000 m³/ano
d) 150.000 m³/ano
e) 200.000 m³/ano

Solução:

Nota: Como não apresentamos anteriormente o conceito de ponto de equilíbrio contábil, serão feitos alguns comentários, a partir de conceitos do livro "Contabilidade de Custos", 7ª edição, do Prof. Eliseu Martins (editora Atlas), um especialista no assunto.

O Prof. Eliseu cita que o "Ponto de Equilíbrio Contábil" é obtido quando a soma das margens de contribuição totaliza o montante suficiente para cobrir todos os custos e despesas fixas. Esse é o ponto em que, contabilmente, não haveria lucro nem prejuízo. Ou seja, como não existe lucro, não existe Imposto de Renda a ser pago.

O ponto de Equilíbrio Contábil ocorre quando as parcelas dos custos fixos igualam a margem de contribuição, ou seja:

$$Ponto\ de\ Equilíbrio\ Contábil = \frac{Custos + Despesas\ Fixas}{Preço\ de\ Venda - (Custos + Despesas\ Variáveis)}$$

No caso do problema apresentado:

Custos + despesas fixas: 80.000 + 120.000 = 200.000 (reais)
Preço de venda: 6 reais/m³
Custos + despesas variáveis: 4 reais/m³

$$PEC = \frac{200.000\ (reais)}{(6-4)\ \text{reais/m}^3} = \frac{200.000}{2} = 100.000\ \text{m}^3$$

Resposta: b)

Exemplo 4

Suponha que tenhamos que escolher um processo de tratamento de esgoto, usando filtro (processo A) ou lodo ativado (processo B). Os custos respectivos são:

Custos	Processo A	Processo B
Custo inicial	R$25.000,00	R$32.000,00
Custo anual de operação	R$2.000,00	R$1.800,00
Custo com produtos químicos (R$/m³ tratado)	R$0,30	R$0,22

Suponha que a instalação tenha uma previsão de uso por 5 anos. A taxa de juros é de 14%. Quantos m³ precisam ser tratados por ano, para que os dois sistemas tenham igual custo?

Proposta de solução: a primeira providência será distribuirmos os custos iniciais (investimentos) pelos 5 anos, à taxa de juros considerada:
Proposta A:

$$A = P\left[\frac{i(1+i)^n}{(1+i)^n - 1}\right] = 25000 * \left[\frac{0,14(1+0,14)^5}{(1+0,14)^5 - 1}\right] = 25000 * 0,2912 = 7.282,90$$

Da mesma forma para a proposta B:
A= 9.321,07
Assim, o custo total de A, para uma quantidade de x m³ tratados no ano será:
C_A= 7.282,09 + 2.000,00 + 0,3 * x
O custo de B será:
C_B= 9.321,07 + 1.800,00 + 0,22 * x
Igualando os custos totais:
9.282,09 + 0,3 x = 11.121,07 + 0,22 x
0,08 x = 1.838,98
x = 22.987 m³

4.13 - PROBLEMAS PROPOSTOS PARA EXERCÍCIO

Problema 1

Considerando-se uma taxa de 15% ao ano, qual será o valor futuro de um investimento de 1.000 reais, ao final de 1 ano, 5 anos e 10 anos?

Respostas:
Em 1 ano: 1.150 reais
Em 5 anos: 2.011,36 reais
Em 10 anos: 4.045,56 reais

Problema 2

Suponha que estamos adquirindo uma nova máquina para limpeza de tanques, no valor de R$10.000,00, que será alugada para empresas. A empresa, para avaliar a viabilidade de seus investimentos, considera uma taxa de juros de 12% ao ano. Suponha que, no terceiro ano, ela precisará ser enviada para uma grande manutenção e, então, a receita será igual à despesa. Nos outros anos, o fluxo de caixa será o seguinte:

Fluxo de Caixa (R$)					
Ano 1	Ano 2	Ano 3	Ano 4	Ano 5	Ano 6
3.500	4.500	0	3.500	4.500	2.000

Perguntas: Calcule o Valor Presente Líquido (VPL) e a Taxa Interna de Retorno (TIR) desse investimento.

Respostas: VPL é de R$2.503,36
TIR é 20,88%

Problema 3

Suponha que uma indústria de confecções está estudando três opções (projetos) para implantar modificações na forma de produzir camisas, colocando colarinho e punhos sobressalentes, que possam ser facilmente trocados, e com isso seria possível prolongar o uso da camisa (resultado de um item da sua Política Ambiental que prevê a racionalização do uso de recursos naturais).

a) Qual o período de recuperação de cada um dos seguintes projetos:

Projeto	Fluxo de caixa (Reais)				
	C_0 (Investimento inicial)	C_1	C_2	C_3	C_4
A	6.000	1.000	2.000	3.000	0
B	1.000	0	1.000	2.000	3.000
C	7.000	1.000	2.000	4.000	5.000

b) Supondo que se deseja utilizar o período de recuperação com um período limite de 2 anos, quais os projetos que deveriam ser aceitos?

c) se fosse considerado um período de 3 anos, que projetos deveriam ser aceitos?

d) Se o custo de oportunidade de capital for de 10% ao ano, quais projetos terão um VPL positivo?

Respostas:
a) Projeto A: 3 anos; Projeto B: 2 anos; Projeto C: 3 anos.
b) Somente o projeto B.
c) Todos os três projetos.
d) Projetos B e C.

Problema 4

Suponha que um fabricante de máquinas de lavar roupas esteja estudando duas opções a serem introduzidas no projeto de uma nova família de máquinas. Uma das opções consiste em aumentar a modularidade das peças e reduzir o número de componentes (opção A). A outra opção (opção B) consistiria em reduzir o número de soldas, permitindo um maior acesso para manutenção. Com um marketing ambiental adequado, a empresa espera com isso aumentar suas vendas. A opção A, mais cara, gera um melhor retorno no fluxo de caixa (o que não significa que seja a melhor opção). Assuma que as opções são mutuamente exclusivas, e que a taxa de retorno requerida seja de 12% ao ano. Os fluxos de caixa esperados são:

	Opção A	Opção B
Investimento	180.000	120.000
FC ano 1	35.000	18.000
FC ano 2	55.000	40.000
FC ano 3	65.000	55.000
FC ano 4	90.000	60.000

Calcular:
a) o índice de rentabilidade simples;
b) o índice de rentabilidade atualizado;
c) o Valor Presente Líquido;
d) a Taxa Interna de Retorno;
e) se não houver restrições à obtenção de capital, qual projeto deverá ser selecionado? Justifique sua escolha. E se houver racionamento de capital, então qual decisão deverá ser tomada?

Respostas:
$IR_A = 1,36$ (36%)
$IR_B = 1,44$ (44%)

b) Rentabilidade atualizada (i = 0,12)
$IRA_A = 0,99$
$IRA_B = 1,04$

c) Valor Presente Líquido
$VPL_A = -1442,00$ $VPL_B = 5328,00$

d) Taxa Interna de Retorno
Resolver "chutando" valores, como 10% ao ano, 12%, 14%. (i = 0,1 ou 0,12 ou 0,14) na fórmula do VPL. Calculando, chegaremos a valores de VPL acima de zero e abaixo de zero e refinando (reduzindo ou aumentando o i) chega-se mais perto do zero. Ou, outra saída,

será utilizar uma planilha Excel. Chegaremos, neste problema, aos seguintes resultados:

Opção A: VPL = 0 quando i = 11,67. TIR = 11,67%

Opção B: VPL = 0 quando i = 13,73. TIR = 13,73%

a) Deverá ser selecionado somente o projeto B, mesmo não havendo restrições de capital. Razões:

- o índice de rentabilidade simples é positivo (36%);
- o índice de rentabilidade atualizada é positivo (4%);
- o Valor Presente Líquido é positivo (R$5.238,00);
- a Taxa Interna de Retorno (13,73%) é superior à taxa de retorno requerida (12%).
- Nota: este problema mostra uma situação que serve como exemplo de como o critério do índice de rentabilidade simples não é o mais adequado. Se a empresa decidisse adotá-lo como critério único, a ser examinado em suas tomadas de decisão sobre a realização de investimentos de capital, ela concluiria que o resultado positivo poderia indicar a validade de sua escolha, porém poderia ser uma solução não recomendável, o que pode ser constatado por outros critérios mais embasados, que levam em conta o valor do dinheiro no tempo.

Problema 5

Suponha que a empresa ABC está considerando dois projetos mutuamente exclusivos, para incorporar em seu produto, visando facilitar a combustão e incineração posteriores ao uso. Em um deles (projeto A), ela prevê impedir a colocação de substâncias nocivas que seriam liberadas com a combustão. Em outra hipótese (Projeto B), ela aceita colocar essas substâncias, porém de forma que as peças componentes (que contenham esses materiais) sejam desmontadas facilmente antes da incineração. A taxa de desconto adotada pela empresa é 12% ao ano. Os fluxos de caixa associados com estes projetos são:

Ano	Projeto A	Projeto B
0 (investimento)	70.000	70.000
1	20.000	0
2	20.000	0
3	20.000	0
4	20.000	0
5	20.000	140.000

O custo de oportunidade adotado pela empresa é de 10%.
a) Qual é o período de *payback* de cada projeto?
b) Qual é o Valor Presente Líquido de cada projeto?
c) Qual é a Taxa Interna de retorno de cada projeto?
d) Qual dos projetos deverá ser aceito? Por quê?

Respostas:
a) Período de *payback*: obtido com a preparação de um gráfico, onde colocaremos o investimento inicial e iremos "abatendo" o valor recuperado a cada ano (Nota: o problema citou apenas "*payback*", portanto se trata do período de retorno simples, e não o atualizado).
Payback do Projeto A: 3 anos e 6 meses
Payback do Projeto B: 4 anos e meio (Obs.: Foi assumido que o último ano o retorno foi linear ao longo dos meses).

b) Valor Presente Líquido de cada projeto:
$VPL_A = 2095,00$
$VPL_B = 9439,76$

c) Taxa Interna de Retorno de cada projeto
Projeto A: usando a fórmula do VPL e igualando esse valor a zero, podemos "chutar" valores como i = 10%, 12%, 14% e nos aproximarmos do valor correto. Para o projeto A, a TIR será 13,2% (ou fazermos os cálculos com uma planilha Excel).
Para o projeto B, de forma análoga, calcularemos TIR = 14,87% (aproximação 14,9%).

d) Deverá ser aceito o projeto B (melhor TIR e melhor VPL). O valor da TIR é superior ao custo de oportunidade.

Problema 6

A tabela a seguir apresenta os projetos I, II, III, IV e V de investimento em recursos hídricos:

Anos	I	II	III	IV	V
0	(1.000)	(2.000)	(5.000)	(10.000)	(15.000)
1	750	1.000	2.500	5.000	7.000
2	1.500	1.500	4.000	6.500	11.000

Obs.: valores entre parênteses são negativos.

Considerando que esses projetos são independentes entre si e a taxa de rentabilidade é de 12% ao ano, os projetos que devem ser aceitos são:

a) II, III, IV e V
b) I, II, III e V
c) I, II, IV e V
d) I, II, III e IV
e) I, III, IV e V

(Nota: Esta foi a Questão 63 da Prova da Agência Nacional de Águas em novembro de 2002 para o cargo de "Regulador").

Resposta: opção b.

CAPÍTULO 5
A TOMADA DE DECISÕES

Um dos grandes problemas do homem refere-se à necessidade constante de tomada de decisões, ou seja, à realização de escolhas entre as várias alternativas que se apresentem. E, para se sentir mais confortável e seguro de que realizou a melhor escolha, há uma preocupação em prever o futuro, ou pelo menos haver uma razoável dose de conhecimento de como as variáveis irão se comportar no futuro. Na antiguidade, os reis e governantes das cidades-estados da Grécia dirigiam-se a Delfos para consultar Pítia, a sacerdotisa de Apolo, sobre qual seria o desenrolar de guerras e sobre outros assuntos. Hoje, para a tomada de decisões, iremos utilizar métodos mais ortodoxos para procurarmos identificar, com bases mais científicas, qual a melhor opção de investimentos.

A engenharia sempre se preocupa em atender às necessidades humanas otimizando o uso dos recursos, grande parte constituindo-se em recursos naturais ou recursos produzidos a partir de recursos naturais (minérios, água, gases, energia, biomassa etc.). Ao realizarmos qualquer trabalho ou projeto de engenharia, sempre recairemos em uma questão de escolha entre opções de projeto, critérios de projeto e métodos de construção, com dúvidas que precisarão ser esclarecidas de modo a ocorrer uma compreensão da real necessidade daquele empreendimento específico e as implicações de custo. Precisaremos determinar a razão para realizar aquele determinado projeto, a melhor época e a melhor forma (método de projeto e método construtivo).

A escolha será feita entre as possíveis alternativas que se apresentem. Além dos aspectos de engenharia, precisaremos analisar também os aspectos monetários, ou seja, a avaliação da viabilidade econômica dos investimentos. Para isso, precisaremos estabelecer critérios para a tomada de decisões, lembrando que *decisão é uma seleção entre duas ou mais possibilidades de ação.*

Na hora de escolher equipamentos e sistemas com o objetivo de modernizar uma determinada planta de produção, ou implantar modificações em sistemas para que se tenha menor emissão de poluentes, os gerentes terão continuamente que realizar escolhas entre opções, levando em conta os requisitos técnicos de desempenho e também os aspectos econômicos: quanto vai custar cada opção, como será a forma de pagamento, qual será o desembolso anual com operação e manutenção para cada uma das opções, qual será o retorno desses investimentos etc. Os gerentes precisarão selecionar as opções mais interessantes para a empresa, levando em conta, além desses aspectos, os requisitos legais, políticos, as disponibilidades de mão de obra, as disponibilidades de capital, o mercado para os produtos, as necessidades do consumidor (entre as quais a de um meio ambiente sadio), a confiabilidade e disponibilidade dos equipamentos, a segurança para o trabalhador, entre outros aspectos a considerar.

Cada problema possui suas particularidades específicas, porém existem conceitos em análise econômica que podem ser empregados na maioria dos casos. Nem sempre, ao estarmos obtendo o melhor sistema do ponto de vista técnico (engenharia), obteremos o melhor sistema do ponto de vista econômico, ou global, observando-se estes dois aspectos (engenharia e economia).

A sequência de tomada de decisões envolve o conhecimento do passado (experiências passadas ou análise dos registros e atos), a análise da situação presente (mercado, disponibilidades e possibilidades que se apresentam) e uma análise prospectiva do futuro (análise estratégica, sobre como deverão se comportar as variáveis no futuro, bem como os riscos associados às decisões). A análise estratégica é mais associada às ações da alta administração, envolvendo macro decisões que definirão o rumo da empresa, enquanto as decisões táticas referem-se ao nível de execução (nível gerencial), visando definir as ações que precisam ser tomadas para atingir os objetivos estratégicos. O processo de escolha recai nos dois níveis (estratégico e tático), dependendo do problema.

A escolha das opções tem que levar em conta o tempo. Por exemplo, suponhamos uma empresa que descarte um determinado efluente, precisando pagar por seu tratamento feito externamente (opção

A), enquanto ela tem a opção de realizar um determinado investimento inicial e instalar uma Estação de Tratamento de Efluentes (ETE), arcando também com os custos de operação e manutenção, além dos financeiros (opção B). Suponhamos que, ao longo do tempo, as curvas de custo acumulado sejam:

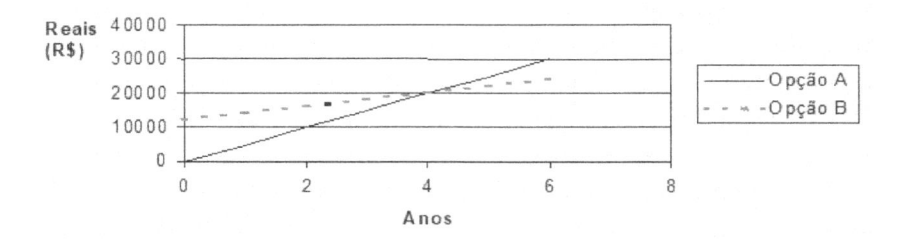

Figura 5.1 – Curvas de custos ao longo do tempo

Observamos que a opção B passou a ser vantajosa a partir do 4º ano de operação do sistema. Em uma situação deste tipo, o gerente precisará decidir qual a melhor opção, levando em conta alguns fatores tais como a disponibilidade de recursos no presente ou a possibilidade de obter financiamento a juros vantajosos, o tempo de vida útil da instalação, os custos com a mão de obra de operação e manutenção, entre outros.

Existem três situações possíveis relacionadas a um processo de tomada de decisões, no tocante às expectativas de futuro:

a) decisões em que se assume uma certeza quanto às consequências, quando se considera que todas as condições do problema sejam conhecidas, havendo confiança elevada quanto à expectativa futura (alto grau de probabilidade). Isto ocorre quando já existe uma grande repetibilidade dos processos, condições econômicas e políticas muito estáveis, uso de projetos já consagrados e grande experiência no assunto;

b) decisões envolvendo riscos, situações em que não se pode ter uma certeza elevada sobre as consequências futuras. Os riscos podem ser de vários tipos tais como não atingir a rentabilidade esperada, riscos de insucessos na construção, na operação, riscos de acidentes etc. Os riscos podem ser reduzidos mediante um maior aprofundamento dos cálculos e estudos, maior experimentação com modelos em laboratório, entre outras possíveis providências. Neste tipo de análise, deve-se usar probabilidades de ocorrência dos eventos;

c) decisões envolvendo incertezas, em que não se consegue avaliar as probabilidades de cada situação futura.

O trabalho de um gerente, além de consistir em dirigir e coordenar um grupo de pessoas na empresa, voltados à realização de um empreendimento, é realizar escolhas. Continuamente, o gerente se vê obrigado a realizar escolhas, entre as muitas opções possíveis. Ele realiza escolhas entre vários possíveis critérios para projetos, definindo o mais apropriado, escolhas entre as opções possíveis de investimentos e escolhas de equipamentos e sistemas, entre as várias propostas recebidas de fornecedores.

Neste trabalho, desejando apresentar sugestões para os gerentes, ou futuros gerentes voltados à implantação de melhorias na qualidade ambiental da empresa, apresentaremos algumas técnicas que poderão auxiliá-los na realização de escolhas, sempre tendo como propósito a obtenção de resultados para a empresa, tanto do ponto de vista técnico como do ponto de vista econômico-financeiro.

5.1 - IDENTIFICAÇÃO DE ALTERNATIVAS

Quando os gerentes se deparam com situações nas quais eles tenham que tomar decisões, e existam várias alternativas possíveis, é necessário que as possíveis opções estejam claramente definidas e que sejam avaliados os méritos de todas elas.[12]

Por exemplo, em uma situação na qual uma empresa da área alimentícia utiliza uma caldeira para produzir vapor, com várias aplicações:

---

[12] Nota: neste texto usaremos indistintamente as palavras "alternativa" e "opção", por apresentarem o mesmo significado nos dicionários, embora originalmente a palavra alternativa tenha sido usada quando se trata apenas de duas opções, com base na raiz latina *alter*, que significa *a outra*.

a) vapor para utilização como aquecimento de tachos;
b) vapor para acionamento de compressores de ar comprimido acionados por uma turbina a vapor; e
c) vapor para acionar turbo-geradores, com a energia elétrica gerada sendo utilizada para prover iluminação, acionamento de pequenos motores e bombas de pequeno porte.

Suponhamos que, além da energia elétrica produzida em c, a empresa precise comprar energia elétrica da rede. Imaginemos uma situação na qual se constate a necessidade de aumento da produção dos alimentos, com maior demanda de ar comprimido e de eletricidade. Além disso, como a empresa definiu em sua Política Ambiental, que ela pretende reduzir a poluição do ar e, ao mesmo tempo, constatamos que ela passou a considerar a opção de utilizar gás natural, a um custo competitivo, deve-se também analisar a possibilidade de modificação nos processos de queima da caldeira.

As opções são:

- comprar maior quantidade de energia elétrica da rede, além de comprar novos compressores;
- aumentar a produção de vapor na caldeira e comprar novas turbinas (as turbinas antigas estão com eficiência muito baixa), geradores elétricos e compressores de ar. Essa opção está associada à modificação dos queimadores da caldeira para passar a usar gás natural;
- adotar uma solução mista entre a) e b).

Neste tipo de problema, serão necessários estudos de exequibilidade para avaliar as soluções, realizando-se cálculos e desenhos de instalação. Após essa fase, deve-se preparar um orçamento, levantando-se os custos de cada uma das soluções possíveis. Mais adiante, veremos como os cálculos podem nos ajudar na escolha da melhor opção.

Na solução de problemas de engenharia, deve-se sempre estudar o problema com métodos analíticos, avaliando-se todas as possibilidades, consequências e alternativas de investimento. Não se deve, de imediato, imaginar que exista somente uma única solução para um problema sendo, na análise das opções, muito importante levar em conta o valor dos dispêndios financeiros, a época de ocorrência desses dispêndios, bem como o retorno desses investimentos.

Em problemas semelhantes ao apresentado, ao se escolher uma determinada solução (que chamaremos de solução "macro", por exemplo, definindo-se realizar uma expansão do sistema de vapor, surge a necessidade de continuar a realizar escolhas de engenharia, por exemplo, definindo-se a pressão e temperatura de trabalho da caldeira, as condições de trabalho do gás natural, o tipo de óleo combustível queimado (se decidirmos não trocar para gás), a escolha do número de turbinas, a potência das turbinas, como iremos usar o vapor na saída das turbinas (se enviando direto a um condensador, ou expandindo-o para um uso industrial como aquecimento). Ou, por outro lado, definindo-se como a melhor opção aquela de expandir o sistema elétrico para atender aos compressores e motores, teremos a necessidade de definir qual a voltagem do sistema na entrada da nossa empresa (se alta voltagem, que é mais barata, caso em que teremos que instalar um transformador para reduzi-la, ou baixa voltagem), como será o circuito de distribuição, com quantos painéis etc. Teremos também que avaliar as condições de trabalho dos equipamentos e procurar dimensioná-los para operação em região próxima ao ponto de eficiência máxima. Por exemplo, utilizando-se geradores, compressores e motores de grande porte (portanto poucos equipamentos atenderiam a necessidade) provavelmente estaríamos superdimensionando os equipamentos, na maior parte do tempo operando com baixa carga, em rendimento muito baixo. Por outro lado, a aquisição de muitos equipamentos (cada um deles com menor potência) envolve um maior custo inicial, além de maiores custos de manutenção.

Ou seja, um problema inicial, que parecia simples, torna-se cada vez mais complexo, com mais escolhas a fazer, decisões que envolvem gastos expressivos, na maioria dos casos.

Uma ação possível e recomendada é descartarmos alternativas inviáveis logo no início do processo, para evitar perda de tempo e de dinheiro. Teremos a necessidade de realizar estudos técnicos, projetos, especificações de materiais e equipamentos, tomadas de preços e orçamentos para todas as opções estudadas. Uma forma adequada de evitar o trabalho inútil no desenvolvimento de opções será a realização dos estudos por meio de aproximações sucessivas em etapas bem definidas, usando-se a metodologia conhecida como "espiral de projeto" (já apresentada neste livro). Realiza-se inicialmente um "projeto de exequibilidade", com tarefas voltadas à análise de viabilidade da solução na primeira volta da espiral. Ao final dessa volta, interromperemos a análise das opções que se revelarem inviáveis, dos pontos de vista técnico e econômico, e iniciaremos a segunda volta da espiral com as opções que passaram pelo crivo inicial de viabilidade, realizando as mesmas tarefas, porém em maior profundidade, no chamado "projeto básico" ou "projeto preliminar" e, posteriormente, em uma última volta da espiral, com elevado nível de profundidade nas tarefas, na realização do "projeto detalhado".

Ao efetuarmos a análise, teremos que realizar previsões sobre como as variáveis irão se comportar no futuro. Sempre que possível, é necessário prever as consequências das escolhas realizadas, ou seja, prever o futuro para confirmar que se trata de uma solução aceitável, em uma análise estratégica. É sempre mais fácil prever o futuro próximo do que o futuro distante (em termos de comportamento do mercado, políticas públicas, tendências de implantação de novas leis, taxas de juros etc.). Ao mesmo tempo, algumas consequências são mais fáceis de mensurar do que outras. Assim, por exemplo, suponhamos que a empresa considere razoável que a análise seja feita por um período futuro de 25 anos, e que ela estabeleça como requisito uma taxa de retorno de 15%, visto que a Diretoria Financeira conseguiria outras aplicações que proporcionassem esse retorno. No caso da substituição do combustível por gás natural, considerado o interesse em cumprir a política ambiental, a taxa estabelecida para retorno seria, por exemplo, de 8%, como uma forma de estímulo para que essa opção se torne aceitável. Esta análise futura é muito difícil de ser realizada, pois existem variáveis completamente fora do controle da empresa. Por exemplo, sabemos hoje qual o custo do kWh de energia elétrica. Há uma probabilidade forte de que esse custo se eleve com o tempo, em função da falta de investimentos em geração e o esgotamento do potencial hidroelétrico da Região Sudeste do Brasil, por exemplo. Por outro lado, se houver diminuição da atividade industrial, teremos excedentes de geração e os custos provavelmente abaixarão. Na solução do problema haverá assim, a necessidade de serem adotadas hipóteses e riscos.

Um ponto a ser levado em conta na busca da melhor opção para a realização de melhorias ambientais é o cuidado com os exageros na busca da perfeição, o que é muito comum entre os engenheiros. Em muitos casos práticos, a solução imperfeita atende os requisitos e revela-se como a opção mais econômica.

Por exemplo, querendo reduzir a geração de resíduos sólidos, que também reflete um desperdício de matéria-prima, uma das opções é investir na melhoria das máquinas que participam do processo produtivo, modernizando-as. Outra opção é realizar um melhor treinamento do pessoal de operação do processo. As duas opções precisam ser analisadas e, eventualmente, a melhor solução poderá ser uma mistura das opções, dentro do montante financeiro disponível para a área (orçamento).

É necessário traduzir todas as opções em números, para que possam ser feitas comparações, de uma maneira objetiva e imparcial. Os custos, ou retorno de investimentos, ou seja, a linguagem do dinheiro, em muitos casos, provavelmente, será a melhor forma de identificar a melhor alternativa, lembrando-se de levar em conta o valor do dinheiro no tempo, trazendo-se todos os valores ao presente, por meio de cálculos com juros. Em alguns casos, porém, a linguagem das palavras, ou seja, realizar avaliações qualitativas, ainda será a melhor ou única opção de análise, principalmente quando os ganhos forem intangíveis ou difíceis de serem quantificados. Por exemplo, uma empresa pode estimular seus funcionários a trazer de casa pilhas, baterias e lâmpadas fluorescentes para que ela, juntando com o seu próprio material desse tipo, os envie a uma empresa de reciclagem. Trata-se de uma postura ambiental saudável, porém dificilmente conseguiríamos quantificar os benefícios em termos financeiros.

Um exemplo que poderíamos facilmente quantificar em termos de ganhos (e custos) seria a decisão de trocar as lâmpadas incandescentes por lâmpadas LED. Teríamos uma maior vida das lâmpadas, com uma menor quantidade de lâmpadas sendo descartada para destino em aterros em um ano, maior economia de energia para um mesmo nível de iluminação (lembre-se que o menor consumo de energia faz parte da maioria das ações ambientais de empresas que implantam sistemas de gestão ambiental, em vista dos impactos ambientais causados por todas as formas de produção de energia), menor quantidade de calor dissipado. Por outro lado, essa solução acarretaria a necessidade de maiores despesas e investimentos com a troca das lâmpadas e luminárias (embora os custos de manutenção se revelem menores, posteriormente). Seria fácil traduzir as variáveis em valores monetários: custo das luminárias, das lâmpadas, custo dos cabos elétricos (caso seja necessária a substituição), custo do kWh de energia, custo dos trabalhos de instalação do novo sistema, das horas paradas em virtude dos trabalhos etc.

É necessário escolher um critério primário que possa ser aplicado na definição da melhor alternativa. Por exemplo, esse critério poderia ser o melhor retorno financeiro, ou o melhor uso de recursos naturais, imaginando que este estaria expresso na política ambiental da empresa. O mercado atribui valores a esses recursos, sendo usual expressar a escassez (falta do recurso) em termos de dinheiro.

5.2 - A PREPARAÇÃO DE ESPECIFICAÇÕES TÉCNICAS COM VISTAS À MELHOR ESCOLHA

Ao realizarmos uma determinada aquisição de um sistema ou equipamento para expansão ou modernização de uma planta industrial, visando, por exemplo, cumprir objetivos de redução da poluição, será necessário prepararmos uma especificação técnica do material e serviços que estamos interessados em adquirir. Com essa especificação, poderemos realizar uma tomada de preços ou uma concorrência entre os possíveis fabricantes ou fornecedores. A especificação é, na realidade, a melhor forma de comunicação entre a empresa compradora e a fornecedora, nesta fase inicial e, em grande parte, será a responsável por obtermos um bom sistema ou equipamento no futuro. Se a especificação estiver bem elaborada, os fornecedores saberão exatamente as características daquilo que estamos querendo e os bons fabricantes terão interesse em preparar propostas. Por outro lado, uma especificação malfeita cria confusão pelas indefinições existentes e permitirá a competição de fornecedores eventualmente não qualificados para aquele determinado produto ou serviço, com preços possivelmente fora da realidade (muito elevados ou muito baixos). A compra, em situações desse tipo, certamente resultará em problemas futuros para a nossa empresa, com baixa qualidade do material, problemas relacionados com a própria entrega e colocação em serviço, ou problemas futuros de operação e manutenção. Com uma boa especificação, os fabricantes saberão exatamente aquilo que estamos querendo como desempenho, e somente entrarão na disputa pelo fornecimento se eles estiverem em condições. Ao mesmo tempo, a especificação servirá de filtro ou barreira para impedirmos propostas não adequadas.

A realização de uma boa especificação é, portanto, um fator chave para o sucesso de nossa escolha.

Existem várias qualidades de uma boa especificação, uma delas a de ser sintética, colocando-se apenas os elementos essenciais, evitando-se generalidades. Entregando-se as especificações aos possíveis fornecedores, obteremos propostas que precisarão ser avaliadas e julgadas (aderência da proposta à especificação), chegando a hora de realizarmos a escolha da melhor proposta, ponto que abordaremos com maior detalhe mais adiante.

Para a preparação da especificação, precisaremos conhecer, com relativa profundidade, os resultados técnicos esperados, vindos dos cálculos de engenharia do processo. Uma das sugestões é a de basearmos nossos requisitos em alguma norma técnica de renome, para aquele determinado tipo de equipamento ou sistema. A norma indicará requisitos de projeto, requisitos de testes e aceitação, eventualmente requisitos de documentação e apoio logístico futuro (sobressalentes e manutenção), entre outros aspectos.

Na ausência de norma, a sugestão é nos basearmos em aquisições anteriores de materiais do mesmo tipo, ou realizarmos uma consulta aos fabricantes de maior renome, obtendo propostas que sirvam de base para a preparação da especificação (que, neste caso, levando em conta as informações de vários fabricantes, consigamos definir melhor os requisitos viáveis de serem atingidos).

Após a preparação de uma especificação técnica com uma boa qualidade, iremos realizar o processo de consulta aos fornecedores, ou licitação, para iniciarmos o processo de aquisição do produto ou serviço necessário.

E, recebendo propostas, iremos realizar um processo de escolha da melhor proposta, tanto do ponto de vista técnico, como do ponto de vista financeiro.

5.3 - A ESCOLHA DA MELHOR OPÇÃO ENTRE DIVERSAS ALTERNATIVAS

Para os eventos, em relação aos quais exista uma razoável certeza sobre o futuro (condições determinísticas), a abordagem usual é a realização, para as várias opções, de uma avaliação sobre os custos e benefícios, efetivando-se a escolha da opção que proporcione a melhor relação benefício/custo. Quando não se consegue definir uma certeza sobre o futuro, teremos a necessidade de realizarmos a chamada escolha em situações de risco, com uma análise probabilística ou, até mesmo, uma análise em condições de elevada incerteza.

A decisão sobre qual alternativa escolher, entre as várias possibilidades tecnicamente viáveis, é feita pela comparação com outros possíveis investimentos da empresa (custo de oportunidade do capital), buscando-se o melhor uso dos recursos.

Para determinarmos o valor da taxa de juros (i), devemos levar em consideração:

a) as oportunidades de investimento, ou seja, quanto remuneram outros investimentos de igual risco;

b) os riscos envolvidos nos vários investimentos sob consideração (diferenças de risco);

c) as disponibilidades de recursos e suas fontes financiadoras;

d) o tempo de retorno dos investimentos.

Quando tivermos várias alternativas a serem comparadas, é usual realizarmos comparações duas a duas e, depois fazermos uma contagem sobre o número de vezes que cada alternativa foi a preferida, o que nos dá a ordem geral das preferências. Por exemplo, se tivermos que comparar entre as alternativas A, B, C e D.

Por exemplo, comparando A e B, suponhamos que a preferência seja A, representamos por A > B (A é melhor que B).

Entre A e C: ..... C > A
Entre A e D: .... A > D
Entre B e C: .... C > B
Entre B e D: ... D > B
Entre C e D: ... C > D

Verificamos que A resultou como preferência, duas vezes, B nenhuma vez, C três vezes e D uma vez. A ordem das preferências é:
C > A > D > B.

Quando ocorrer uma situação em que duas (ou mais) opções se revelem com a mesma pontuação, isso significa que estarão no mesmo nível de preferências.
Exemplo:

A > B		
A > C	C > B	
A > D	D > B	C = D

As preferências (e sua representação) são:
A > (C=D) > B

Finalmente, existem algumas situações em que a colocação das preferências conduz a uma situação do tipo circular, do tipo A > B, B > C, C > D e D > A. Neste caso, que ocorre, por exemplo, em competições entre equipes de futebol, é necessário criar outros critérios para nova avaliação.

Observa-se que, em uma empresa, é difícil existir um consenso a respeito da melhor opção, em se tratando de investimentos e riscos (todos os investimentos envolvem riscos, como, por exemplo, riscos de ocorrência de mudanças bruscas no mercado, na política de juros e política cambial, riscos de insucesso nos desenvolvimentos etc.). Assim, existem pessoas mais agressivas, que buscam novas oportunidades e visam maiores lucros, logicamente correndo riscos mais elevados. Elas procuram investimentos onde a taxa de retorno seja alta, mesmo sabendo que a probabilidade de insucesso seja alta. Por outro lado, existem pessoas que apresentam um perfil mais conservador, que procuram evitar os riscos maiores. Elas preferem ter um menor lucro, porém não aceitam perder, não gostam de assumir riscos, preferindo trabalhar com uma probabilidade muito baixa de insucesso, mesmo que a taxa de retorno seja baixa.

Na atividade industrial, por exemplo, os riscos variam muito: a indústria de petróleo, por exemplo, é vista como sendo de alto risco, principalmente na fase de prospecção (lembremo-nos dos contratos de risco que a Petrobrás firma com empresas estrangeiras, dando-lhes o direito de procurar petróleo na costa brasileira). Por exemplo, podemos imaginar que na prospecção e extração, a taxa de retorno adotada seja de, aproximadamente, 30% ao ano. Já na fase de refino, poderíamos imaginar uma taxa da ordem de 14% e na fase de distribuição, como os riscos são muito menores, a taxa seria da ordem de 10%. O fator tempo também atua, pois quanto mais longo for o tempo de recuperação do investimento, maior o risco (pois será maior a probabilidade de que a conjuntura econômica sofra grandes mudanças).

As empresas, habitualmente, não gostam de trabalhar com empréstimos, a menos que o retorno do investimento seja muito maior que o custo do capital emprestado. Raciocinando com custos e benefícios marginais, a taxa de retorno marginal deverá ser maior do que o custo marginal do capital emprestado. Alguns investimentos ambientais podem ser bastante elevados, eventualmente requerendo grandes modificações na planta industrial, ou a aquisição de equipamentos sofisticados de controle da poluição. Em vista da finalidade social e da necessidade de melhoria da qualidade ambiental, existem agências de fomento e bancos que emprestam recursos financeiros a taxas mais vantajosas que as taxas normais de mercado. Os bancos aderentes aos Princípios do Equador, que são um conjunto de critérios socioambientais de adoção voluntária por instituições financeiras, proporcionam apoio para novos investimentos que atendam esses critérios, em condições financeiras bastante vantajosas. Entre outros, os seguintes bancos no Brasil aderiram a esses princípios: Itaú, Bradesco, Banco do Brasil e Santander. O Programa "Inova Sustentabilidade", da FINEP é um programa que proporciona empréstimos para aplicações em melhorias ambientais, subvencionando até 20% do projeto em despesas de custeio e capital.

Verificamos que, nos exemplos apresentados, atuaram diversas variáveis. Porém, em muitos problemas práticos, podem ocorrer situações em que o peso de uma única variável seja muito maior do que das outras e, em uma simplificação aceitável, poderemos considerar apenas essa variável. Essa forma de abordagem facilita a modelagem dos custos através de uma equação algébrica e, por meio de cálculos ficará fácil a obtenção do mínimo custo total.

Vejamos um caso bastante simples, que ocorre com alguma frequência em problemas práticos. Na determinação do custo total, observamos que uma parcela do custo total varia na proporção direta da variável de projeto. Por exemplo, aumentando a quantidade produzida na fábrica, aumenta o custo de tratamento de efluentes. Aumentando a quantidade produzida, aumenta o custo com matérias-primas, com água, com energia. Esse fator pode ser modelado como $y_1 = ax$, onde y_1 representa essa parcela do custo e x a quantidade produzida.

Outra parcela do custo, geralmente varia inversamente à variável de projeto. Por exemplo, aumentando-se a quantidade produzida, reduz-se o custo por unidade referente ao gasto com pessoal de atuação no Sistema de Gestão Ambiental. Isso é representado por $y_2 = \dfrac{b}{x}$

Uma terceira parcela de custo resulta de fatores que independem da variável considerada, neste exemplo sendo a quantidade produzida. Por exemplo, situam-se neste caso os gastos com aluguéis, os custos com pessoal administrativo etc. Esta parcela é representada por: $y_3 = c$

A equação completa será:

$$y = ax + \frac{b}{x} + c$$

onde: y = custo total
      x = variável de projeto

Obteremos o mínimo custo total derivando y em relação a x e igualando-se a zero. (Nota; no final do problema do item 1.9.5 mostramos essa regra simples de derivação):

$$\frac{dy}{dx} = a - \frac{b}{x^2}$$

$$a - \frac{b}{x^2} = 0$$

$$x = \sqrt{\frac{b}{a}}$$

Veremos, logo a seguir, com problemas numéricos, algumas aplicações práticas destes conceitos.

5.4 - ANÁLISES DE CUSTO-BENEFÍCIO: ANÁLISE DAS CONSEQUÊNCIAS FINANCEIRAS DAS DECISÕES OPERACIONAIS

1º Problema:

Vamos supor um problema de escolha da melhor opção para um sistema de filtragem de fluoretos. Suponhamos que estejamos com nosso efluente com valores de 14 mg/l de fluoreto total e, no entanto, o requisito legal estabelecido pela Resolução CONAMA nº 357 de 17.3.2005, em seu artigo 34 estabelece que o limite máximo para sua emissão de efluentes em cursos de água é de 10 mg/l, de modo a manter a capacidade de suporte de carga do corpo de água receptor em um limite máximo de 1,4 mg/litro, quando diluído. De forma a atender essa Resolução, pedimos proposta técnica e de preços a quatro fornecedores, e obtivemos os seguintes resultados:

Fornecedor	Custo inicial do equipamento	Custo anual de operação e manutenção
A	R$40.000,00	R$8.000,00
B	R$49.000,00	R$6.200,00
C	R$55.000,00	R$8.500,00
D	R$64.000,00	R$10.200,00

Suponhamos que, ao observarmos a parte técnica das propostas, constatemos que os equipamentos propostos por A e B atendem rigidamente às especificações, ou seja, liberam o efluente na condição de 10 mg/l (valor limite estabelecido pela Resolução CONAMA). Por outro lado, a proposta de C demonstra que ele conseguirá liberar na concentração de 7 mg/l (30% abaixo do limite da Resolução) e a de D em 6 mg/l (40% abaixo do limite).

Considerando-se que os equipamentos terão uma vida útil de 10 anos, e que a taxa de juros praticada pela empresa é de 12% ao ano (custo de oportunidade do capital), qual será a melhor escolha, assumindo-se que a empresa tem condições financeiras de assumir qualquer das opções. Verificamos que a Política Ambiental define os compromissos em cumprir a legislação, melhorar continuamente e reduzir a poluição.

Proposta de solução: procuraremos abordar o problema sob o ponto de vista de **custo-eficiência**, conceito muito semelhante ao de custo-benefício. No caso em questão, a única meta de eficiência ou indicador de desempenho numérico estabelecido foi o limite legal da Resolução CONAMA. Se assumíssemos este parâmetro como único, o problema se resumiria a escolher a proposta de menor custo, já que os quatro equipamentos atingem essa meta. Entretanto, na formulação do problema, verificamos que houve uma indicação de que a alta administração deseja envidar esforços em reduzir a poluição e melhorar continuamente, como definido na Política Ambiental. Interpretamos então, que o problema deverá considerar a razão custo-eficiência.

A primeira fase da solução será calcular o custo de cada uma das opções em todo o seu ciclo de vida. Trazendo todos os custos ao presente, $P=(\Sigma F,12\%,10)$ e considerando

$C = C_0 + \Sigma_{Co+m}$ temos:

Para o equipamento do fornecedor A:

$$C_A = C_0 + \frac{C_1}{(1+i)} + \frac{C_2}{(1+i)^2} + \frac{C_3}{(1+i)^3} + \ldots\ldots + \frac{C_n}{(1+i)^n}$$

$$C_A = 40000 + \frac{8000}{(1+0,12)} + \frac{8000}{(1+0,12)^2} + \frac{8000}{(1+0,12)^3} + \ldots.. + \frac{8000}{(1+0,12)^{10}}$$

311

C_A = 85.201,78
Opção A: Custo = R$85.201,78
De forma análoga:
Opção B: Custo = R$84.031,38
Opção C: Custo = R$103.026,90
Opção D: Custo = R$121.632,27

Embora o custo inicial de B seja maior, observamos que o custo do seu ciclo de vida é menor. Portanto, a proposta B é melhor do que a de A. Representaremos isso por B>A. Como B representa o menor dos custos em ciclo de vida, se o critério único for o de cumprir a legislação, B será a melhor proposta.

Se os custos do ciclo de vida fossem iguais, a escolha seria simples: escolheríamos a opção de melhor eficiência. Entretanto, como eles são diferentes, para levar em conta também o desempenho técnico das propostas, teremos que verificar a razão custo-eficiência.

Para comparar B com as outras propostas, será necessário verificarmos a melhoria incremental em eficiência obtida e compará-la com o aumento de custos do ciclo de vida.

Assim, verificamos que a proposta C indica que serão liberados os efluentes com 7 mg/l de fluoreto (dado pelo enunciado). Ou seja, teremos uma margem de 30% em relação a B (a liberação caiu de 10 mg/l para 7 mg/l). Por sua vez, o custo de C em seu ciclo de vida é de R$103.026,90, ou seja, 22,6% mais elevado do que B. Ou seja, estamos pagando 22,6% a mais por uma melhoria do sistema em 30%. Assim sendo, no conjunto, a proposta C é melhor do que B [C>B].

Escolhendo entre C e D, verificamos que, para reduzir de 7 mg/l para 6 mg/l (14,2% de benefício adicional), teremos um custo adicional de R$18.605,37, ou seja, 18,1%. Portanto, a proposta C é melhor do que D [C>D].

No exemplo anterior, procuramos mostrar que, para se tomar decisões e realizar escolhas, teremos que analisar todas as alternativas e verificar o desempenho técnico ou, em certos casos, as consequências da escolha. Teremos também que realizar um esforço para que as variáveis em jogo sejam expressas em valores numéricos para facilitar as comparações. Vimos que isso nem sempre é fácil, pois existem benefícios e custos intangíveis (valor de uma paisagem, perda de uma boa imagem) e bens ambientais classificados como um valor de existência. De qualquer forma, é sempre importante procurar estabelecer números para os requisitos e, em geral, atribuir valores financeiros para os custos e benefícios. A continuação dos problemas de escolha da melhor opção recairá, então, na aplicação de uma análise financeira, levando-se em conta o valor do dinheiro no tempo. A forma mais usual será trazer todos os valores para o presente e realizar, então, a comparação. Em seguida, iremos determinar custos e benefícios totais e custos e benefícios marginais, para se chegar à melhor solução.

É importante lembrar que a melhor escolha, entretanto, não necessariamente é aquela conforme exposto, levando-se em conta apenas aspectos financeiros e tecnológicos. Em muitos casos, certamente teremos que levar em conta critérios não financeiros, como, por exemplo, critérios políticos e sociais, em situações em que seja mais importante levar em conta a imagem da empresa e sua contribuição social. Por exemplo, na escolha de uma estação de tratamento de água para uma cidade, é possível que tenhamos que escolher uma opção que proporcione água de boa qualidade, eventualmente não coincidente com o critério mencionado, porém levando em conta uma variável social, pois reduziremos o número de mortes, internações hospitalares, absenteísmo no trabalho causado por doenças etc., variáveis difíceis de quantificar.

2º Problema (sobre custo-benefício):

Suponhamos que uma grande empresa, interessada em proporcionar um Curso de Gestão Ambiental a seus gerentes, decida estudar a viabilidade de oferecê-lo em Vitória. Como critério, ela resolveu que a metade das vagas fosse atribuída aos Gerentes sediados em Vitória, enquanto a outra metade ela previu oferecer aos Gerentes vindos de outras unidades industriais e outros Estados, tais como Pará, Sergipe, Minas Gerais e Mato Grosso do Sul, trazidos a Vitória.

Suponhamos a seguinte situação de custos (números fictícios, estimados à época de concepção do problema):

- custo dos profissionais de Vitória montaria R$150,00, relativo ao material didático, *coffee break* e almoço;

- custo médio dos profissionais vindos de outros Estados refere--se a passagens aéreas (média de R$300,00 por pessoa), material didático, almoço e *coffee break* de R$150,00 por pessoa e custo de estadia em hotel. Para esse custo, suponha que o hotel dê um desconto na diária para grandes grupos e, para os quatro dias de curso, a fórmula seja:

n = número de pessoas

$$Custo\ por\ pessoa = 500 \Big/ \sqrt[4]{n}$$

- custo da universidade que oferece o curso é de R$5.000,00, ficando por conta da empresa contratante as despesas de locomoção (passagem aérea no valor de R$300,00 e hospedagem e alimentação no valor de R$500,00).

Suponha que você seja o gerente ambiental encarregado de decidir sobre o treinamento e precise tomar a seguinte decisão: quantos gerentes você colocaria no curso, de forma que houvesse a melhor relação custo/benefício? Suponha que o benefício você conseguiria avaliar da seguinte forma: se o curso fosse apresentado a poucos alunos, o rendimento seria excelente, com mais facilidades à realização de exercícios práticos (*taylor-made*), enquanto com maior número de alunos perde-se um pouco em qualidade. A quantificação do benefício, em custos e imaginando o retorno para a empresa seguiria a fórmula:

$$Benefício = 1300 \cdot n - 20 \cdot n^2$$

O custo total pode ser dado pela expressão:

$y = y_1 + y_2 + y_3$

y_1 = custos variáveis dos alunos de Vitória:

y_2 = custos variáveis dos alunos de fora de Vitória

y_3 = custos fixos com a Universidade, passagens e hospedagem (independem do número de alunos)

Seja: x o número de alunos do curso

$$y_1 = \frac{x}{2} \times 150 = 75x$$

$$y_2 = \frac{x}{2}\left(300 + 150 + \frac{500}{\sqrt[4]{\frac{x}{2}}}\right) = x\left(225 + 297,3 \cdot x^{-\frac{1}{4}}\right)$$

$$y_3 = 5000 + 300 + 500 = 5800$$

Portanto:

$$y = 75x + 225x + 297,3x \cdot x^{-\frac{1}{4}} + 5800$$

$$y = 300x + 297,3x^{\frac{3}{4}} + 5800$$

Em primeiro lugar, tendo as duas equações, vamos determinar para qual número de alunos os custos empatam com os benefícios e, em seguida, para qual número de alunos existe uma maximização da relação benefício/custo.

A primeira parte poderá ser resolvida igualando as duas equações, de custos e de benefícios e calculando:

$$300x + 297,3x^{\frac{3}{4}} + 5800 = 1300x - 20x^2$$

$$x^2 - 50x + 14,86x^{\frac{3}{4}} + 290 = 0$$

Verificamos que essa igualdade existe para os valores de 8,93 e 35,83, ou seja, 9 e 36 pessoas. (Nota: um modo fácil de resolver essa equação é usar no Excel a função "Ferramentas" e em seguida "Atingir meta").

Para descobrirmos o ponto de máximo afastamento das curvas, calcularemos as suas derivadas (que significam as inclinações em cada ponto) e verificaremos o ponto onde as derivadas sejam iguais:

Derivada da curva de custos totais:

$$y = 300x + 297,3x^{\frac{3}{4}} + 5800$$

$$\frac{dy}{dx} = 300 + \frac{3}{4} \cdot 297,3 \cdot x^{-\frac{1}{4}}$$

$$\frac{dy}{dx} = 300 + 222,97x^{-0,25}$$

Derivada da curva de benefícios:
$$y = 1300 \cdot x - 20 \cdot x^2$$

$$\frac{dy}{dx} = 1300 - 40x$$

Igualando as duas derivadas:
$$300 + 222,97x^{-0,25} = 1300 - 40x$$
$$40x + 222,97x^{-0,25} = 1000$$
$$x + 5,57x^{-0,25} = 25$$

A solução desta equação ocorre para x igual a 22,44, ou seja, prever 22 alunos seria o ponto ótimo em termos de custos e benefícios.

Para evitarmos a resolução de equações, outra forma de resolvermos o problema (embora com mais trabalho braçal, porém levando à mesma solução) seria construirmos uma planilha, por exemplo, em Excel, verificando os custos e benefícios aluno por aluno, e montando um gráfico. Os resultados obtidos pelos cálculos podem ser visualizados:

- igualdade de custos e benefícios: 9 e 36 alunos
- ponto ótimo: 23 alunos

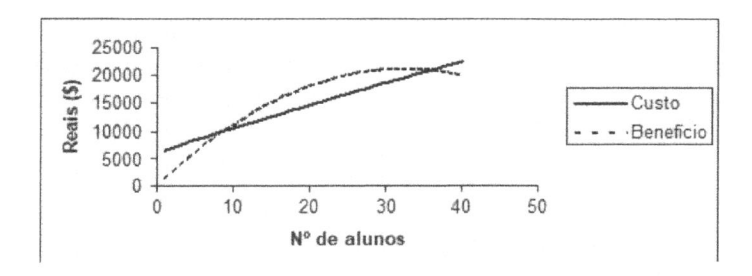

Figura 5.2 – Curvas de custos e benefícios

Se analisarmos pela derivada das curvas, com os custos e benefícios marginais, temos:

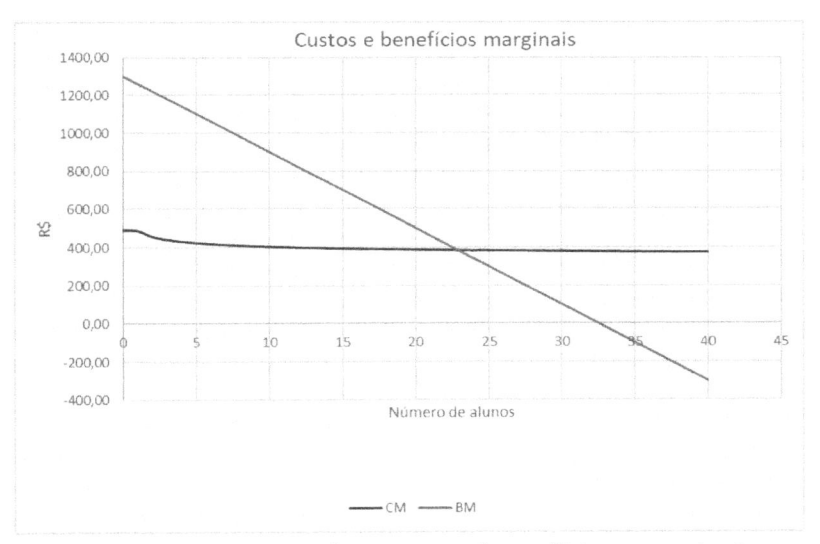

Figura 5.3 – Curva de custos e benefícios marginais

Obtém-se, assim, que o ponto ótimo (cruzamento das curvas) ocorre com 23 alunos.

3º Problema: Vejamos outro exemplo sobre o mesmo assunto.

Como se sabe, o Rio Tietê, que atravessa a cidade de São Paulo, vem constantemente apresentando problemas de enchentes (o pró-

317

prio Rio Tietê e seus afluentes, como o Tamanduateí, Anhangabaú, córrego Aricanduva e outros). Essas enchentes resultam da ocupação exagerada do solo com construções e asfalto (que impedem a penetração das águas no solo e absorção pela vegetação por ocasião de chuvas intensas, escorrendo com velocidade para os rios), ocupação das áreas originais da várzea com as pistas das marginais, entre outras causas.

Os números apresentados a seguir são fictícios, apenas para exemplo do método, não decorrem de um levantamento real. Suponhamos que em nossas análises queiramos considerar um período de 60 anos (tempo de vida útil das eventuais construções, sem nenhum valor residual) e taxa de juros de 5%.

Suponhamos que os prejuízos anuais com as enchentes montem R$18.000.000,00 (despesas com recuperação de imóveis alagados, perdas comerciais em engarrafamentos, custos de recomposição das vias etc.).

Na realidade, não realizar nenhuma obra contra as enchentes é uma opção, arcando-se com o custo citado. Abreviadamente, representaremos esta opção por [ATUAL].

Outra opção é realizar um aprofundamento da calha do rio em 2,5 metros. Com isso, conseguiremos uma maior vazão no rio e em seus afluentes, opção que designaremos por [CALHA]. Nota: esta solução está descrita à pág. 16 da revista "Saneamento Ambiental" de março/abril de 1999, no qual se pretende aprofundar a calha em 24 km de rio, resultando, por exemplo, em um aumento da vazão de 270 para 640 m³/s na foz do rio Tamanduateí, trabalho finalizado em 2005.

Outra opção seria a construção de dois piscinões adicionais ao existente no Pacaembu, que serviriam de reservatório temporário por ocasião das chuvas intensas, sendo a água transferida para o rio por bombas após o controle. Chamaremos a opção de [PISC].

Uma última opção que poderíamos estudar seria a construção de uma barragem no Alto Tietê, em Mogi das Cruzes e a melhoria (elevação) da barragem de Santana do Parnaíba. Controlando o nível dos reservatórios e a abertura ou fechamento das comportas, impediríamos os alagamentos. Esta opção será designada como [BARRAG].

Os custos de implantação das alternativas são:

[ATUAL]: zero

[CALHA]: R$250 milhões e um custo anual de manutenção (dragagens) de R$2 milhões

[PISC]: R$300 milhões e um custo anual de operação e manutenção de R$6 milhões.

[BARRAG]: R$400 milhões e um custo anual de operação e manutenção de R$0,8 milhão.

Conforme expusemos, suponhamos que a opção [ATUAL] cause um prejuízo anual de R$18 milhões.

Suponhamos que os cálculos mostrem que a alternativa [CALHA] irá reduzir os prejuízos das enchentes para R$2 milhões (o aprofundamento da calha do rio não resolveria totalmente o problema).

Suponhamos que a alternativa [PISC] reduza os prejuízos com as enchentes em R$700 mil e que a alternativa [BARRAG] reduza os prejuízos para R$200 mil.

Além desses dados, podemos considerar que:

a) a alternativa [CALHA] implica em termos que ocupar um terreno para dispor de 6,3 milhões de metros cúbicos de material inerte a ser escavado, além do material anualmente retirado ao longo dos anos. Como as áreas pertencem ao Estado, não consideraremos seu valor nos cálculos.

b) a alternativa [PISC] implica em utilização de áreas que têm um valor equivalente a R$100 mil por ano.

c) a alternativa [BARRAG] implicará na ocupação de solos agrícolas e perda de lavouras, com prejuízos estimados em R$50 mil por ano.

Pergunta-se: levando em conta todos esses fatores, qual seria a solução mais recomendada?

Proposta de solução: iremos comparar, duas a duas as alternativas, verificando benefícios e custos. O benefício será o quanto será ganho por deixar de existirem os prejuízos.

Comparando [ATUAL] com [CALHA]: (veremos as diferenças de benefícios e de custos)

B = ([CALHA] - [ATUAL]) = 18 milhões – 2 milhões = 16 milhões

C = ([CALHA] - [ATUAL]).

Para avaliação do custo anual de [CALHA], calcularemos como sendo uma anuidade, ou seja, quanto se gasta por ano mais o investimento inicial distribuído ao longo dos 60 anos.

C = 250 (A/P, 5%, 60) + 2 (milhões)

$$A = P\left[\frac{i(1+i)^n}{(1+i)^n - 1}\right] = 250 * \left[\frac{0,05(1+0,05)^{60}}{(1+0,05)^{60} - 1}\right] = 250 * 0,053 = 13,2 \; milhões$$

C = 15,2 milhões

Portanto: B − C = 16 − 15,2 = 0,8 milhão

$$\frac{B}{C} = 10,52$$

Portanto, como uma primeira conclusão, é vantajoso realizar a obra da opção [CALHA] em relação a não se fazer nada. Critério adotado: B − C > 0 ou B/C > 1

Comparando-a agora com a opção [PISC]:

O benefício adicional será o melhor controle de alagamentos, porém precisaremos também levar em conta os prejuízos resultantes da não utilização do solo para outras construções:

B ([PISC] − [CALHA]) = (2.000.000 − 700.000) − 100.000 = 1.200.000

C ([PISC] − [CALHA]) = [300 (A/P, 5%,60) + 6] − [250 (A/P, 5%, 60) + 2] milhões

$$= [15,85 + 6] − [13,2 + 2] = 6,65 \; milhões$$

$$\frac{B}{C} = 0,18$$

B − C = 1,2 − 6,65 = -5,45 milhões

Observa-se que a opção [CALHA] continua prevalecendo, pois a opção [PISC] não seria considerada adequada do ponto de vista econômico.

Comparando-se agora a opção [CALHA] com a opção [BARRAG]:

B ([BARRAG] – [CALHA]) = (2.000.000 – 200.000) – (100.000 – 50.000) = 1.750.000

C ([BARRAG] – [CALHA]) = [400 (A/P, 5%,60) + 0,8] – [250 (A/P, 5%, 60) + 2] milhões

C ([BARRAG] – [CALHA]) = (21,13 + 0,8) – (13,21 +2) = 6,72 milhões

Portanto:

B – C = 1.750.000 – 6.720.000 = - 4.970.000

$$\frac{B}{C} = 0,26$$

Portanto, concluímos que a melhor opção, do ponto de vista econômico, seria realizarmos as obras de aprofundamento da calha do rio, embora continuem os prejuízos anuais de R$2.000.000,00. Esta seria, portanto, a melhor solução para o problema.

Entre as duas outras soluções (piscinões ou barragens), verificamos que a solução [BARRAG] apresentaria melhores indicadores.

A situação apresentada exemplifica um caso em que, provavelmente, outros critérios, que não o técnico ou econômico, poderão definir a melhor solução, como um critério político ou social. Suponhamos que seja considerada inaceitável, pela sociedade, a continuação das enchentes, mesmo após as obras de aprofundamento da calha (citamos que os prejuízos passariam de R$16 milhões para R$2 milhões). Neste caso, provavelmente seria adotada a solução de construção da barragem, mesmo não sendo a melhor proposta sob o ponto de vista exclusivamente financeiro.

Observamos que os prejuízos decorrentes de uma determinada opção foram considerados como "perdas de benefício", ou seja, deduzidos dos benefícios. Como exemplos de situações desse tipo, temos a redução de ganhos futuros com o uso dos terrenos (exemplos dos terrenos dos piscinões e barragens), perdas de lucros que a terra poderia gerar se fosse usada para agricultura ou exploração mineral (casos de barragens), perdas de pesca etc. No exemplo, consideramos como redução dos benefícios, porém outra forma seria considerar essas perdas como custos. Aparentemente chegaríamos aos mesmos resultados, porém na análise de custos/benefícios, os índices resultam em valores distintos. Por exemplo, se considerarmos a comparação [CALHA] com [BARRAG], enquadrando os prejuízos potenciais como custos, temos:

B ([BARRAG] – [CALHA]) = (2.000.000 – 200.000) = 1.800.000

C ([BARRAG] – [CALHA]) = [400.000 (A/P, 5%,60) + 800 + 50] – [250.000 (A/P, 5%, 60) + 2.000 + 100] mil

C ([BARRAG] – [CALHA]) = (21.131,27 + 800 +50) – (13.207,05 +2.000 +100) = 6.674,22 mil

Portanto:

B – C = 1.800.000 – 6.674.220 = - 4.874.220

$$\frac{B}{C} = 0,27$$

Neste exemplo, as diferenças foram muito pequenas, em vista dos números elevados relativos aos investimentos e custos, e números pequenos relativos à perda de benefícios. Porém, quando eles se situam nas mesmas ordens de grandeza, os índices resultam em valores completamente diferentes.

5.5 - AVALIAÇÃO DE PROJETOS DE INVESTIMENTOS QUANDO SE CONSEGUE ESTIMAR PROBABILIDADES DE EVENTOS FUTUROS

5.5.1. Decisões em condições de incerteza

Existem muitas situações em que fica bastante difícil realizar escolhas e tomar decisões. Cabe lembrar que, em face de uma determinada situação em que temos que tomar decisões, havendo várias opções sobre linhas de ação a tomar, se ficarmos inseguros sobre a melhor delas e não fizermos nada (nenhuma ação), esta é, na realidade, uma escolha que foi feita, ou seja, era uma das opções, eventualmente não listada e por consequência não analisada. Além disso, nem sempre esta opção (não fazer nada) foi a melhor escolha. Então, mesmo em situações difíceis, recomendamos que o problema seja mais bem avaliado e seja tomada uma decisão.

Quando as consequências futuras sobre uma determinada escolha são previsíveis com uma elevada confiança, a decisão é mais fácil de ser tomada. Entre as várias opções, o critério mais comum será o de realizarmos uma análise do tipo custo-benefício, onde observaremos as vantagens técnicas e benefícios resultantes de cada opção e todos os custos associados, conforme já apresentamos anteriormente, trazendo todos os custos e benefícios para o valor presente, eventualmente comparando anuidades etc.

Nas situações em que não teremos uma razoável certeza sobre as expectativas futuras, ou seja, como as variáveis em jogo irão se comportar no futuro, mas temos dados suficientes para levantar condições probabilísticas, realizaremos avaliações do tipo análise de risco. Neste caso, levantaremos as probabilidades de que ocorra um determinado futuro e provavelmente escolheremos a alternativa que proporcione melhor benefício, dentro da maior probabilidade. Construiremos uma matriz da seguinte forma, por exemplo, assumindo que teremos três opções como linha de ação (alternativas A1, A2 e A3) e duas situações previsíveis como futuro, uma com probabilidade de 60% de ocorrer e outra com probabilidade de 40%: Os resultados futuros esperados para cada caso são indicados pelos R_{in}:

	Situações previsíveis	
Alternativas	P(0,6)	P(0,4)
A1	R11	R12
A2	R21	R22
A3	R31	R32

Observamos que a situação de futuro completamente previsível é, na realidade, um caso particular da situação de risco, em que a probabilidade de os resultados ocorrerem é de 100%:

Alternativas	Situação futura previsível P(1,0)
A1	R11
A2	R21
A3	R31

A tomada de decisões em situações de risco, quando conseguimos de alguma forma determinar as probabilidades de ocorrência de cenários futuros podem ser auxiliadas por determinados critérios, que apresentaremos através de um exemplo.

Retomemos o problema, inicialmente apresentado, relativo à instalação a vapor, onde foram identificadas três alternativas de solução:

a) comprar maior quantidade de energia elétrica da rede, além de comprar novos compressores;

b) aumentar a produção de vapor na caldeira e comprar novas turbinas (as turbinas antigas estão com eficiência muito baixa), geradores elétricos e compressores de ar. Essa opção está associada à modificação dos queimadores da caldeira para passar a usar gás natural;

c) adotar uma solução mista entre a) e b).

Imaginemos que, com base em experiências passadas e análise do cenário econômico, consigamos modelar três cenários possíveis para o futuro, associados a três probabilidades de ocorrência. Nessas condições, suponhamos que seja esperada a obtenção dos seguintes resultados líquidos (Benefícios – Custos):

	Futuro 1 Prob.= 0,6	Futuro 2 Prob. = 0,3	Futuro 3 Prob. = 0,1
Alternativa a	R$300.000	R$100.000	R$100.000
Alternativa b	R$400.000	-R$100.000	R$150.000
Alternativa c	-R$50.000	R$500.000	R$200.000

Para a solução de problemas desse tipo, precisaremos realizar as avaliações adotando-se critérios, alguns dos quais apresentaremos a seguir.

5.5.2. Critérios para escolha da melhor solução, conhecendo-se as probabilidades

Critério do nível desejado:

Este critério leva em conta que as pessoas (tomadoras de decisão) esperam certo nível mínimo de lucro ou benefício líquido, e ao mesmo tempo, não esperam (ou desejam) que seus prejuízos ultrapassem um determinado valor. Por exemplo, suponhamos que os tomadores de decisão fixem um nível desejável de lucro de R$300.000,00 e, ao mesmo tempo, um mínimo de R$100.000,00.

Neste caso, olhando para o nível de 300.000, verificamos que todas as alternativas atenderiam este requisito, algum dos futuros ocorrendo, não se descartando nenhuma. Com base no lucro mínimo de 100, descartaríamos as alternativas b e c (b apresenta uma situação em que haveria uma perda de 100 e em c uma situação em que haveria uma perda de 50).

Portanto, a opção escolhida, segundo este critério, seria a alternativa a.

Critério do futuro mais provável:

Este critério prevê que apenas o futuro mais provável seja considerado, descartando-se os demais. Realmente, o resultado passa a apresentar confiabilidade elevada quando a probabilidade de ocorrência desse futuro é bastante mais elevada que as demais. Em nosso exemplo, adotaríamos então o futuro com probabilidade de 0,6 (futuro 1). E, adotando esse futuro, escolheríamos a alternativa b, por apresentar o maior ganho.

Critério do valor esperado (esperança matemática):

Este critério leva em conta as probabilidades associadas a cada futuro, para todas as alternativas. Para aplicá-lo, multiplicaremos cada ganho ou perda pela probabilidade associada à sua ocorrência, e verificaremos a opção que proporcione o melhor resultado global:

Alternativa a: 0,6 x 300 + 0,3 x 100 + 0,1 x 100 = 220

Alternativa b: 0,6 x 400 + 0,3 x (-100) + 0,1 x 150 = 225

Alternativa c: 0,6 x (-50) + 0,3 x 500 + 0,1 x 200 = 140

Com base neste critério, adotaríamos a alternativa b.

5.5.3. Considerações sobre risco

Quando se realizam as análises de viabilidade técnica e financeira de empreendimentos futuros, a análise técnica preocupa-se, sobretudo, com a funcionalidade da instalação, sendo o conceito de risco visto como uma possibilidade de não ser alcançado certo desempenho esperado, principalmente em decorrência de dificuldades tecnológicas ou ineditismo das atividades.

Já em análise financeira de empreendimentos, o conceito de risco está muito ligado às incertezas quanto aos fluxos de caixa no futuro, ou seja, a variabilidade potencial de certo fluxo de caixa. Assim, o risco depende muito do conhecimento que se tenha do comportamento do mercado e de outras inúmeras variáveis (políticas, sociais etc.). Teremos sempre "expectativas" com relação às receitas que iremos obter (eventualmente também em relação às despesas) e procuraremos associar essas receitas e despesas às suas respectivas probabilidades de ocorrência.

Em relação a investimentos, como já foi exposto, existem aplicações financeiras tradicionalmente vistas como de baixo risco, ou melhor, há uma elevadíssima certeza de que o fluxo de caixa será exatamente aquele que foi previsto. Por exemplo, os títulos do governo dos Estados Unidos enquadram-se nesta categoria, remunerando o capital em cerca de 7% ao ano. No Brasil, a Caderneta de Poupança também se enquadra nessa situação, embora já tenham ocorrido intervenções que aumentam eventualmente esse risco. Outras aplicações, como ações de empresas, negociadas na Bolsa de Valores, construções realizadas para aumentar o nível de produção de uma empresa, investimentos em melhorias de processos visando benefícios ambientais, desenvolvimento de novos produtos ou serviços, são exemplos de investimentos sob risco (maior ou menor). Os investidores demandam sempre um maior retorno, para assumirem riscos adicionais.

As taxas aplicadas normalmente são expressas da seguinte forma:

$i = i_{sr} + i_{pr}$

onde:

i é a taxa considerada como custo do capital

i_{sr} é a taxa em aplicações consideradas sem risco

i_{pr} é o prêmio devido ao risco

Exemplo:

i = 7% + 5% = 12%

As taxas de risco frequentemente estão associadas a uma determinada probabilidade de ocorrência. Assim, por exemplo, a taxa de juros associada aos títulos do Governo Americano tem uma probabilidade praticamente igual a 1.

O *Risco Brasil* reflete a incerteza na economia do país, ou seja, se o governo brasileiro tem capacidade de pagar seus títulos de dívida. Quando o risco Brasil é de 1.000 pontos, significa que o Brasil paga 10% (divisão dos 1.000 pontos por 100) a mais que os títulos do governo americano. Por exemplo, se os títulos do governo dos USA pagam 3% ao ano, nesse caso, com risco Brasil de 1.000 pontos, o governo brasileiro pagaria 13% ao ano.

As taxas de retorno adotadas pelas empresas têm que, necessariamente, estar adaptadas aos riscos, ou seja, mesmo que a empresa adote certa taxa de desconto (ou custo de capital), em situações que ela sabe que existirão riscos, ela deverá adotar uma taxa mais elevada para se prevenir de problemas futuros.

Digamos, por exemplo, que uma empresa fixou sua taxa de retorno em 12% ao ano, com base no custo de oportunidade do capital. Em outros investimentos de maior risco, ela poderia adotar, por exemplo:

- para a substituição de sistemas ou equipamentos já existentes (bom conhecimento do retorno): 13%;

- para a implantação de sistemas novos (inéditos na empresa), porém existindo razoável conhecimento de todas as variáveis: 16%;
- para empreendimentos que exigirão muito trabalho de pesquisa e desenvolvimento: 20%.

Mais adiante, neste livro, mostraremos problemas numéricos que utilizarão estes conceitos.

5.5.4. Abordagem de equivalentes à certeza (*Certainty Equivalent Approach*, em inglês)

Este método irá permitir que levemos em conta o risco na decisão sobre a realização de investimentos, em situações em que seja possível estimar (com base em experiências anteriores), um determinado coeficiente de certeza. São adotados fatores de ajuste ao risco que, a partir de uma entrada de caixa estimada (valores *possíveis* de receber), realizam uma correção para valores que os investidores ficariam satisfeitos em receber, <u>com certeza</u>, ou seja, estes valores, embora menores, seriam garantidos, sem risco.

Definindo-se:

$$\text{Coeficiente de equivalente à certeza } \alpha = \frac{\text{Fluxo de caixa previsto, com certeza (no mínimo)}}{\text{Fluxo de caixa possível, ou com riscos}}$$

Esse coeficiente irá variar de 0 (risco extremo) a 1 (certeza total nos resultados) e, para avaliarmos o fluxo de caixa correto (preciso) multiplicaremos o fluxo de caixa com risco pelo coeficiente α.

A fórmula do Valor Presente Líquido (VPL) fica sendo (quando tivermos certeza sobre o investimento inicial):

$$VPL = -I_0 + \sum_{t=1}^{n} \frac{\alpha_t \cdot C_t}{(1+i)^t}$$

onde:

α_t são os coeficientes de equivalente à certeza

C_t são os fluxos de caixa (saldo entre receitas e despesas, normalmente após o pagamento dos impostos)

i é a taxa de retorno (custo do capital), <u>livre de riscos</u>
n é o número de períodos em consideração (anos, meses etc.)

Exemplo:
Imagine que a nossa empresa quer realizar um determinado investimento em modernização de um sistema de produção. O investimento inicial (e único) é de R$30.000,00 e o fluxo de caixa esperado não pôde ser avaliado de forma precisa, conseguindo-se, entretanto, avaliar certo coeficiente de certeza nesses dados.

Ano	Fluxo de caixa esperado	Coeficiente de certeza equivalente α
1	8.000	0,90
2	10.000	0,85
3	14.000	0,95
4	15.000	0,94
5	14.000	0,7
6	20.000	0,8

Suponha que a empresa trabalhe com uma taxa de retorno de 12% e que, a taxa de retorno livre de risco considerada seja de 7% ao ano. Qual é o Valor Presente Líquido desse empreendimento? É válido realizá-lo?

Proposta de solução:
Inicialmente iremos remover o risco dos fluxos de caixa futuros, multiplicando cada valor de fluxo de caixa esperado pelo coeficiente de certeza.

A interpretação é a seguinte: no ano 1, por exemplo, eu esperaria ter um retorno de R$8.000,00. Mas, existem incertezas sobre esse retorno, e poderíamos imaginar que, com certeza, haveria um retorno de R$7.200,00 (razão pela qual o α é de 0,9, nesse caso). Ou seja, pode ser que retornem R$8.000,00, porém, no mínimo, teremos um retorno de R$7.200,00 e o que vier a mais é lucro adicional.

Fazendo o cálculo de todos os anos:

Ano	Fluxo de caixa esperado	Coeficiente de equivalente à certeza α	Fluxo de caixa equivalente, <u>sem risco</u>
1	8.000	0,90	7.200
2	10.000	0,85	8.500
3	14.000	0,95	13.300
4	15.000	0,94	14.100
5	14.000	0,7	9.800

A seguir, precisaremos trazer o fluxo de caixa sem risco para o presente, calculando o Valor Presente Líquido, usando a taxa de juros **isenta de risco** (pois estamos considerando os fluxos de caixa já tendo sido expurgados os riscos. Nota: não faria sentido considerarmos a taxa normal de juros da empresa, pois esta normalmente leva em conta os riscos):

$$VPL = -3000 + \frac{7200}{(1+0,07)} + \frac{8500}{(1,07)^2} + \frac{13300}{(1,07)^3} + \frac{14100}{(1,07)^4} + \frac{9800}{(1,07)^5}$$

$$VPL = -30000 + 425753 = 12753$$

Conclusão: como o valor do VPL resultou em um número positivo, conclui-se que o projeto deverá ser aceito.

Para trabalharmos corretamente com o risco, será necessário relembrarmos alguns conceitos básicos e bem simples de estatística.

5.5.5. Conceitos básicos de estatística

No tocante a uma análise empresarial, uma determinada taxa referente ao custo do capital, ou retorno do investimento, poderia apresentar probabilidades diferentes nas parcelas de sua formação. Por exemplo, poderíamos avaliar a seguinte distribuição de probabilidades:

Probabilidade de ocorrência	Taxa de retorno do investimento
10%	4%
20%	8%
40%	12%
30%	16%

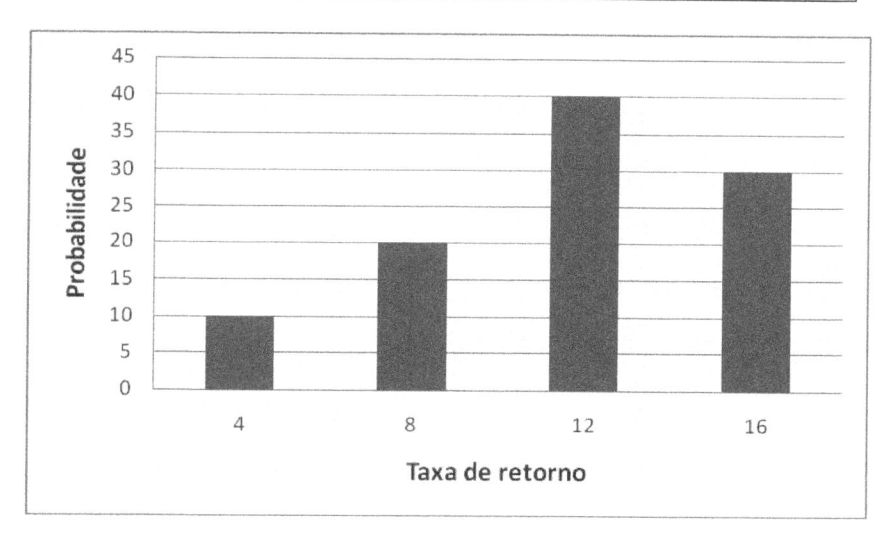

Figura 5.4 – Taxas de retorno versus probabilidade de sua ocorrência

Esperança matemática: na realidade é uma média ou expectativa, que leva em conta as probabilidades de ocorrência daquela determinada variável em consideração. Trata-se do centro de gravidade dos valores no eixo das abcissas.

No exemplo:

Probabilidade de ocorrência	Taxa de retorno do investimento
10%	4%
20%	8%
40%	12%
30%	16%

$$E(i) = \left.\frac{[0,1x4\% + 0,2x8\% + 0,4x12\% + 0,3x16\%]}{1}\right. = 11,6\%$$

Observa-se que a esperança matemática representa muito melhor a média dos valores (por levar em conta as probabilidades de ocorrência) do que a própria média simples. A curva de distribuição de probabilidades está com valores maiores do lado direito, acima da taxa de retorno igual a 10. Assim, a esperança matemática "arrastou" essa média especial para 11.6, no nosso exemplo. A média seria [4+8+12+16] dividido por 4, ou seja, igual a 10.

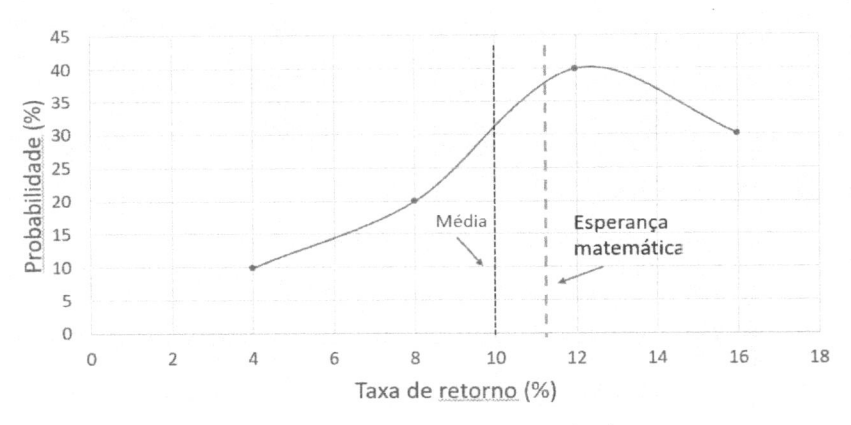

Figura 5.5 - Distribuição de probabilidades e esperança matemática.

Variância. Para avaliarmos a dispersão existente da massa de dados em relação a essa média representada pela esperança matemática, existem os conceitos de "variância" e de "desvio padrão".

A **variância** é dada pela diferença entre cada um dos valores e o valor da esperança matemática, multiplicada pela respectiva probabilidade:

$$\sigma^2 = \sum_{i=1}^{n} [x_1 - E(i)]^2 * P(x_1)$$

No exemplo: (Nota: costuma-se representar a variância por σ^2)

$$\sigma^2 = \sum_{i=1}^{n} [x_1 - E(i)]^2 * P(x_1) = (4 - 11,6)^2 * 0,1 + (8 - 11,6)^2 * 0,2 + (12 - 11,6)^2 * 0,4 + (16 - 11,6)^2 * 0,3 =$$

$$\sigma^2 = 14,24$$

A variância não tem nenhum significado físico. Ela só existe e é calculada para se poder chegar ao "desvio padrão", este sim, muito importante, como veremos a seguir.

Desvio padrão. O **desvio padrão** é definido como sendo a raiz quadrada da variância. Ele expressa de uma forma mais visível a dispersão, por se apresentar na mesma unidade que os dados avaliados.

$$\sigma = \sqrt{\sigma^2}$$

No exemplo:

$$\sigma = \sqrt{14,24} = 3,77$$

Ou seja, quanto menor o desvio padrão, mais os dados estão agrupados em volta da esperança matemática.

O desvio padrão é extremamente importante para mostrar a confiança no resultado mostrado pela esperança matemática. Quanto menor o desvio padrão, mais confiança temos, já que em termos probabilísticos os valores estão mais próximos da esperança matemática calculada, menor será a chance de errarmos na tomada de decisão. Assim, no projeto A, mostrado na figura 5.6, todos os possíveis valores estão próximos da esperança matemática, pois o desvio padrão é bem menor do que no projeto B.

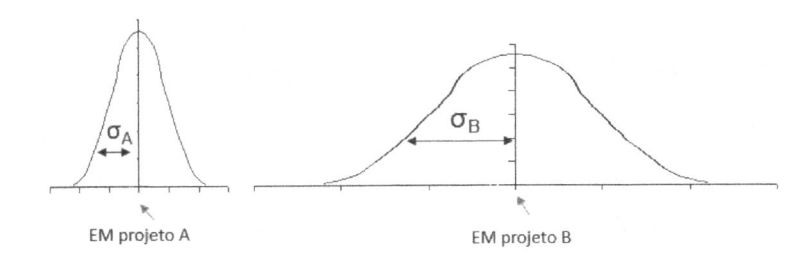

Figura 5.6 – Desvios padrões dos projetos A e B

Caso o modelo probabilístico que queremos representar siga uma distribuição de probabilidades chamada de "distribuição normal" ou "gaussiana", muito frequente, sua representação segue uma curva do tipo "sino". Algumas conclusões muito importantes nesse tipo de distribuição são as seguintes:

a) temos o valor da esperança matemática representado no centro dessa distribuição;

b) se nos afastarmos desse valor da esperança matemática de um desvio padrão de cada lado, podemos garantir que temos 68,26% de chance de acertarmos esse valor;

c) com duas vezes o valor do desvio padrão para cada lado, cobrimos 95,44% dos resultados;

d) com +3σ ou -3σ (3 desvios padrões para cada lado), atingimos 99,3% de possibilidade de acerto.

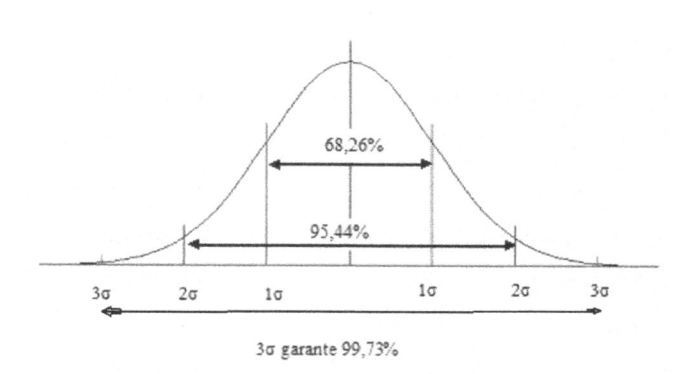

Figura 5.7 - Distribuição normal ou gaussiana de probabilidades

5.5.6. Cálculo de um Valor Presente Líquido probabilístico

Vejamos em um problema, como aplicar estes conceitos. Em um determinado empreendimento, a partir de um investimento inicial único de R$50.000,00 foi possível determinar os seguintes fluxos de caixa, em termos probabilísticos, pois não temos certeza completa quanto a esses fluxos. A duração do empreendimento é de 4 anos e o custo do capital considerado pela empresa (taxa de retorno) é de 12% ao ano. Calcular o Valor Presente Líquido e a dispersão desse valor.

Ano 1 (C1)		Ano 2 (C2)		Ano 3 (C3)		Ano 4 (C4)	
Fluxo de caixa	Probabil.	Fluxo de caixa	Probabil.	Fluxo de caixa	Probabil.	Fluxo de caixa	Probabil.
14.000	0,2	18.200	0,1	13.800	0,2	14.000	0,2
15.000	0,2	18.100	0,2	17.100	0,4	18.000	0,3
16.000	0,4	17.300	0,3	15.400	0,2	17.200	0,2
18.500	0,1	18.000	0,2	17.800	0,1	18.300	0,2
19.200	0,1	17.800	0,2	18.400	0,1	13.400	0,1

a) Cálculo da esperança matemática do VPL:

$E(C_1) = 14000x0,2 + 15000x0,2 + 16000x0,4 + 18500x0,1 + 19200x0,1 = 15970$

$E(C_2) = 17790$

$E(C_3) = 16300$

$E(C_4) = 16640$

$$VPL = -50000 + \frac{15970}{(1+0,12)} + \frac{17790}{(1,12)^2} + \frac{16300}{(1,12)^3} + \frac{16640}{(1,12)^4}$$

$VPL = -50000 + 14258,93 + 14182,07 + 11602,02 + 10575,02 = 618,04$

b) Cálculo da dispersão. Existem dois casos:

b1) Quando os fluxos de caixa são independentes no tempo, ou seja, o valor de um deles em um período qualquer não tem nenhuma influência sobre o valor dos outros fluxos, nos períodos seguintes. Nestes casos, a fórmula da variância é:

$$\sigma^2(VPL) = \sum_{r=1}^{n} \frac{\sigma^2(valores\_atuais)}{(1+i)^{2r}}$$

Portanto, a variância do VPL é:

$$\sigma^2(VPL) = \frac{\sigma^2(C_1)}{(1+0,12)^2} + \frac{\sigma^2(C_2)}{(1+0,12)^4} + \frac{\sigma^2(C_3)}{(1+0,12)^6} + \frac{\sigma^2(C_4)}{(1+0,12)^8}$$

σ^2 $(C_1)=[14000-15970]^2x0,2+[15000-15970]^2x0,2+[16000-15970]^2x0,4+[18500-15970]^2x0,1+[19200-15970]^2x0,1=2648100$

σ^2 $(C_2)=116900$

σ^2 $(C_3)=2334000$

σ^2 $(C_4)=3612400$

$$\sigma^2(VPL) = \frac{2.648.100}{(1+0,12)^2} + \frac{116.900}{(1+0,12)^4} + \frac{2.334.000}{(1+0,12)^6} + \frac{3.612.400}{(1+0,12)^8}$$

O desvio padrão é:

$$\sigma = \sqrt{\sigma^2} = 2196$$

b2) quando houver uma correlação entre os fluxos de caixa no tempo, situação em que o desvio de um período influencia outros períodos futuros. Nestes casos, calcula-se diretamente o desvio padrão pela fórmula:

$$\sigma(VPL) = \sum_{r=1}^{n} \frac{\sigma^2(valores\_atuais)}{(1+i)^r}$$

$\sigma(C_1) = \sqrt{2648100} = 1627$

$\sigma(C_2) = \sqrt{116900} = 341$

$\sigma(C_3) = \sqrt{2334000} = 1527$

$\sigma(C_4) = \sqrt{3612400} = 1900$

$$\sigma(VPL) = \frac{\sigma(C_1)}{(1+0,12)} + \frac{\sigma(C_2)}{(1+0,12)^2} + \frac{\sigma(C_3)}{(1+0,12)^3} + \frac{\sigma(C_4)}{(1+0,12)^4} = 4017$$

Comparando-se os valores obtidos, notamos que a dispersão (e, portanto, o risco) é maior com esta segunda hipótese.

O risco pode ser também avaliado pela relação desvio padrão/esperança matemática. Obtemos, então:

Hipótese de b1) .... r = 2.196 / 618 = 3,55

Hipótese de b2) .... r = 4.017 / 618 = 6,5

Observação: neste problema (fictício), intencionalmente foram colocados valores com uma enorme dispersão (por exemplo, no ano

1 entre 14.000 e 19.200), somente para mostrar a forma de realizar os cálculos. Por essa razão, os valores de risco ficaram elevadíssimos.

5.5.7. Árvore de probabilidades ou árvore de decisões

A ferramenta conhecida como "árvore de decisões" é bastante interessante, principalmente quando ocorrerem desdobramentos das decisões, ou seja, a necessidade de decisões em cascata.

Trata-se de uma ferramenta que permite uma fácil visualização de todas as possibilidades de ocorrência de eventos futuros (associados com as suas respectivas probabilidades). A partir das incertezas do primeiro ano, poderão surgir várias possibilidades no segundo ano, que se desdobrarão no terceiro ano, chegando-se até o último período de tempo considerado. Com este método, conseguiremos melhor visualizar as possibilidades, calcular as taxas internas de retorno para cada possibilidade (cada ramo da árvore), calcular as probabilidades combinadas de cada ramo (probabilidade conjunta) e a taxa interna de retorno esperada para o empreendimento, considerando-se todas as probabilidades.

Por exemplo, consideremos uma situação em que pretendemos realizar um investimento inicial de R$500.000,00 na modernização de uma instalação, mas não conhecemos suficientemente bem o retorno dos fluxos de caixa, porém temos ideia das probabilidades associadas.

Se o resultado no ano 1 for de R$300.000,00, ao qual associamos uma probabilidade de 0,3 então esperamos que no ano 2 existam três possibilidades de fluxo de caixa: a) retorno de R$100.000,00 com probabilidade de 0,2; b) retorno de R$200.000,00 com probabilidade de 0,6 e retorno de R$400.000,00 com probabilidade de 0,2.

Se o resultado no ano 1 for de R$400.000,00, ao qual associamos uma probabilidade de 0,5 então esperamos que no ano 2 existam quatro possibilidades de fluxo de caixa: a) retorno de R$200.000,00 com probabilidade de 0,1; b) retorno de R$300.000,00 com probabilidade de 0,5; retorno de R$350.000,00 com probabilidade de 0,2 e retorno de R$400.000,00 com probabilidade de ocorrência de 0,2.

Se o resultado no ano 1 for de R$500.000,00, ao qual associamos uma probabilidade de 0,2 então esperamos que no ano 2 existam duas possibilidades de fluxo de caixa: a) retorno de R$300.000,00 com probabilidade de 0,2 e; b) retorno de R$500.000,00 com probabilidade de 0,8.

Solicita-se:

Construir uma árvore de probabilidades representando esse problema;

Calcular a taxa interna de retorno de cada possibilidade (cada ramo), bem como a probabilidade de sua ocorrência; e

Calcular a taxa interna de retorno do empreendimento como um todo, levando em conta todas as probabilidades existentes e respectivos fluxos.

Proposta de solução: antes de construir a árvore, montaremos uma planilha para melhor esquematização do problema:

Investimento inicial: 500.000						
Se o resultado do ano 1 for de						
Ano	C1	Probabil.	C1	Probabil.	C1	Probabil.
1	300.000	0,3	400.000	0,5	500.000	0,2
Então:						
Ano 2	C_2	Probabil.	C_2	Probabil.	C_2	Probabil.
	100.000	0,2	200.000	0,1	300.000	0,2
	200.000	0,6	300.000	0,5	500.000	0,8
	400.000	0,2	350.000	0,2		
			400.000	0,2		

A visualização dessa tabela (e do problema) fica facilitada se desenharmos uma árvore de probabilidades. Em cada "bola" colocamos os valores e as setas ligando esses valores indicam as probabilidades de que se "chegue" naquele determinado novo valor, no ano seguinte (Ano zero é o ano atual, como mostramos antes no conceito de fluxo de caixa).

Montado o desenho da árvore, iniciamos os cálculos, começando pela TIR de cada "ramo".

Vejamos a "árvore de probabilidades" desse problema, representada na Figura 5.8, a seguir.

Por exemplo, o primeiro ramo seria calcular a TIR com um investimento inicial de R$500.000,00, retorno no ano 1 de R$300.000,00 e FC no ano 2 de R$100.000,00. Calculando-se a TIR desse conjunto de dados, o resultado é TIR = -16,15%. (Nota: calcular a TIR no método manual é muito trabalhoso, então após este problema será apresentado como calcular a TIR e também o VPL usando o Excel).

No segundo ramo, consideramos o investimento inicial de R$500.000, retorno no ano 1 de R$300.000,00 e no ano 2 de R$200.000,00. Neste caso é fácil constatar (nem precisaria de cálculo) que a TIR é zero.

No terceiro ramo, consideramos o investimento inicial de R$500.000,00, retorno no ano 1 de R$300.000,00 e retorno no ano 2 de R$400.000,00. Calculando a TIR, obteremos TIR = 24,34.

Assim, dessa forma, todos os valores de TIR, para cada ramo, precisarão ser calculados.

O passo seguinte é calcularmos a probabilidade conjunta, que é a associação das duas probabilidades que ocorreram ao passar de um ano para outro, probabilidade de chegarmos àqueles valores. Trata-se de dois eventos "e", ou seja, uma multiplicação de probabilidades. Acontecer um evento "e" acontecer o evento seguinte, multiplicação de probabilidades.

Assim, no primeiro ramo, para passar dos R$500.000,00 do ano zero para os R$300.000,00 do ano 1 existe uma probabilidade de 0,3. E para passar dos R$300.000,00 do ano 1 para os R$100.000,00 do ano 2 existe uma probabilidade de 0,2. Assim, a probabilidade conjunta, que é a probabilidade de cumprirmos este primeiro ramo é de p = 0,3 x 0,2 = 0,06.

Para o segundo ramo, a probabilidade conjunta é de p = 0,3 x 0,6 = 0,18.

Com esse método, calcularemos as probabilidades conjuntas de todos os ramos da árvore.

O passo seguinte é calcularmos para cada ramo o valor de TIR x probabilidade conjunta.

Esse passo anterior nos permite obter uma média ponderada, ao somarmos todos os valores de TIR x probabilidade conjunta, que nos dará o valor da TIR esperada para a árvore como um todo, ou seja, todos os valores foram levados em conta, associados às suas respectivas probabilidades.

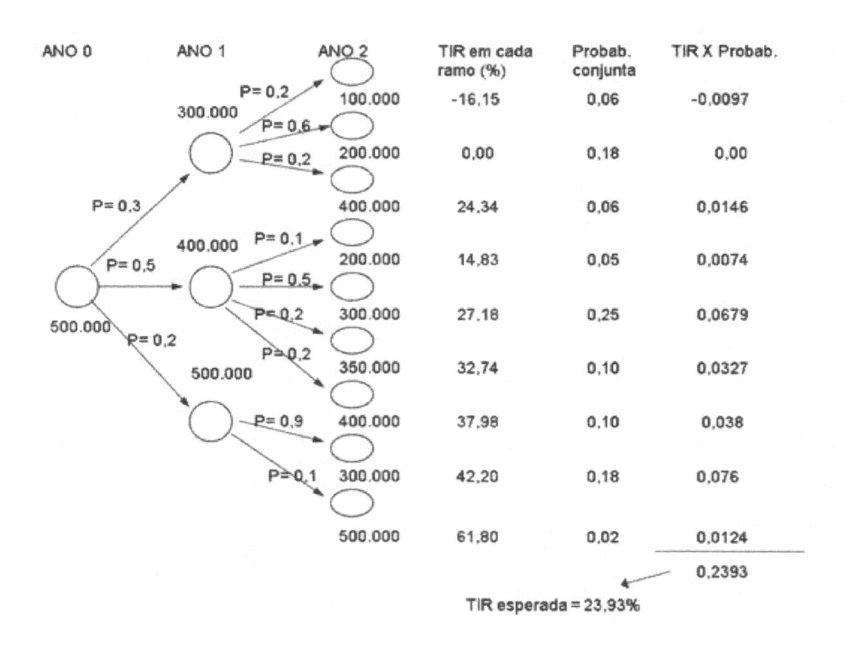

Figura 5.8 - Árvore de probabilidades

Verificamos então, que o mais provável (25% de probabilidade) é que ocorra uma TIR de 27,18%. Existe uma probabilidade de 6% de que haja prejuízo, com uma TIR negativa de -16,15% e uma probabilidade de 16% de que ocorra um ganho máximo, com TIR de 61,8%. E, com todas as variáveis em jogo, espera-se uma TIR de 26,67%.

5.5.8. Como calcular o VPL e a TIR pelo Excel

Valor Presente Líquido (VPL)

Calcular o Valor Presente Líquido usando a sua fórmula é bastante fácil. Basta substituir os valores na fórmula:

$$VPL = -I_0 + \frac{C_1}{(1+i)} + \frac{C_2}{(1+i)^2} + \frac{C_3}{(1+i)^3} + \ldots + \frac{C_n}{(1+i)^n}$$

Para resolver usando o Excel, siga os seguintes passos, por exemplo, resolvendo o problema antes apresentado no livro

I = investimento inicial: 250.000

C1 = 103.750

C2 = 60.250

C3 = 94.750

C4 = 121.000; e

C5 = 91.750

Taxa de retorno i = 12% ao ano = 0,12

Solução: inicialmente, coloque os valores do investimento e dos fluxos de caixa em uma coluna.

Em seguida, use a função VPL, acessando "Fórmulas", "Financeira" e "VPL", e daí coloque na tabela os dados. Ou coloque diretamente a fórmula na célula "= (ilumine a célula onde está o investimento, lembrando-se do sinal negativo na célula, pois é saída de dinheiro) e depois +VPL(taxa de desconto; ilumine as células do fluxo de caixa)", como mostrado abaixo, aqui ilumina de B4 a B8:

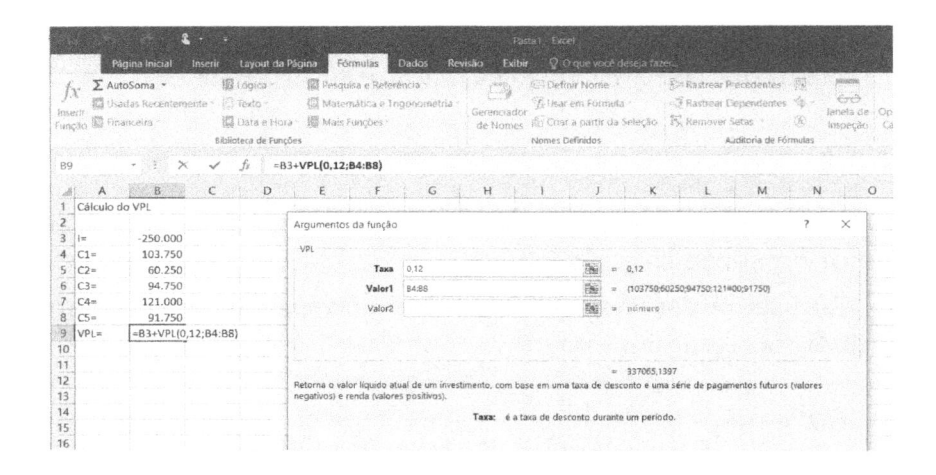

Clicando em V para resolver, obteremos 87.065 (resultado do VPL):

Taxa Interna de Retorno (TIR)

A TIR, conforme vimos anteriormente neste livro, é obtida com a mesma fórmula da VPL, porém quando o VPL é igualado à zero, procurando-se o valor de i, que, quando calculado, passa a se chamar **TIR** – Taxa Interna de Retorno.

$$VPL = -I_0 + \frac{C_1}{(1+i)} + \frac{C_2}{(1+i)^2} + \frac{C_3}{(1+i)^3} + \ldots + \frac{C_n}{(1+i)^n} = 0$$

Como vimos, é difícil calcular esse valor, resolvendo a equação, quando existe mais do que 2 fluxos de caixa. Então, para fazer manualmente, precisaremos ir "chutando" os valores de i até se obter um resultado zero para a equação. Mostramos esta técnica no exemplo da página 196.

Outra opção seria usar uma calculadora financeira, com a função TIR.

A melhor opção é usar o programa **Excel**.

Vamos resolver o mesmo exemplo citado acima para o VPL.

Nesse caso, entramos com "inserir função" "financeira" e "TIR", ou colocamos diretamente a fórmula da TIR na célula onde queremos o resultado (=TIR(ilumine os valores desde o I até o último fluxo de caixa; e precisa dar um chute inicial da TIR, para ajudar o programa; aqui coloquei 20%, ou 0,2). Os cálculos são mostrados no quadro acima.

Os cálculos estão mostrados no quadro abaixo:

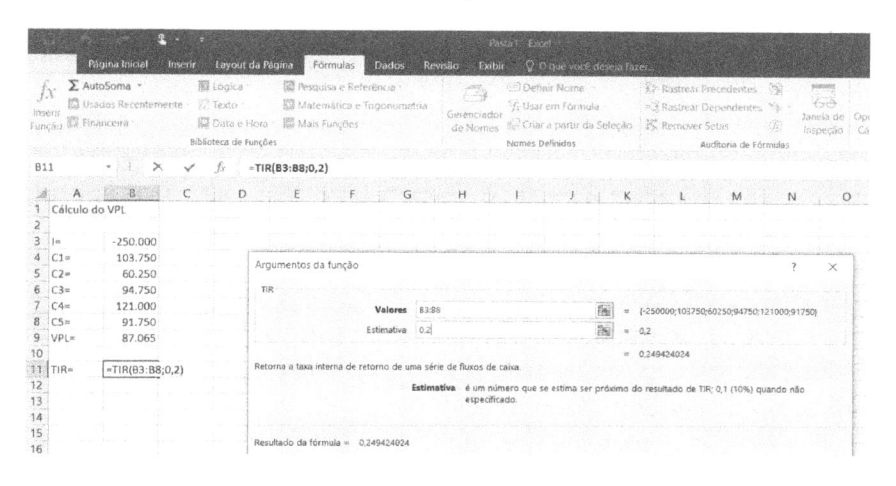

Em seguida, termina clicando em V, para realizar o cálculo:

Nota: na verdade, o programa faz, em velocidade muito alta, aquilo que fazemos na mão: ele adota o valor que colocamos como estimativa, vê se deu zero, e quando não dá, vai se aproximando cada vez mais de zero. Até obter zero para o VPL, daí registra qual foi esse valor de i, ou seja, a TIR.

5.6 - AVALIAÇÃO DE PROJETOS DE INVESTI-MENTOS COM DECISÕES SOB RISCO

Existem situações nas quais não conseguiremos estimar uma probabilidade de ocorrência de resultados no futuro. São situações mais difíceis de resolver, sendo necessária uma avaliação cuidadosa com a utilização de determinados critérios.

Por exemplo, imaginemos uma situação em que tenhamos que escolher um determinado equipamento para modernização de nossa planta industrial, onde há três opções. Conhecemos, com certeza, o custo inicial de cada proposta, porém não temos certeza do custo anual de operação e do valor residual e tempo de duração do equipamento. Constatamos, também, uma dificuldade em definirmos uma probabilidade em termos numéricos para essas avaliações. Assim, usaremos uma aproximação, considerando uma estimativa (visão) pessimista (P), uma intermediária (I) e uma otimista (O) para cada opção.

Suponhamos que a taxa de retorno considerada seja 10%.

	Custo inicial	Custo anual de operação e manutenção	Vida do equipamento	Valor residual do equipamento
Opção A:				
P	60.000	18.000	8	0
I	60.000	12.000	12	2.000
O	60.000	6.000	16	4.000
Opção B:				
P	80.000	12.000	10	1.000
I	80.000	10.000	15	5.000
O	80.000	8.000	20	10.000
Opção C:				
P	70.000	10.000	12	2.000
I	70.000	9.000	15	6.000
O	70.000	8.000	18	12.000

Proposta de solução:

Nossa primeira providência poderia ser a de trazer os valores residuais dos equipamentos para o presente, para podermos subtrair do valor do investimento inicial (trata-se de um valor recuperável no futuro). A fórmula é representada por (P/F, i%, n):

$$P = F\left[\frac{1}{(1+i)^n}\right]$$

Por exemplo, para a opção A probabilidade I:

$$P = F\left[\frac{1}{(1+i)^n}\right] = 2000 * \left[\frac{1}{(1+0,1)^{12}}\right] = 637,2$$

Para os outros valores, e indicando a subtração do valor inicial e repartindo ao longo dos anos em uma série uniforme (A/P, i%, n):

	Custo inicial	Valor presente corresp. ao valor residual	Diferença (saldo no presente)	Repartição pelos anos
Opção A:				
P	60.000	0	60.000,00	11.246,64
I	60.000	637,26	59.362,74	8.712,27
O	60.000	870,52	59.129,48	7.557,73
Opção B:				
P	80.000	385,54	79.614,46	12.956,89
I	80.000	1.196,96	78.803,04	10.360,53
O	80.000	1.486,44	78.513,56	9.222,17

	Custo inicial	Valor presente corresp. ao valor residual	Diferença (saldo no presente)	Repartição pelos anos
Opção C:				
P	70.000	637,26	69.362,74	10.179,91
I	70.000	1.436,35	68.563,65	9.014,32
O	70.000	2.158,31	67.841,69	8.271,95

Considerando os custos anuais de operação, os custos ficam:

	Anuidades	Custos anuais de operação	Custos anuais totais
Opção A:			
P	11.246,64	18.000	29.246,64
I	8.712,27	12.000	20.712,27
O	7.557,73	6.000	13.557,73
Opção B:			
P	12.956,89	12.000	24.956,89
I	10.360,53	10.000	20.360,53
O	9.222,17	8.000	17.222,17
Opção C:			
P	10.179,91	10.000	20.179,91
I	9.014,32	9.000	18.014.32
O	8.271,95	8.000	16.271,95

Construindo um gráfico:

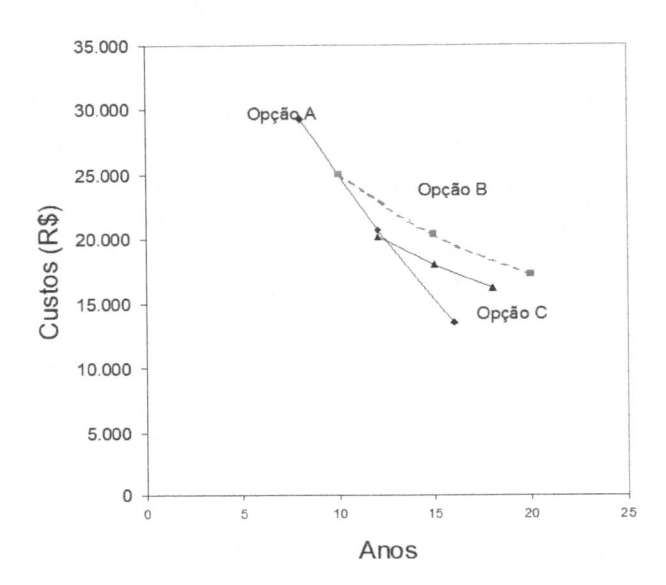

Figura 5.9 – Custos anuais nos anos referenciados

Verificamos que a melhor escolha provavelmente será a opção C, pois ela é a mais uniforme em termos de risco (pouca variação dos valores), além de ser a de mais baixo custo (exceto pela opção A otimista, que não inspira tanta confiança).

O exemplo anteriormente apresentado mostrou uma situação na qual tivemos que usar "bom senso" para definirmos a melhor opção, que ficou visível após a construção dos gráficos. Na maioria das situações práticas, entretanto, é possível que isso não ocorra e, para estes casos, teremos que adotar critérios que nos ajudem a tomar as decisões e escolher uma linha de ação. A representação matricial destes casos é:

	Situações previsíveis (Estados da natureza)	
Alternativas	F1	F2
A1	R11	R12
A2	R21	R22
A3	R31	R32

letras A: representam alternativas

letras F: representam possíveis estados futuros

letras R: representam os resultados que serão atingidos, adotando-se as respectivas alternativas e consolidando-se (acontecendo) aquele determinado futuro.

Em um problema, a ser discutido, podemos, em princípio, imaginar duas situações futuras extremas, decorrentes de uma mesma situação atual e que seriam atingidas com os mesmos recursos financeiros e mesma atuação gerencial, que são:

– uma situação de elevada hostilidade, com forte predominância de ameaças no ambiente externo e pontos fracos não solucionados no ambiente interno da empresa. As ameaças podem ser do tipo: advento de leis ambientais mais rigorosas, acirramento da concorrência com ações agressivas por parte dos concorrentes, variações na política econômica com quadro recessivo, variação cambial (acarretando situação difícil se a empresa tiver muitas dívidas em dólar etc.) No ambiente interno, predominariam as vulnerabilidades da empresa, ou seja, pontos fracos que não conseguiríamos resolver, como, por exemplo, o insucesso em modernizarmos as instalações com vistas a reduzir a poluição, dificuldades em realizar bons programas de treinamento de nosso pessoal em questões ambientais etc. Essa situação previsível seria, portanto, uma visão do pessimista.

– uma situação extremamente favorável, na qual predominariam oportunidades no ambiente externo e pontos fortes no ambiente interno. Nessa condição, o mercado seria amplamente receptivo aos nossos produtos e serviços, a imagem da empresa estaria muito elevada e as condições políticas e econômicas amplamente favoráveis às nossas atividades. Internamente, todas as metas de melhoria de desempenho ambiental teriam sido atingidas, os procedimentos escritos seriam de elevada qualidade e completamente seguidos em todos os níveis da empresa. Trata-se de uma situação vislumbrada pelo otimista.

Evidentemente, poderiam ser definidos outros cenários futuros, em situações intermediárias às anteriormente descritas.

Nas matrizes que definem os resultados futuros esperados (R_{ij}) é comum expressarmos esses resultados em termos monetários, ou seja, ganhos obtidos com as medidas preconizadas por cada alternativa (expressos com sinal positivo), ou perdas esperadas (valores expressos com sinal negativo).

Cabe lembrar que, ao configurarmos um problema desse tipo, é importante conseguirmos identificar todas as possíveis alternativas. Nesses problemas onde trabalharemos com incertezas, é provável que nos esqueçamos de algum estado futuro. No caso da análise de risco, avaliando-se probabilidades, fica mais fácil garantir este aspecto, pois a soma das probabilidades tem que ser igual a 1. Neste tipo de problema, vale também lembrar, não haverá uma solução precisa, porém os critérios de avaliação nos proporcionarão, no mínimo, uma melhor compreensão do problema e ideias de conduta no processo de tomada de decisões.

Antes de iniciarmos a apresentação dos critérios possíveis, que são na realidade as ferramentas com que tentaremos encontrar as soluções, gostaríamos de apresentar um problema desse tipo para refletirmos sobre a questão.

Suponhamos que, na implantação de um Sistema de Gestão Ambiental em nossa empresa, baseando-se na Política Ambiental definida pela Alta Administração, a equipe responsável identificou vários conjuntos de opções para a fixação de objetivos ambientais, visando melhoria contínua e redução da poluição. Verificamos que a empresa já cumpre todos os requisitos legais e normas corporativas em termos de emissões, ou seja, a adoção de qualquer das opções é uma solução aceitável (além de se tratar de soluções exequíveis). Os custos das ações requeridas à implantação das opções são muito próximos, dificultando a realização de uma análise típica de custo-benefício. Além disso, não foi possível levantar, por falta de dados, as probabilidades que pudessem nos orientar e prever resultados futuros, antevendo como seriam esses resultados em termos financeiros. Porém, suponha que consigamos realizar uma série de extrapolações e cálculos que nos levariam a prever os seguintes resultados, no final de um ano (ganhos, quando positivos e perdas, quando os resultados tiverem sinal negativo):

Cada situação futura (F) dependerá das ameaças externas e oportunidades (variáveis onde nosso controle é praticamente inexistente) e a evolução dos pontos fortes (potencialidades) e pontos fracos (vulnerabilidades) no ambiente interno. Suponhamos que as opções e a matriz (relacionada a uma empresa de mineração) sejam:

Opção 1: Implantar um sistema de aspersão (umectação) e aplicação de aglomerantes em 80% dos pontos geradores de emissões de material particulado na atmosfera; semeadura de 100% dos taludes para recuperação de áreas degradadas; incremento em 20% na recirculação de água na planta industrial; modernização de 10% dos equipamentos de processo, a fim de reduzir emissões e gerar economias (resultado de operação em ponto de melhor eficiência).

Opção 2: Implantar um sistema de aspersão (umectação) e aplicação de aglomerantes em 60% dos pontos geradores de emissões de material particulado na atmosfera; investir na proteção de nascentes, através do plantio de 100.000 mudas com espécies nativas; reduzir em 30% o consumo de energia elétrica; modernizar 20% dos equipamentos de processo, a fim de reduzir emissões e gerar economias.

Opção 3: Reduzir em 80% a emissão de material particulado gerado na britagem e no transporte de minérios; reduzir o consumo de óleo diesel em 20%; substituir 100% do poliuretano triturado usado na fabricação de explosivos por palha de arroz; modernização de 25% dos equipamentos de processo, a fim de reduzir emissões e gerar economias.

	SITUAÇÕES (Estados futuros)			
	F1	F2	F3	F4
Alternativas:	(predominância de oportunidades no ambiente externo e pontos fortes no ambiente interno)	(predominância de ameaças no ambiente externo e pontos fortes no ambiente interno)	(predominância de oportunidades no ambiente externo e pontos fracos no ambiente interno)	(predominância de ameaças no ambiente externo e pontos fracos no ambiente interno)
Opção 1	R$8 milhões	R$7 milhões	R$6 milhões	R$4 milhões
Opção 2	R$9 milhões	R$6 milhões	R$4 milhões	R$3 milhões
Opção 3	R$12 milhões	R$7 milhões	R$2 milhões	-(R$3 milhões) (nota: valor negativo)

Além desses dados, para completar o cenário deste exemplo fictício, imaginemos que na nossa empresa, existam, com poderes para tomar decisões, três pessoas:

- um Diretor Financeiro, com perfil agressivo e ambicioso, cujo modo de trabalho é mais identificado a um padrão de aceitar correr riscos, procurando quase sempre o maior lucro para a empresa;
- um Diretor Administrativo, com perfil mais conservador, que prefere os caminhos em que o risco de insucesso seja minimizado. Ele prefere apostar em soluções que sejam mais garantidas quanto ao seu atendimento, mesmo não obtendo ganhos muito elevados para a empresa;
- um Gerente Ambiental, com um perfil intermediário entre os dois mencionados. Aceita alguns riscos, desde que não sejam muito altos, preferindo, assim, certa segurança quanto aos resultados.

Visto o tipo de problema, passaremos a comentar os critérios de decisão, também conhecidos como *"real value"*, mostrando aplicações numéricas em seguida, para facilitar o entendimento.

5.7 - CRITÉRIOS DE JULGAMENTO EM DECISÕES SOB ALTO RISCO

5.7.1. Critério Maximin

Ao usar este critério, também chamado de Critério de Wald (homenagem a Abraham Wald, 1902-1950), ou "máximo dos mínimos", identificaremos os piores resultados possíveis para cada alternativa e selecionaremos a linha de ação que garanta o melhor resultado em cada opção (melhor consequência). A ideia pessimista embutida nesta opção é de que, se existe uma possibilidade das coisas correrem mal, elas ocorrerão desta forma. A ideia pessimista é de que sejam limitados os prejuízos quando os eventos gerarem insucessos.

Decisão MAXIMIN: maximiza o ganho mínimo.

Representação do Maximin: $\max_j \{\min_i R_{ij}\}$

Uma variante, com conceito semelhante é o critério Minimax.

Decisão MINIMAX: minimiza a máxima perda.

Mostraremos, mais adiante, com números, exemplos desse critério, imagino que será fácil a compreensão de todos.

5.7.2. Critério Maximax

Este critério, também chamado de Critério de Wald otimista, tem embutida uma filosofia de maximizar o máximo ganho; ele considera uma filosofia de otimismo e aventura. Quem toma decisões com este critério espera que todas as coisas corram bem e que tudo que esperam dará certo.

Ao tomar a decisão, escolheríamos a situação futura que daria maior ganho e, nesta situação, a opção de maior ganho.

Representação: $\text{Max}_j \{\max [R_{ij}]\}$

5.7.3. Critério de Hurwicz

Este critério, cujo título presta homenagem a Leonid Hurwicz (1917-2008), ex-Professor da Universidade de Yale, prevê um posicionamento intermediário entre o otimista e o pessimista que é, aliás, o comportamento típico da maioria das pessoas. O grau de otimismo é fixado por um coeficiente (α), que pode ser qualquer valor atribuído entre 0 e 1 ($0 \le \alpha \le 1$).

Na aplicação deste critério, é necessário definir certo grau de otimismo do tomador de decisões, fixando o valor de α e, em seguida, identificar os ganhos máximo e mínimo de cada alternativa. Os ganhos máximos serão multiplicados por α e os ganhos mínimos multiplicados por ($1 - \alpha$), realizando-se a soma dos resultados dessas multiplicações. Escolhe-se a alternativa que resulte na maior soma.

Simbolicamente:

Critério de Hurwicz: $\max_j \{\alpha * [\max_j (R_{ij})] + (1-\alpha) * [\min_j (R_{ij})]\}$

Nota-se que os critérios maximin e maximax são casos particulares do critério de Hurwicz. Quando $\alpha = 1$ (otimista), apenas os máximos ganhos serão incluídos na seleção, pois os mínimos ganhos terão sido excluídos (multiplicados por zero). Na realidade, então, estaremos com o critério maximax. Ao contrário, quando $\alpha = 0$, estaremos considerando apenas os ganhos mínimos (e entre eles escolhendo o melhor), portanto, estaremos, na verdade, com o critério maximin.

5.7.4. Critério de Laplace

Este critério, assim nomeado em homenagem ao matemático francês Pierre Simon de Laplace (1749-1827), também conhecido como "critério de igual probabilidade", considera que, se não há nenhuma razão para que o estado futuro da natureza tenha mais chance de ocorrer do que outro estado, então todos têm a mesma probabilidade, ou seja, a natureza é indiferente. Esta consideração é chamada de Princípio de Laplace ou Princípio da Razão Insuficiente.

O critério de Laplace estabelece que a probabilidade de ocorrência de cada estado futuro da natureza é assumida como sendo $1/n$, onde n é o número de possíveis estados futuros. Assim, multiplicaremos para cada alternativa os resultados para cada estado por 1/n e realizaremos a soma. A escolha final será a alternativa que apresentar o maior ganho.

Representação: max{Σ 1/n *Rij}

5.7.5. Critério do arrependimento mínimo

Este critério, também chamado de Critério de Savage (Leonard J. Savage 1917-1971), preconiza que o tomador de decisões quer minimizar o seu "arrependimento" (ou perda ocasional) por um erro de decisão. É também associado ao Minimax, pois ele seleciona a alternativa com o mínimo máximo (menor valor para o arrependimento de cada alternativa). Este método tende a assumir um ponto de vista conservativo, de cautela. De certa forma, ele considera os custos de oportunidade do capital, que é o ganho que ele teria obtido em outras aplicações daquele mesmo capital.

Para aplicar este critério, é necessário criarmos uma segunda matriz (a "matriz de arrependimento"), subtraindo-se o resultado de cada alternativa pelo maior resultado da coluna (ou seja, consideramos que em um determinado estado futuro – a coluna – haveria um ganho maior em alguma alternativa, ou seja, o número resultante da subtração passará a indicar o nosso "arrependimento" pela escolha daquela alternativa). Para finalizar, escolheremos o menor arrependimento para cada alternativa (o menor número) e finalmente a opção que proporcione o menor arrependimento.

5.7.6. Exercício para aplicação dos critérios

Antes de aplicarmos todos esses critérios ao nosso exemplo numérico, vejamos como as pessoas da empresa (naquele perfil fictício) se comportariam:

- o Gerente Financeiro, de perfil agressivo e procurando o máximo lucro teria a tendência de aplicar o critério Maximax;
- o Gerente Administrativo, com perfil mais conservador e procurando correr um menor risco de insucesso, teria a tendência de aplicar o critério Maximin;

– o Gerente Ambiental, com perfil intermediário, teria a tendência de aplicar o critério de Hurwicz, com um coeficiente de otimismo igual a, digamos 0,6.

Repetindo a matriz de opções e ganhos e, aplicando os critérios ao exemplo numérico e, recordando um pouco como se aplica, para não parecer difícil:

	SITUAÇÕES (Estados futuros), em milhões de reais			
Alternativas:	F1	F2	F3	F4
Opção 1	8	7	6	4
Opção 2	9	6	4	3
Opção 3	12	7	2	-3

a) Critério Maximin (Máximo do mínimo)
Relembrando: Procuro o mínimo de cada opção e, entre eles, o ganho máximo para definir a opção escolhida.

Alternativas	Min
Opção 1	4
Opção 2	3
Opção 3	-3

Alternativa escolhida segundo este critério: Opção 1

b) Critério Maximax
Relembrando: procuro o máximo de cada opção e, entre eles seleciono o máximo ganho.

Alternativas	Max
Opção 1	8
Opção 2	9
Opção 3	12

Alternativa escolhida segundo este critério: Opção 3

c) Critério de Hurwicz

Relembrando: usaremos o valor de $\alpha = 0,6$ (coeficiente de otimismo) e, para cada alternativa, multiplicaremos o ganho máximo por α e o mínimo por $(1-\alpha)$, somando para encontrar a melhor opção:

Alternativas	Hurwicz
Opção 1	$0,6x8 + (1-0,6)x4 = 6,4$
Opção 2	$0,6x9 + 0,4x3 = 6,6$
Opção 3	$0,6x12 + 0,4x(-3) = 6,0$

Portanto, a alternativa escolhida por este critério seria a Opção 2.

Critério de Laplace

Usaremos igual probabilidade (1/4) para cada um dos estados futuros e veremos qual deles proporcionará o maior ganho:

Alternativas	Laplace
Opção 1	¼ x 8 + ¼ x 7 + ¼ x 6 + ¼ x 4 = 6,25
Opção 2	¼ x 9 + ¼ x 6 + ¼ x 4 + ¼ x 3 = 5,5
Opção 3	¼ x 12 + ¼ x 7 + ¼ x 2 + ¼ x (-3) = 4,5

Com base neste critério, a alternativa escolhida será a Opção 1.

Critério do arrependimento mínimo.

Construiremos, inicialmente, a matriz de arrependimentos, conforme exposto anteriormente:

	SITUAÇÕES (Estados futuros), em milhões de reais (matriz original)					SITUAÇÕES (Estados futuros), em milhões de reais (matriz de arrependimento)			
					Alternativas	F1	F2	F3	F4
Alternativas:	F1	F2	F3	F4	:				
Opção 1	8	7	6	4	Opção 1	12-8 = 4	7-7 = 0	0	0
Opção 2	9	6	4	3	Opção 2	12-9 = 3	7-6 = 1	2	1
Opção 3	12	7	2	-3	Opção 3	12-12 = 0	7-7 = 0	4	7

Reproduzindo os resultados da matriz de arrependimento:

	Matriz de arrependimento Situações			
Alternativas:	N1	N2	N3	N4
Opção 1	4	0	0	0
Opção 2	3	1	2	1
Opção 3	0	0	4	7

Para cada opção, verificaremos qual o pior (maior) arrependimento e selecionaremos a alternativa que apresentar, entre eles, o menor arrependimento:

Alternativas	Maior arrep.
Opção 1	4
Opção 2	3
Opção 3	7

Através deste critério, selecionaremos a Opção 2.

Sumarizando os resultados:

Critério	Alternativa escolhida:
Maximin	Opção 1
Maximax	Opção 3
Hurwicz	Opção 2
Laplace	Opção 1
Menor arrependimento	Opção 2

Estas são as formas de escolha em situações envolvendo incertezas, nas quais não seria possível a estima de probabilidades de cada futuro.

Ao verificarmos estes resultados fica a pergunta: por que os tomadores de decisão não adotam sempre os critérios que levem ao maior ganho, por exemplo, o maximax? (na verdade, vimos que ele teria sido o menos escolhido – 1 vez – vistos todos os 5 critérios).

A resposta é a seguinte: embora esse critério proporcionasse o maior ganho (seriam R$12 milhões caso se concretizassem as condições favoráveis que levassem ao futuro N1), também poderiam ocorrer condições desfavoráveis que levariam ao futuro N4, no qual não haveria nenhum ganho, mas sim perdas de R$3 milhões.

Adotando uma hipótese onde não houvesse tanto ganho, mas os riscos também não fossem tão elevados (Hurwicz com 0,6 ou o critério de mínimo arrependimento), chegaríamos com a opção 2 a uma possibilidade de ganho entre os valores de R$9 milhões e R$3milhões.

Outra opção, que prioriza mais ainda evitar as alternativas de risco (resultante dos critérios Maximin e Laplace), opção 1, colocaria nossa faixa de ganhos entre R$8 milhões e R$4 milhões.

Para uma visualização gráfica de resultados, podemos construir um gráfico no qual variaremos o coeficiente de otimismo segundo o critério de Hurwicz:

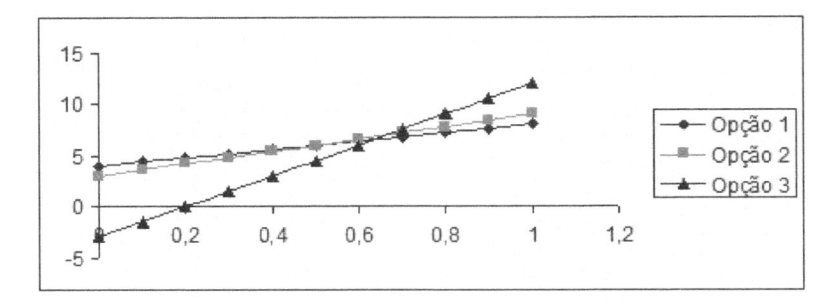

Figura 5.10 – Ganhos obtidos para cada opção variando-se o coeficiente de otimismo

Verificamos que para coeficiente de otimismo entre 0 e 0,5, a melhor opção é a 1, entre 0,5 e 0,7 será a Opção 2 e entre 0,7 e 1,0 a melhor opção será a 3.

Lembramos que, para $\alpha = 0$, estaremos na prática adotando o critério maximin e para $\alpha = 1$, estaremos com o critério maximax.

O gráfico também nos mostra que as Opções 1 e 2 são muito próximas, em termos de resultados.

Exercício para treino:

Considerando a matriz abaixo, identifique qual seria a melhor opção, segundo os vários critérios apresentados. Para o critério de Hurwicz, assuma um coeficiente de otimismo igual a 0,4.

Alternativa	N1	N2	N3	N4	N5	N6
A	2	4	2	1	5	1
B	2	5	1	2	3	0
C	3	3	3	3	3	3
D	1	2	4	3	2	4
E	4	1	2	3	1	0

Respostas:
Maximin: C
Maximax: A e B

Hurwicz: C
Laplace: D
Mínimo arrependimento: C

Após termos apresentado e discutido esses critérios, gostaríamos de fazer um último comentário. Nos casos em que haja grande dificuldade na tomada de decisões, em situações de elevado risco, quando, por exemplo, não se tem condições de obter uma estatística suficiente de dados que apoiem a decisão, a única saída pode ser utilizar estes critérios. A vantagem de utilizá-los poderá ser, também, a de conseguirmos visualizar um pouco melhor o problema e as possíveis soluções, aumentando nosso conhecimento do assunto.

5.8 - EXERCÍCIOS PROPOSTOS

Problema 1
Com a substituição de um conjunto de bombas de uma estação de bombeamento, uma empresa de abastecimento de água prevê a possibilidade de existência de 5 cenários de redução de custos, conforme mostra a tabela a seguir.

O valor dos equipamentos novos, incluídas todas as despesas de instalação, é igual a $300.000 e serão depreciados de forma linear e total no prazo de 5 anos, sendo que os valores residuais dos equipamentos novos e dos substituídos são iguais a zero.

Ano	Redução de custos				
	1	2	3	4	5
Cenário 1	80.000	80.000	90.000	100.000	110.000
Cenário 2	90.000	90.000	90.000	90.000	90.000
Cenário 3	100.000	100.000	80.000	80.000	70.000
Cenário 4	105.000	105.000	100.000	70.000	70.000
Cenário 5	110.000	105.000	100.000	65.000	65.000

Considerando a alíquota do imposto de renda igual a 25% e o custo de capital da empresa em 10% ao ano, a substituição se torna MAIS INTERESSANTE financeiramente para a empresa no seguinte cenário:

a) 1
b) 2
c) 3
d) 4
e) 5

(Nota: Este foi o Problema 69 da prova da Agência Nacional de Águas, em novembro/2002, para o cargo de "Regulador")

Resposta: d)

Problema 2
Analise a tabela abaixo:

Anos	Alternativa				
	I	II	III	IV	V
0	(500.000)	(600.000)	(700.000)	(800.000)	(900.000)
1	650.000	750.000	950.000	1.050.000	1.150.000

Obs: valores entre parênteses são negativos.

Considerando a taxa de 10% ao ano, a alternativa que apresenta a maior relação Benefício/Custo é:

a) I
b) II
c) III
d) IV
e) V

(Nota: Problema 68 da prova da ANA)

Resposta: c)

Problema 3

A empresa CDE, estudando entre dois projetos de lançamento de um novo produto, tem dificuldades em estabelecer o retorno desses projetos, mas conseguiu, de alguma forma, prever os fluxos de caixa de forma probabilística em milhões de reais, conforme o quadro abaixo. Suponha 5 anos como a vida desse projeto. Ambos requerem um investimento inicial de $18.000 e irão operar por 5 anos. As distribuições de probabilidade associadas com cada projeto para os anos de 1 a 5 são:

Distribuição de probabilidades para os fluxos de caixa, anos 1 a 5 (o mesmo fluxo de caixa para cada ano)			
Projeto A		Projeto B	
Probabilidade	Fluxo de caixa	Probabilidade	Fluxo de caixa
0,15	$7.000	0,15	$4.000
0,75	9.000	0,70	10.000
0,10	10.000	0,15	18.000

Como o projeto B apresenta maior risco, tendo em vista um maior afastamento dos valores em relação à média, a empresa decidiu aplicar uma taxa de retorno de 16% em sua avaliação, e uma taxa de retorno de 14% ao projeto A, já que seu risco é menor.

a) determinar os fluxos de caixa esperados para cada projeto.

b) determinar os Valores Presentes Líquidos ajustados ao risco, para cada projeto.

Respostas:

a) projeto A: $8.800
   projeto B: $10.300

b) $VPL_A = 12.210,00$
   $VPL_B = 15.725,00$

Problema 4

A empresa FGH percebeu que está com uma conta de energia elétrica muito elevada por conta de dois fatores: ela compra energia em baixa tensão e, além disso, está com seu fator de potência mal ajustado. Decidindo economizar na conta de energia elétrica, ela está estudando dois projetos, mutuamente exclusivos, para instalar um transformador (comprando energia da concessionária em média tensão) e ajustar seu fator de potência com a instalação de um banco de capacitores. Os valores estimados para seu fluxo de caixa são:

Ano	Projeto A	Projeto B
0	-15.000	-18.000
1	6.000	9.000
2	7.000	6.000
3	6.000	7.000
4	6.000	8.000

Os coeficientes de equivalentes à certeza adotados para cada um dos projetos, são:

Ano	Projeto A	Projeto B
0	1,00	1,00
1	0,90	0,95
2	0,85	0,70
3	0,80	0,60
4	0,70	0,50

Considerando-se que a taxa normal de retorno da empresa é de 12%, e que a taxa livre de risco é de 6%, qual projeto deverá ser selecionado?

Resposta:
Nota: tome muito cuidado com esse tipo de problema. É muito comum errarmos na escolha da taxa de desconto. Como já expurgamos o risco ao utilizarmos o coeficiente α, temos que usar a taxa sem risco.
O VPL do Projeto A (importante, considerando a taxa i = 0,06) é de 2.746,00, enquanto o VPL do projeto B é 498,00. Portanto, o projeto A deverá ser selecionado.

Problema 5

Uma empresa, com taxa de retorno requerida de 10%, estuda a substituição de suas lâmpadas incandescentes por lâmpadas fluorescentes e quer verificar se ela recupera seu investimento em 4 (quatro) anos. O investimento inicial é de R$10.000,00. A taxa de desconto da empresa é de 12% ao ano, e a taxa livre de risco considerada é de 7% ao ano. Como a empresa não consegue estimar com elevada certeza seu consumo, nem consegue avaliar os aumentos das tarifas de energia, ela decidiu utilizar o método dos "equivalentes à certeza". Os seguintes dados foram estimados:

Ano	Fluxo de caixa esperado	Coeficientes de equivalentes à certeza α_r
1	2.000	0,90
2	4.000	0,85
3	5.000	0,80
4	7.000	0,75
5	8.000	0,70

Resposta: Nota: no enunciado foi pedido para ver se até o 4º ano recuperaria. Por essa razão, não deve ser considerado o ano 5 nos cálculos.

Até o final do ano 4 o VPL foi de 1.922,00. Portanto, do ponto de vista financeiro, é válido realizar esse investimento (o VPL resulta em um número positivo).

Problema 6

A empresa XPTO está examinando dois projetos de orçamento de capital com vidas de 5 anos. O primeiro, projeto A, é um projeto de substituição de um equipamento antigo, que gera resíduos acima dos limites aceitos pela empresa; o segundo, projeto B, é um projeto de implantação de uma nova máquina que seria utilizada em um novo produto, com marketing ambiental, mas se trata de uma novidade para a empresa, um novo ramo de atuação não relacionado às suas operações usuais, embora se trate de um assunto já pesquisado e conhecido. Essa empresa prefere usar o método da taxa de desconto ajustada ao risco e agrupa os projetos de acordo com a sua finalidade ou classe, e então usa uma taxa requerida de retorno ou taxa de desconto, que tenha sido pré-designada para aquela determinada finalidade ou classe de risco. Os fluxos de caixa esperados para estes projetos são:

	Projeto A	Projeto B
Investimento inicial	$210.000	$330.000
Fluxo de caixa		
Ano 1	$25.000	100.000
Ano 2	32.000	90.000
Ano 3	40.000	110.000
Ano 4	80.000	100.000
Ano 5	100.000	120.000

As finalidades/classes de risco e taxas de retorno pré-designadas requeridas são:

FINALIDADE	TAXA DE RETORNO REQUERIDA
Decisão de substituição	10%
Modificação ou expansão de linha de produtos existentes	14%
Projeto não relacionado às operações usuais	16%
Trabalhos de pesquisa e desenvolvimento	18%

Determinar o Valor Presente Líquido dos projetos, ajustado ao risco. Qual seria selecionado?

Resposta: seria escolhido o projeto B.

Problema 7

Uma empresa de cosméticos, estudando o lançamento de um novo produto, pesquisou dois processos para modificar as embalagens, de forma a reduzi-las em cerca de 50% em peso. Ela sabe que, para lançar esse novo produto, precisaria realizar um investimento de R$250.000,00 (independentemente do processo escolhido). Porém, como a aparência do produto ficaria muito diferente, ela avaliou os retornos em vendas, que resultaria em certo fluxo de caixa, em termos probabilísticos.

Distribuição de probabilidades para os fluxos de caixa, anos 1 a 4 (o mesmo fluxo de caixa para cada ano)			
Projeto A		Projeto B	
Probabilidade	Fluxo de caixa	Probabilidade	Fluxo de caixa
0,15	$80.000	0,10	$22.000
0,30	100.000	0,30	70.000
0,50	110.000	0,30	110.000
0,05	120.000	0,20	150.000
		0,10	200.000

A taxa normal de retorno requerida pela empresa é de 10%, porém como estes projetos apresentam um risco maior do que a maioria dos outros, a empresa está exigindo uma taxa mais alta do que a normal. Para o projeto A, ela está exigindo uma taxa de retorno de 13% e para o projeto B, de 17%.

a) determine o valor esperado para os fluxos de caixa dos dois projetos.

b) determine o Valor Presente Líquido ajustado ao risco, para os dois projetos.

Resposta:

a) FC do Projeto A: 103.000 em cada ano
   FC do Projeto B: 106.200 em cada ano

367

b) $VPL_A = 56.370,00$
$VPL_B = 41.331,00$

Com base nesses resultados, seria escolhido o projeto A.

Problema 8

Uma empresa fabricante de tênis está preparando um novo lançamento, com o projeto de um tênis com menor número de materiais diferentes e cujas partes componentes sejam facilmente desmontáveis, de forma a facilitar o processo de reciclagem. Porém, a empresa tem receio da resposta e aceitação do mercado, por se tratar de um produto muito diferente dos tênis usuais. Então, ela acredita que a aceitação do tênis em um ano e seus níveis de venda influenciarão de forma significativa as vendas no ano seguinte. O investimento da empresa com esse projeto seria de R$9 milhões e imagina-se uma vida de 2 anos (para facilitar os cálculos). Os possíveis fluxos de caixa são:

Possíveis ganhos no ano 1			
	Probabilidades		
	0,5	0,4	0,1
	Retorno 1	Retorno 2	Retorno 3
Fluxo de caixa	$5 milhões	$6 milhões	$7 milhões

Retornos condicionais no ano 2:

Se Retorno no ano 1 = $5 milhões		Se Retorno ano 1 = $6 milhões		Se Retorno ano 1 = $7 milhões	
Retorno ano 2	Probabil.	Retorno 2	Probabil.	Retorno 2	Probabil.
$2 milhões	0,4	$3	0,2	$4	0,2
$5 milhões	0,5	$5	0,4	$6	0,4
$8 milhões	0,1	$7	0,3	$7	0,4
		$9	0,1		

a) Construir uma árvore de probabilidades representando os possíveis retornos.
b) Determinar a probabilidade combinada para cada possível sequência de eventos possíveis.
c) Qual é a TIR esperada para este projeto?
d) Qual é a faixa de possíveis TIR para este projeto?

Respostas:

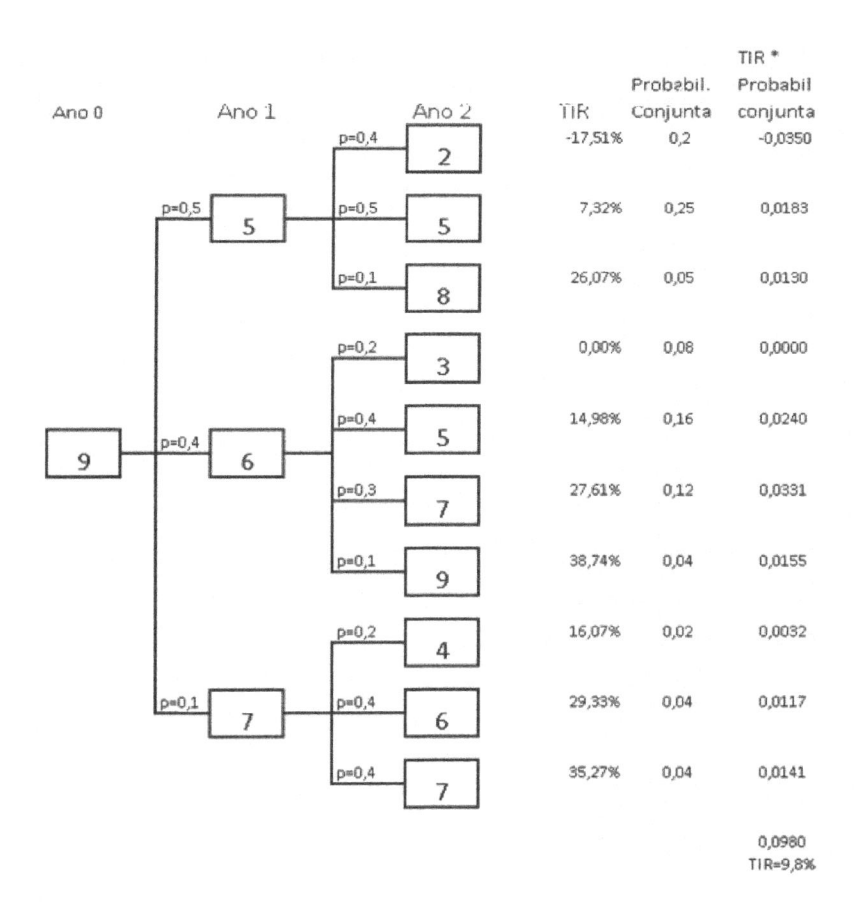

Problema 9

Vamos supor que a nossa empresa, especializada em desenvolvimento de programas de computador, decidiu investir no desenvolvimento de um novo software que auxiliará os projetistas de empresas a melhorarem os aspectos ambientais de seus produtos que utilizam plásticos, mediante suporte a projetos para desmontagem, reciclagem e manutenção. A partir de uma base de dados contendo informações sobre o produto e sobre processos de reciclagem, colocada à disposição do produtor, ele obterá índices que permitirão a comparação de projetos e realizar a melhor escolha.

Porém, essa empresa de software, não consegue definir com precisão o retorno de seu investimento, que depende da percepção da sociedade e dos fabricantes quanto à importância do assunto e do próprio programa, além da situação de promulgação de novas leis ambientais mais restritivas.

A matriz indicada a seguir apresenta os fluxos de caixa (em mil reais) para três alternativas e três possíveis estados futuros.

	Estados futuros		
	S1	S2	S3
Alternativa A1	60	85	90
Alternativa A2	50	70	30
Alternativa A3	100	40	50

Qual alternativa deveria ser escolhida, segundo o critério de Laplace? E segundo o critério Maximin? E segundo a regra Maximax? E segundo o critério de Hurwicz com $\alpha = 0,7$?

Respostas:

Segundo o Critério de Laplace, deverá ser selecionada a alternativa A1.

Segundo o Critério Maximin, deverá ser selecionada a alternativa A1.

Segundo o Critério Maximax, deverá ser selecionada a alternativa A3.

Segundo o Critério de Hurwicz com α = 0,7, deverá ser selecionada a alternativa A3.

Problema 10

Uma determinada empresa, após realizar uma análise do ciclo de vida de um de seus produtos, conseguiu identificar os seus principais impactos ambientais e as oportunidades de realizar melhorias. Entre as opções, ela verificou que muitas atitudes poderiam ser tomadas, porém basicamente identificou três alternativas:

Opção 1: priorizar componentes que proporcionem uma maior durabilidade (para evitar descartes prematuros) e uma maior confiabilidade;

Opção 2: priorizar os aspectos de manutenção, aceitando-se componentes de menor durabilidade, mas que sejam facilmente desmontáveis e reparáveis a baixo custo;

Opção 3: priorizar a colocação de componentes recicláveis.

O quadro abaixo apresenta as economias que seriam obtidas (em mil reais) adotando-se essas opções, e que dependem da quantidade de produtos que os clientes acabem adquirindo, o que ainda é desconhecido pela empresa, em função do ineditismo dessas ações. Foram delineados três cenários futuros, C1, C2 e C3 de resultados possíveis.

Em um primeiro estágio, acreditando ter condições de estimar os dados, a empresa, definiu que a probabilidade de ser atingido um nível de vendas correspondente ao cenário C1 é de 0,4, e os níveis C2 e C3, respectivamente 0,35 e 0,25, respectivamente. Pede-se, nesse caso, escolher qual seria a melhor opção, com base no critério do futuro mais provável. E se adotássemos o critério do valor esperado?

Porém, em um segundo estágio, imagine que a empresa, insegura quanto aos valores adotados para as probabilidades, decidiu avaliar a questão com a ótica de condições de incerteza. Indique, então, qual seria a melhor decisão segundo o critério de Laplace, o critério de Hurwicz adotando-se um coeficiente de otimismo de 0,3 e segundo o critério chamado de "arrependimento mínimo".

	Cenários (economias previstas)		
	C1	C2	C3
Opção 1	12	25	38
Opção 2	28	22	20
Opção 3	40	20	12

Respostas:
a) melhor opção, com base no critério do futuro mais provável: opção 3
b) melhor opção segundo o critério do valor esperado: opção 3 (resulta em 26,00)
c) melhor decisão segundo o critério de Laplace: opção 1 (25,00)
d) melhor decisão adotando o critério de Hurwicz: opção 2 (22,40)
e) melhor decisão segundo o critério de "arrependimento mínimo": opção 2 (arrependimento de 18,00).

Comentário final:
Com este capítulo final, esperamos ter colaborado com a apresentação de algumas ferramentas matemáticas muito fáceis de utilizar, que darão ao gerente ambiental, melhores condições de diálogo com as equipes da área financeira da empresa, na defesa dos investimentos que proporcionem melhorias de desempenho ambiental.

Finalizando, esperamos que nossos leitores se sintam estimulados a prosseguir no assunto, aumentando, ainda mais, seus conhecimentos e estudando o assunto com mais profundidade.

E assim, desejo muito sucesso profissional a todos.

BIBLIOGRAFIA

ABNT NBR ISO14001, *Sistemas de Gestão Ambiental – Requisitos com orientações para uso*. 3ª edição, 2015.

ADISSI, P.; PINHEIRO, F.; CARDOSO, R. (Organizadores). *Gestão Ambiental de Unidades Produtivas*. Editora Campus, Rio de Janeiro, 2013.

ARANTES, João A.A., SBRAGIO, Ricardo. *Modelos para Gestão de Projetos*. Editora Scortecci. São Paulo, 2004.

BLANCHARD, Benjamin; FABRYCKY, Wolter. *Systems Engineering and Analysis*. 2ª edição. New Jersey, USA, Prentice Hall, 1990.

BRAGA, Roberto. *Fundamentos e Técnicas de Administração Financeira*. São Paulo, Editora Atlas, 1989.

BREALEY, Richard A. e MYERS Steward C. *Princípios de Finanças Empresariais*. 3ª edição, Editora McGraw-Hill de Portugal, Ltda. 1988.

BUARQUE, Cristovam. *Avaliação Econômica de Projetos*. 7ª edição, Rio de Janeiro, Editora Campus, 1984.

BURSZTYN, M.; BURSZTYN, M. *Fundamentos de Política e Gestão Ambiental*. Editora Garamond. Rio de Janeiro, 2012.

CALLADO, A. A. C. e CALLADO, A. L. C. *Gestão de custos rurais comparando práticas entre distintos polos de produção agroindustriais do Estado de Pernambuco.* Revista Contemporânea de Economia e Gestão, v. 7 n. 2. Fortaleza, 2009.

CALLENBACH, E.; CAPRA, F.; GOLDMAN, L.; LUTZ, R.; MARBURG, S. *Gerenciamento Ecológico –EcoManagement*. São Paulo, Editora Cultrix, 1993.

CBC – Conselho Federal de Contabilidade. *Resolução CFC Nº 1.003/04, de 19.08.2004* Aprova a NBC T 15 – Informações de Natureza Social e Ambiental.

ELKINGTON, J. *Canibais com Garfo e Faca*. São Paulo, Editora Makron Books, 2001.

EMERY, D. R.; FINNERTY, J. D. *Corporate Financial Management*. Prentice Hall, New Jersey, 1997.

GEMI. *Finding Cost-Effective Pollution Prevention Initiatives: Incorporating Environmental Costs Into Business Decision Making*. Global Environmental Management Initiative (GEMI). Washington, 1994.

GITMAN, L. J. *Princípios de Administração Financeira*. 7ª edição, São Paulo, Editora Harbra, 1997.

GOODSTEIN, E. S. *Economics and the Environment*. 2ª edição. New York, John Wiley & Sons, Inc, 1999.

HOLLIDAY, C.; SCMIDHEINY, S.; WATTS, P. *Cumprindo o Prometido. Casos de sucesso de desenvolvimento sustentável*. Rio de Janeiro. Editora Campus, 2002.

IFAC. International Federation of Accountants. *Environmental Management Accounting*. New York, USA, Agosto, 2005.

KEOWN, A. J.; SCOTT, D. F.; MARTIN, J. D.; PETTY, J. W. *Basic Financial Management*. 7ª edição. New Jersey, Prentice Hall International, Inc., 1996.

MARCOVITCH, J. *Para mudar o futuro. Mudanças climáticas, políticas públicas e estratégias empresariais*. Editora Saraiva e EDUSP. São Paulo, 2006.

MARTINS, E. *Contabilidade de Custos*. 7ª edição. São Paulo, Editora Atlas, 2000.

MAY, P. H. e SERÔA da MOTTA, R. (Organizadores). *Valorando a Natureza. Análise Econômica para o Desenvolvimento Sustentável*. Rio de Janeiro, Editora Campus, 1994.

MOREIRA, M. *Estratégia e Implantação do Sistema de Gestão Ambiental*. 4ª edição. Editora Falconi. Nova Lima, MG, 2013.

MOURA, L. A. A. *Qualidade e Gestão Ambiental – Sustentabilidade e ISO 14.001*. 7ª edição, Editora Freitas Bastos, Rio de Janeiro, 2023.

ORTIZ, R. A.; SEROA DA MOTTA, R.; FERRAZ, C. *Estimando o Valor Ambiental do Parque Nacional do Iguaçu: Uma Aplicação do Método de Custo de Viagem*. Texto para Discussão nº 777. IPEA, Rio de Janeiro, 2001.

Disponível em: https://repositorio.ipea.gov.br/bitstream/11058/2241/1/TD_777.pdf. Consultado em 19.03.2023.

PHILIPPI, A.; ROMERO, M.; BRUNA, G. (Organizadores). *Curso de Gestão Ambiental*. 2ª edição. São Paulo, EDUSP, 2015.

ROMEIRO, A. R.; REYDON, B. P.; LEONARDI, M. L. *Economia do Meio Ambiente: teoria, políticas e a gestão dos espaços regionais*. Campinas, São Paulo, UNICAMP, Instituto de Economia. 1996.

ROMM, J. J. *Um Passo Além da Qualidade*. São Paulo, Editora Futura, 1996.

TACHIZAWA, T. *Gestão Ambiental e Responsabilidade Social Corporativa*. São Paulo, Editora Atlas, 2002.